掌尚文化

Culture is Future

尚文化·掌天下

RESEARCH ON THE CONSTRUCTION OF NATIONAL BIG DATA STRATEGY

Taking the Construction of
National Big Data
(Guizhou) Comprehensive Pilot Zone
as an Example

陈加友

著

国家大数据
战略构建研究

以国家大数据（贵州）综合试验区建设为例

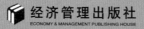

经济管理出版社
ECONOMY & MANAGEMENT PUBLISHING HOUSE

图书在版编目（CIP）数据

国家大数据战略构建研究：以国家大数据（贵州）综合试验区建设为例/陈加友著.—北京：经济管理出版社，2023.7

ISBN 978-7-5096-9134-2

Ⅰ.①国…　Ⅱ.①陈…　Ⅲ.①区域经济发展—数据管理—研究—贵州　Ⅳ.①F127.73

中国国家版本馆 CIP 数据核字（2023）第 126046 号

组稿编辑：宋　娜
责任编辑：任爱清
责任印制：许　艳
责任校对：王淑卿

出版发行：经济管理出版社
　　　　　（北京市海淀区北蜂窝 8 号中雅大厦 A 座 11 层　100038）
网　　址：www. E-mp. com. cn
电　　话：（010）51915602
印　　刷：唐山昊达印刷有限公司
经　　销：新华书店
开　　本：720mm×1000mm/16
印　　张：15. 25
字　　数：227 千字
版　　次：2023 年 12 月第 1 版　2023 年 12 月第 1 次印刷
书　　号：ISBN 978-7-5096-9134-2
定　　价：98. 00 元

序　言

　　随着大数据、物联网、云计算、人工智能、区块链等为代表的新一代信息技术的快速发展和拓展应用，数据正逐渐从"小数据"转变成"大数据"，成为继土地、劳动、资本等之后人类又一重要生产要素，是重组全球要素资源、重塑全球经济结构、改变全球竞争格局的关键力量。世界各国特别是发达经济体将大数据和数字经济视为新冠肺炎疫情后经济复苏与长期增长的重要新动能。

　　近年来，我国高度重视大数据和数字经济的发展，以此作为创新发展的重要抓手。2014年，"大数据"首次写入我国《政府工作报告》。2015年8月，国务院发布《促进大数据发展行动纲要》，这是我国第一个关于大数据发展的国家顶层设计与总体战略部署。2015年10月，党的十八届五中全会明确提出要实施国家大数据战略，标志着大数据发展上升为国家战略。2019年10月，党的十九届四中全会首次从国家发展战略高度，将"数据"定位为新型生产要素，"数据""数字经济""数字中国"等逐渐成为推进经济社会高质量发展的重要力量。尤其是2022年12月19日《中共中央 国务院关于构建数据基础制度更好发挥数据要素作用的意见》（简称"数据二十条"）发布，进一步明确了数据要素和数据基础制度体系的重要作用。

　　2016年3月，"国家大数据（贵州）综合试验区"正式揭牌，贵州成为我国第一个国家级大数据综合试验区，肩负起为国家大数据战略实施探索和积累实践经验的使命和责任。自综合试验区设立以来，贵州立足资源禀赋和比较优势，在数据资源开放共享、培育大数据产业生态体系、大数据创新应用、产业集聚发展等方面先行先试，取得了引人注目的阶段性成果，如大数据制度创新走在全国前列，形成一系列国际、国家、行业标准；信息基础设施取得突破性进展，建成"贵州·中国南方数据中心示范基地"；政务数据共享开放进入全国第一方阵，建成全国首个省级政府数据"一云一网一平台"；大数据创新应用提高民生服务效能，群众获得感、满意度明显提升；大数据产业集聚成为发展新引擎，数字经济增速领跑全国，成为重要先导性产业，等等。这些都为国家大数据战略发展提供了可借鉴、可复制和可推广的经验。

贵州在国内属于欠发达地区，科技水平、工业基础和人才储备相对落后，当贵州提出大数据发展战略时，不少人持观望或怀疑态度，但通过艰苦努力，贵州在大数据发展上迈出了重要步伐，做了一些以往认为不可能或很难完成的事情。贵州的实践经验值得关注，其中有前瞻性的政府引导与市场要素的融合，数字经济潜在需求与当地自然禀赋的对接等，蕴含了数字技术和数字经济发展中的某些深层逻辑关系。当前，我国的国家大数据战略正处于起步阶段，迫切需要加强理论指导和实践探索。笔者梳理并总结了这些经验，并将之提升到理论层面，对推进我国大数据领域的创新和发展具有重要的现实意义。

近年来，陈加友同志致力于大数据、数字经济等领域研究，具备较为扎实的理论基础，再加上他长期在贵州工作，参与了国家大数据（贵州）综合试验区建设的相关调研与文件起草工作，对国家大数据（贵州）综合试验区的建设情况较为熟悉。他运用系统归纳、案例分析和对比分析等研究方法，从宏观、中观、微观三个层面深入探讨了大数据促进经济社会发展的机理；从大数据促进经济发展、政府治理、改善民生、国内外交流合作等方面，对国家大数据（贵州）综合试验区的实践经验进行了概括与总结；在借鉴国际尤其是发达国家推进大数据战略经验的基础上，初步构建了包括数据资源搜集储存、开放共享、流通应用、安全保障、技术支撑等子体系在内的国家大数据战略体系。这项成果促进了国家大数据战略管理方面的研究，对大数据战略的制定和实施有一定的借鉴意义。期待陈加友同志在大数据和数字经济方面的研究不断取得新进展，也相信大数据和数字经济的贵州实践能够发挥更多的引领和带动作用。

刘世锦

2023 年 12 月 9 日

近几年，随着新一代信息技术的高速发展和加速应用，数据逐渐从"小数据"转变成"大数据"，现已上升为国家战略要素之一。如何从海量数据中提取出有价值的信息，并利用这些数据创造出新的价值，提升创新能力，是当前政府、企业和学者关注的重点。本书在对大数据的概念和特点进行分析的基础上，梳理并总结了我国大数据发展的进程，借鉴国外尤其是发达国家推进大数据战略的经验，以国家大数据中心（贵州）综合试验区建设为案例，提出如何系统构建我国国家大数据战略体系。本书运用案例分析法、对比分析法和系统归纳法，综合多方数据进行研究，从宏观、中观、微观三个层面探索大数据促进经济社会发展的机理，分析了大数据促进经济社会发展的路径，总结了大数据从产生到发展的七大特征，大数据发展过程中采取的重要举措，取得的成效和存在的问题，并对世界大数据战略发展进行了比较。本书从大数据在促进经济发展、政府治理、改善民生、大数据中心建设、数据资源开放共享、数据交易和沟通、国内外交流和合作等方面对国家大数据（贵州）综合试验区进行经验总结，在此基础上从数据资源搜集储存体系、数据资源开放共享体系、数据资源流通体系、数据资源应用体系、数据资源安全保障体系、数据分析技术支撑体系六个子体系对国家大数据战略总体系进行构建，突破了如何收集大数据战略发展数据和资料收集、大数据战略实施的国际比较和经验总结、国家大数据战略体系如何构建等重点难点问题，为我国大数据战略发展提供实践借鉴和理论探索。

本书主要从七个章节进行分析和阐述：

第一章为绪论。该部分主要对选题背景、选题意义、国内外研究现状、研究思路与研究内容、拟解决的关键性问题与重点难点问题、研究方法与技术路线等进行阐释。首先，结合我国大数据实际发展情况进行总结，并对国内外大数据发展现状进行分析和总结。其次，根据国内外大数据发展现实情况进行研究方法的选取——案例分析法、对比分析法、系统分析法。最后，从理论和现实两方面探讨了研究意义，提出了创新点。

第二章为大数据战略概述。该部分重点对大数据进行定义、阐述大数据的特征和探索大数据促进经济社会发展的路径。首先，从大数据的产生和大数据的定义两个角度介绍了大数据的概念；在此基础上，介绍了大数据的七大特点，分析了结构化数据、非结构化数据、半结构化数据的结构特征。其次，从宏观、中观和微观三个层面剖析了大数据促进经济社会发展的机理。最后，从商用、政用、民用三个维度剖析了大数据促进经济社会发展的作用路径。

第三章为我国大数据战略发展现状。本部分全面梳理了我国大数据的发展历程、重要举措以及发展中取得的成就和存在的问题。首先，介绍了大数据从概念产生的萌芽期，到技术革新的滋长期，再到全社会聚焦的迸发期，以及至今繁荣鼎盛的蓬勃期的发展历程。其次，从优化政策、深化改革、助力产业、技术创新四个宏观维度分析了我国推进国家大数据战略的实施情况，加快大数据技术应用创新，助力数字红利充分释放的重要举措。再次，分析了我国大数据战略发展取得的成就。最后，探讨了我国大数据战略发展中存在的问题。

第四章为大数据战略实施的国际比较及对中国的借鉴意义。本部分通过对比我国与其他国家的大数据发展战略，提出我国大数据发展的启示。首先，对各国的大数据战略进行国际比较，运用案例分析法，介绍了各国的大数据战略。其次，从战略目标、战略内容、发展领域和管理体制四个方面对各国的大数据战略规划以及发展政策进行比较分析，剖析了各国大数据发展政策的共同点和差异之处。最后，分别从基础研究与关键技术研发、人才培养、资金保障、各国技术能力提升等方面进行比较，并探讨了我国大数据发展的启示。

第五章为国家大数据（贵州）综合试验区的实践总结。本部分总结了贵州省作为首个国家级大数据试验区在大数据发展中的成功经验。首先，从政府治理体系和治理能力、民生大数据发展成效、大数据滋润实体经济发展三个方面阐述了国家大数据（贵州）综合试验区大数据在政府治理、改善民生和促进经济发展方面的创新应用。其次，介绍贵州省大数据中心建设方面的工作。再次，从推动数据资源聚集共融、提升数据共享开放水平、实现省市县所有政务信息系统互联互通、探索数据共享交换调度机制和建立数据安全保障体系五个方面剖析了国家大数据（贵州）综合试验区数据资源开放共享经验。又次，从中国国际大数据产业博览会（以下简称数博会）已成为贵州省大数据产业对外合作交流的坚实平台、持续推进大数据国内外合作交流、大数据产业国际交流合作快速发展、大数据人才国际交流合作迈出重要步伐四个方面介绍通过加强对外合作交流促进大数据发展。最后，论述了国家大数据（贵州）综合试验区在创新体制机制方面的成功经验。

第六章为国家大数据战略体系构建。本部分重点研究国家大数据战略体系构建的总体发展思路、如何构建国家大数据战略体系以及提出相应的政策建议。首先，提出国家大数据战略体系构建的"344533"的总体发展思路。其次，阐明国家大数据战略体系构建的基本原则。最后，从数据资源搜集储存体系、数据资源共享开放体系、数据资源应用体系、数据安全保障体系、数据分析技术支撑体系等方面提出了构建国家大数据战略体系。

第七章为政策建议。本部分提出了构建国家大数据战略体系相应的保障措施及对策建议。从大数据产业发展战略、数据开放共享战略、大数据与国家安全战略、大数据人才保障战略、政策法规保障战略等方面提出构建我国大数据战略的政策建议，为我国大数据发展提供保障和支撑。

陈加友

2023 年 4 月 12 日

目
录
Contents

第一章　绪论

第一节　选题背景

一、大数据战略产生背景

在当前科技与信息高速发展的时代，信息以不同的形式不断呈现。加之，科技和信息与人们日常生活不断紧密融合，数据已经是一种必要的战略要素。对于当前经济发展中出现的新业态和新模式，如何从海量数据中提取出有价值的数据，利用这些数据创造出新的价值，提升创新能力，推动经济社会创新发展。

最近几年，世界各国和地区都在积极制定和完善国家大数据战略，大力发展大数据产业。美国于 2012 年发布《大数据研究和发展计划》、2014 年发布《大数据：把握机遇，守护价值》、2019 年发布《联邦数据战略与 2020 年行动计划》等文本，充分表明了美国已经逐渐提升了对大数据的关注度及大数据使用过程的有效性。日本于 2013 年发布《创建最尖端信息技术国家宣言》，表达了日本当局力争公开公共数据、增加数据研发投资的战略。澳大利亚于 2013 年发布了《澳大利亚公共服务大数据战略》，2015 年出台了《澳大利亚政府公共数据政策声明》。这显示出澳大利亚当局对公众隐私保护，鼓励多领域合作与处理共享以及大力公开信息的决心。欧盟也表现出对数据开放以及涉及数据价值链和数据领域研究的高度重视。例如，2017年欧盟委员会发布《打造欧洲数据经济》的报告对数字化改革、面临的障碍以及解决方案进行了分析和总结；2020年2月欧盟委员会发布《欧洲数据战略》围绕内部统一、基础设施、人才与创新以及公共数据四个方面制定了政策措施。2013年英国发布《英国数据能力发展战略规划》、2020年发布《国家数据战略》，表明英国当局致力于数据分析能力的提高以及把握数据价值、数据安全、数据使用、基础架构等方面发展趋势能力的提升。

作为世界上最大的互联网市场，中国也在不断完善大数据发展战略。近几年，中国出台了一系列促进大数据发展的政策和法律法规，2015年国务院出台《促进大数据发展行动纲要》，2016年国务院发布《政务信息资源共享管理暂行办法》，2017年工业和信息化部（以下简称工信部）印发《大数据产业发展规划（2016-2020年）》，2018年7月工信部印发《推动企业上云实施指南（2018-2020年）》，2020年中央出台《关于加快构建全国一体化大数据中心协同创新体系的指导意见》。2021年工信部印发《"十四五"大数据产业发展规划》（以下简称《规划》），《规划》指出，数据是新时代重要的生产要素，是国家基础性战略资源。大数据产业是以数据生成、采集、存储、加工、分析、服务为主的战略性新兴产业，是激活数据要素潜能的关键支撑，是加快经济社会发展质量变革、效率变革、动力变革的重要引擎；我国要抢抓数字经济发展新机遇，坚定不移地实施国家大数据战略，充分发挥大数据产业的引擎作用，以大数据产业的先发优势带动千行百业整体提升，牢牢把握发展主动权。这些政策的出台表明中国政府高度重视大数据产业和大数据技术，不断加大推进大数据发展的力度。

二、国家大数据综合试验区建设背景

为了更好地落实各项大数据发展政策，促进大数据产业的发展，中国分两批公布了国家大数据综合试验区（见表1-1）。2016年2月，第一批确定国家大数据

表 1-1 国家大数据综合试验区

地区	试验区名称	性质	批复时间	预期效果/目标	取得成果
贵州	国家大数据（贵州）综合试验区	国家级大数据综合试验区	2016年2月25日	打造全国级别的大数据综合试验区。将围绕数据资源管理、共享、整合、应用，合作与创新等方面开展系统性试验	贵州确立了"大数据"战略行动，大数据应用比较广泛，基本建成中国南方数据中心，数字新基建不断完善，产业数字化加快转型，数据融合新业态涌现，数字化治理效能凸显，率先进行了体制机制上的探索
内蒙古	内蒙古国家大数据综合试验区	大数据基础设施统筹发展类综合试验区	2016年10月8日	把内蒙古建设成为中国北方大数据中心。将发挥政府引导作用，产业融合发展引领的作用	依托数据中心积极探索大数据产业发展路径，充分运用大数据服务社会民生，提升政府治理效能
广东	珠三角国家大数据综合试验区	跨区域类综合试验区	2016年10月8日	将广东打造成为全国数据应用先导区、大数据创新创业区和数据产业发展高地	试验区初步形成"一区两核三带"的总体布局，成为大数据产业最具创新动力的区域之一
北京、天津、河北	京津冀大数据综合试验区	跨区域类综合试验区	2016年10月8日	打造成具有国际竞争力的大数据产业基地。打破数据资源壁垒，在数据开放、交易及行业应用等方面开展创新	作为全国唯一跨省建设的试验区，北京、天津、河北基本形成协同发展格局
河南	河南国家大数据综合试验区	区域示范类综合试验区	2016年10月8日	要打造全国一流的大数据产业中心、数据应用先导区、创新创业集聚区、制度创新先行区，建成引领中部特色鲜明的国家大数据综合试验区	初步形成了以核心区、中心城市大数据产业园为主要节点的"1+18"大数据发展格局，郑东新区龙子湖智慧岛作为核心区，已形成"一岛一核两园一带多点"的空间发展格局

续表

地区	试验区名称	性质	批复时间	预期效果/目标	取得成果
上海	上海国家大数据综合试验区	区域示范类综合试验区	2016年10月8日	将围绕科创中心和自贸区的建设展开工作,在技术上加大大数据技术创新	持续推进产业集聚发展,推动产业链协同创新,着力推动大数据技术标准突破,推进行业创新应用,深化数据共享重点围绕"云、网、数、应用"
重庆	重庆国家大数据综合试验区	区域示范类综合试验区	2016年10月8日	打造国家级大数据综合试验区。提升重庆大数据产业的竞争力,实现经济加强大数据产业集聚,提质增效	形成了集成电路产业集群、新型显示产业集群、高端电子材料产业集群。传统产业智能化转型方面,新型智慧城市运行管理中心建成投用,免费向公众提供与生产生活紧密相关的多领域公共数据
沈阳	沈阳国家级大数据综合试验区	区域示范类综合试验区	2016年10月8日	建成国家级工业大数据示范基地	在国内率先成立大数据管理局,推进与传统制造业相融合,初步形成"两云六平台"工业互联网生态,促进制造业价值链优化和再造。着力"企业上云"工程,形成具备沈阳特征的云服务体系

资料来源:笔者通过公开资料整理所得。

（贵州）综合试验区为首个国家级大数据综合试验区。2016 年 10 月，第二批国家级大数据综合试验区获批成立。其中，京津冀和珠江三角洲是跨区域类综合试验区，上海、河南、重庆、沈阳是四个区域示范类综合试验区，内蒙古是大数据基础设施统筹发展类综合试验区。

经过近几年的建设，国家大数据综合试验区在大数据的应用创新方面取得了巨大的成就。国家首个大数据综合试验区（贵州）建设发展取得了以下四个丰硕成果：一是综合试验区的大数据产业快速健康稳定发展。据公开数据可知，贵州数字经济增速在全国范围内连续 5 年位列第一，并且 2019 年大数据产业发展指数在全国范围内位居第三。二是大幅提升数据治理能力，加速释放数据融合应用价值，有效地解决了贵州省企业和群众面临的民生相关问题，大数据与工业经济、农业经济和服务业经济深度融合发展，促进数字经济高速发展。三是数据融合创新应用成果丰硕，助推政府治理体系建设。移动端"云上贵州多彩宝"为政府、企业和个人提供了多种多样的服务，包括生活缴费、教育考试、金融保险、充值服务、购物、就业等。四是先行先试持续改革创新，创造了一系列"全国领先"，为全国探索了可推广的经验。在大数据体制机制、数据整合共享、数据融合应用等方面探索积累了一批可复制、可推广的典型经验，得到了国家充分认可。

京津冀充分发挥三地协同创新的特色和优势，打造成具有国际竞争力的大数据产业基地，不断推动数据开放、数据交易及场景应用等领域的创新。在大数据融合方面，环保、交通两个行业的大数据在京津冀产业大数据中占比最高。其中，环保大数据的市场规模快速增长，在政府、企业和个人领域将呈现更多应用场景。交通方面基础设施建设不断提升，标准化建设进一步完善，交通大数据技术创新体系不断增强，个性化公众出行服务水平不断提高。在顶层设计上，京津冀三地政府分别制定并发布了相关指导意见，为京津冀大数据产业的协同发展提供保障。位于天津的"京津冀大数据协同处理中心"已成为京津冀大数据协同处理的重要基础设施，在廊坊建设的"京津冀大数据感知体验中心"已投入使用。在管理体系上，京津冀在各自区域内推动建立数据资源管理体系，推进公共基础信息共建共享。北京市六里桥市级政务云、天津市统一的数据共享交换平台、"云上河北"建设的投入使用，实现了政务资源的共享整合。在基础设施上，初步形成了张家口、承德、廊坊等环京大数据基础设施支撑带，京津冀地区移动高速宽带网络基本实现全面覆盖，并从多个方面开展适应5G网络的升级工作。

珠江三角洲充分发挥广州、东莞、佛山和深圳等地的电子信息产业优势，将广东打造成为大数据创业创新集聚区和数据产业发展高地，不断积累大数据发展的新经验。据不完全统计，截至2019年，广东数据存储量超过2300EB，约占全国的20%。腾讯研究院发布的《数字中国指数报告（2019）》显示，中国数字化进程从以消费互联网为主导，转向以产业互联网为主导，产业互联网已经进入发展黄金期。其中，广东以105.71的发展指数远超其他省份占据榜首，数据大省正成为广东继"经济大省""人口大省""制造业大省"后的又一张亮眼名片。

上海不断加强科技创新中心和自贸区的建设，加大大数据技术创新。基于丰富的制造业融合应用场景，上海涌现出一批精准客户画像、工艺仿真、协同研发、设备预测运维、敏捷制造等基于工业大数据发展的新技术、新业态和新模式。在需求端，应用大数据技术主要以中央企业、国有企业、上市公司等大型企业为主，而在供给端，除了信息技术型企业有工业大数据服务产品外，工业制造型企业也开始大量自研工业大数据关键技术，上线服务性产品。上海抢抓大数据产业发展，连续发布大数据产业政策，鼓励大数据在各领域的深度应用，推动形成数据观念意识强、数据采集会聚能力大、共享开放程度高、分析挖掘应用广的大数据发展格局。同时，陆续出台智能制造、工业互联网产业发展政策，鼓励大力发展工业大数据应用，推动大数据在制造业研发、生产、经营、营销等环节的深度融合，分析感知用户需求，实现产品迭代开发，打造智能工厂。

河南重点在物流、交通、电子商务、政务服务、公共安全领域开展大数据应用创新。虽然河南在发展大数据方面有短板，但作为农业大省、工业大省、人口大省，河南的"先天优势"也很突出。首先，人口多就意味着数据量大，而海量的数据正是大数据产业发展的基础。其次，近年来，河南正在大力发展智慧农业、智慧乡村，大数据在农业领域应用场景广泛，河南也需要通过大数据为农业生产、乡村发展提供支持。最后，河南工业门类齐全、体系完备，拥有41个工业行业大类中的40个，2021年河南省工业增加值突破1.87万亿元，规模总量稳居全国第五位。大数据在工业领域的经营、生产过程中作用巨大，能大大提高产品的可靠性，降低次品率，大数据产业自身得到发展的同时，也带动了其他产业的发展。

重庆则致力于培育大数据产业的竞争力，提升大数据产业集聚能力，促进经济高质量发展，重庆入选工信部2019年度十大智慧城市典型案例。"重庆成立了大数据应用发展管理局，专职推动数据治理体系建设。"据重庆市大数据应用发展管理局相关负责人介绍，"十三五"期间，重庆数据治理体系已初步建立。截至2020年底，重庆在全国率先建成"国家—市—区县"三级数据共享体系，实现7个国家部委、76个市级部门、38个区县及两江新区、万盛经开区等政务数据共享互联；成渝地区政务数据平台实现互联互通、协同应用；市、区县两级共享政务数据突破10000类，较"十二五"末期增长300%；协同开放重庆市发展和改革委员会、市卫生健康委员会、市市场监督管理局等40个部门20个领域近900类数据。

沈阳大力发展大数据相关产业，带动相关产业发展，形成立足沈阳、辐射辽宁、带动东北的市场布局。沈阳市大数据产业高速增长，产业集聚显著。虽然其大数据产业发展相对滞后于全国发达地区，但已进入高速增长阶段，对地区经济发展贡献率不断提升。2018年，辽宁省大数据市场规模约133亿元，同比增长率为71.11%，2019年达到225亿元。新设大数据企业年均增长150家，辽宁省大数据产业呈现主副中心环带发展格局，即沈阳市为大数据产业主中心，大连为副中心，营口、抚顺、鞍山、朝阳构成大数据半环发展带。以主副中心带动周边城市大数据产业发展，共同构成辽宁省大数据产业空间布局。

内蒙古发挥政府先试、产业融合发展引导的作用，将大数据试验区建设成为中国北方大数据中心。近年来，内蒙古自治区全力推进数字经济发展，各项工作有序开展，发展态势良好，围绕服务器生产、信创及信息与通信技术（Information and Communication Technology，ICT）制造、城市管理等大数据产业上下游积极推进应用项目落地建设。2016 年 10 月 8 日，内蒙古获批建设国家大数据综合试验区，成为国内首个大数据基础设施统筹发展类综合试验区。内蒙古自治区政府高度重视数字化发展，出台《内蒙古自治区人民政府关于推进数字经济发展的意见》等诸多政策，大力支持数字经济发展。数据显示，2020 年内蒙古自治区数字经济总量超过 4280 亿元，占 GDP 总量比重超过 24.7%。截至 2020 年底，内蒙古自治区全区大型数据中心服务器装机能力达到 120 万台，综合装机率超过 60%，服务器装机规模居全国首位。

然而，在国家大数据综合试验区建设发展过程中，存在以下五个问题：一是尚未建立一个完整的大数据发展战略体系。目前，国家各部委出台了一系列政策，地方政府为了响应国家发展大数据的战略意图，制定了相应的规划方案和行动计划，但尚未提出完整的大数据发展战略统领我国大数据的发展。二是大数据支柱性产业尚未形成。尤其是在贵州、内蒙古、沈阳、河南等试验区，仍然存在龙头性企业不多，支撑性、带动性强的大项目少等问题。以数据采集、分析、挖掘、可视化、交易和安全等关键环节的大数据产业全生态链尚不健全，对经济社会转型升级的引领带动能力还不够强，大数据产业对经济发展的贡献率还需进一步提升。三是大数据与实体经济深度融合发展还需要进一步提高。推动大数据与实体经济融合发展是大数据促进经济社会发展的重要路径。在大数据与工业融合发展方面，大数据与工业生产的关键设备、研发设计、生产管理等环节的融合发展水平不高；在大数据与农业融合发展方面，农业数据采集、保存等成本较高，大数据推动农业发展的能力亟待突破；在大数据与服务业融合方面，服务业企业与用户在线实时/双向开展精准营销的企业不多，大数据与服务业融合的模式及业态有待创新。四是大数据安全问题尚未得到解决。海量的数据聚集造成了隐私泄露的问题屡屡发生，居民的数据安全与国家层面的数据安全都面临着极大的挑战。与此同时，还存在着一些社会性问题。例如，政府或大企业利用数据的资源和技术优势获得数据授权与个人隐私泄露的伦理问题应当如何解决？数据时代个人信息贩卖严重问题如何能够得到有效处理？五是信息基础设施尤其是新一代信息基础设施建设相对滞后，这仍是制约大数据产业发展的短板之一。

因此，有必要对国家大数据综合试验区建设中的重要经验和模式进行总结，剖析大数据发展的问题和取得的成就，构建我国大数据发展战略体系。国家大数据（贵州）综合试验区作为我国首个国家级大数据综合试验区，已经取得了巨大的成就，具有很多发展大数据的成功经验和成熟模式。本书将在对比国外主要发达国家的大数据战略基础上，以国家大数据（贵州）综合试验区建设为例，提出我国的国家大数据战略，构建符合我国国情的国家大数据发展战略体系。

第二节　选题意义

一、理论意义

迄今为止，国内关于大数据战略方面的研究集中于大数据概念和内涵的探讨、大数据推进产业发展、大数据提升政府效能、大数据政策法规整理、借鉴国外研究方法分析我国大数据存在的问题等方面，缺乏科学性、严谨性的以本土视角进行大数据战略构建方面的研究。在当前大数据战略已经上升为国家战略的发展背景下，本书立足贵州大数据实践以及围绕国家大数据（贵州）试验区解决大数据发展面临的主要问题，在数据资源管理与共享开放、数据中心整合、数据资源应用、数据要素流通、大数据产业集聚、大数据国际合作、大数据制度创新等方面开展系统性的试验，探讨大数据国家战略的内涵，分析大数据国家战略的关键要素，总结大数据发展的规律性认识，构建大数据国家战略理论框架和辅助决策模型，丰富和发展了国家大数据战略管理方面的研究，为我国发展大数据提供实践借鉴和理论探索。

二、现实意义

本书基于我国大数据战略以及国际上主要发达国家大数据战略发展现状，总结国家大数据（贵州）综合试验区的实践经验，构建国家大数据战略体系，有利于我国国家大数据战略发展，促进经济社会创新发展，具有以下三个重要的现实意义。

第一，为我国经济社会创新发展提供动力。首先，大数据促进新业态、新模式、新技术的产生以及产业转型升级。大数据广泛在诸如制造业、旅游业、教育业、交通业、互联网等行业和产业应用，催生新的业态和商业模式，推动新兴产业发展，促进产品升级和产业结构转型。其次，大数据提升经济和社会效益。大数据技术能够为经济现代化和信息化提供新的技术，能够帮助政府、企业和消费者对原材料、商品和劳务等生产要素进行精准把握，从而产生巨大的商业效益；充分运用大数据技术可有效提升政府工作效能，提高政府部门的决策水平、服务效率和社会管理能力。最后，大数据促进社会治理水平提升，维护社会安定、和谐发展。大数据在国防、反恐、安全等领域的应用，将对各部门搜集到的各类信息进行自动分类、整理、分析，提高国家安全保障能力。

第二，为我国各地区探索有效的发展途径。大数据产业是一种新兴的产业，由其衍生出来很多关联的产业。这些产业不断促进创新发展，推动知识经济和网络经济的发展。大数据战略的实施将会极大地推动大数据及其衍生产业、关联产业的发展。各地区抓住大数据战略发展机遇，不断完善大数据产业链，推动大数据的广泛应用，能够催生新技术、新业态和新模式。启动国家大数据发展战略，将强化治理构建国家级大数据标准化体系，不断提升创新能力，为我国各地区实现快速发展提供有益的探索途径。

第三，大数据战略具有示范引领和警示作用。目前，各省大数据产业已经取得了较为可观的成果，加之众多世界级的互联网企业也在我国各省设立办公区域，发展基础雄厚。国家级大数据综合试验区发展大数据产业，推进大数据在重要领域的应用示范，积极鼓励和扶持基于数据的创新与创业，较好的发展经验可以为其他地区经济社会的发展起到借鉴作用。国家级大数据综合试验区先行先试中遇到的困境和挑战也可以为其他地区发展起到警示作用，防止其他试验区走相同的"弯路"，为其他地区的未来发展提供创新性思路和可行性方案。

第三节 国内外研究现状

一、国外研究现状

（一）大数据战略相关研究

Pompeu 等（2017）讨论了对隐私和数据保护的大数据战略；Clemens 和 Özcan（2017）分析了具有网络效应的大数据战略，并且表明了竞争与大数据战略的关系；Mike 和 Alan（2017）专注于大数据战略框架的构建，帮助商业战略与大数据项目相结合，以便全面实施大数据战略之前识别潜在价值；Tabesh 等（2019）针对如何成功实施大数据战略提出了三项必要步骤。Alaoui 和 Gahi（2020）探讨了不同的大数据战略以确保网络安全得到实现。Lee（2020）采用了来自世界各地的较多实际例子，讨论了大数据战略带来的机遇和挑战；Hamilton 和 Sodeman（2020）考虑如何运用大数据战略解决人力资本问题；Gnizy（2020）研究指出，大数据能够帮助指导新的战略方向，以保持竞争优势；等等。

（二）大数据在宏观决策中的应用研究

第一，大数据可以用来分析人类的行为，提升管理效能。Sajjad 等（2019）利用从人脸识别和表情中获得的数据预测了人类的行为，并且指出从大量媒体数据中进行人的行为分析已经成为研究领域的一个趋势。大数据不仅是海量的信息和对数据的分析处理，更是一套认识世界、改造世界的科学观念与方法。Taylor

和 Meissner（2019）通过大数据将移民统计数据市场化，为推进移民统计和全球数据公正的渐进方法提供了一个关键案例。Johns 和 Dye（2019）证明了大数据分析的潜力，表明大数据分析可以揭示人类行为的大规模趋势。

第二，大数据技术可以为解决经济社会发展难题提供可行性方案。Balti 等（2020）利用大数据分析对干旱进行了介绍和评述，介绍了大数据在干旱监测中的研究和应用。

第三，大数据对于宏观政策方面具备可行性和必要性。Shukla 和 Mathur（2020）分析了印度关于大数据、数据分析以及电子政务环境下提高宏观管理能力的可行性和必要性。Aho 和 Duffield（2020）通过挖掘不同来源、不同格式数据的相关性，为智能决策提供依据，等等。

（三）大数据在微观企业中的应用研究

第一，微观企业可以运用大数据优势，分析其公司内部存在的人力资本问题。Nicolaescu 等（2019）基于大数据分析，对企业人力资本进行了评估，研究结果表明，企业利用大数据可以解决人力资源部门面临的人力资源绩效量化、绩效分布分析以及早期确定愿意离职的员工等挑战。Hamilton 和 Sodeman（2020）研究了如何用大数据分析解决重大的战略性人力资本问题，结果表明利用大数据进行人力资源配置，能够提高公司的整体绩效。Jaemin 等（2020）的研究结果表明，当企业在人力资源配置中主要采用数据驱动决策时，大数据分析能够优化人力资源配置，对企业绩效产生积极影响。

第二，微观企业可以利用大数据积极进行技术创新。Abdul-Nasser 和 Sanjay（2019）讨论了大数据对企业绿色创新的影响，发现绿色创新有助于影响企业绩效和竞争优势之间的关系。Calza 等（2020）旨在探讨企业如何从大数据中获取价值，以提高企业的绿色参与度。

第三，大数据在微观企业管理方面也发挥着重要作用。Sestino 等（2020）探讨了物联网和大数据在企业如何管理数字化转型方面的作用；Moreno 等

（2020）讨论了大数据生态系统对于企业管理和应对事件的重要性；Ashish 等（2020）指出，大数据分析在业务管理的各个方面都将变得越来越重要；等等。

（四）大数据在公共健康领域的应用研究

第一，关于大数据疾病监测方面的运用。Carbone 和 Montecucco（2020）讨论了大数据共享在心血管疾病运用方面的必要性。Rennie 等（2020）探讨了大数据在美国的运用，认为大数据能够加强对艾滋病毒的监测，并且改善对监禁人口护理的连续性。Han 等（2020）认为，大数据可以与移动健康、社交媒体和其他数据源结合起来，从根本上改变对疾病预防和管理的了解。Dritsakis 等（2020）的探析结果发现，大数据分析为听力损失疾病治疗提供了技术支持。Lucas 等（2020）的研究结果表明，大数据可以助力于推断火灾和疾病之间的相关性。Annette 和 Robert（2020）利用大数据分析得出，可以通过减少飞行中的辐射暴露来保护太空机组人员的健康。

第二，大数据为医学研究也提供了较大的机遇和挑战。Lee（2020）认为，大数据研究是医学研究领域不可阻挡的发展趋势；Pal 等（2020）讨论了大数据生物信息学的发展前景；Shilo 等（2020）描述了在医疗保健资源中使用大数据的潜力和挑战；Kinkorová 和 Topolan（2020）指出，大数据时代的生物银行有助于开发预测性、预防性和个性化的药物，为每个患者在正确的时间提供正确的治疗，大数据时代的生物银行有助于医疗保健向个性化转变；Saunders 等（2020）研究了原型数据存储库，发现可以通过提供高质量的证据，来制定和评估听力保健政策，这说明了利用大数据进行决策的价值；Bennie 等（2020）强调，数字化在日常生活中以及医疗保健系统中的应用不断增加，为接触药物的人群在现实环境中带来益处的同时也可能产生一定危害；Maddalena 等（2020）指出，数据在牙科实践和研究中具有潜在有益用途，但是也会引发道德挑战等伦理问题；等等。

（五）大数据引发的数据安全问题研究

Alouneh 等（2018）强调，应当基于两个层次注意处理大数据时代面临的安全性问题。Alloghani 等（2019）指出，大数据和云计算的安全性已经受到了高度关注；Poltavtseva 和 Kalinin（2019）注重于解决大数据管理系统的信息安全问题；Shanmugapriya 和 Kavitha（2019）的研究结果表明，加密数据为云数据和重复数据消除带来了新的挑战，并且通过访问控制加密技术剖析了医疗大数据的安全性；Suwansrikham 等（2020）认为，虽然大数据是当前解决存储问题的主要方案，但是它在可靠性和安全性方面仍然面临挑战；Shanmugapriya 和 Tamilselvan（2020）指出，现有的加密方法虽然能够保护数据的机密性，但是存在访问模式泄露敏感信息的问题；Chauhan 等（2020）强调，应当保持对患者数据隐私和安全的关注，访问这些数据的同时，一定要保护患者的数据安全；Florea 和 Florea（2020）的研究结果发现，以大数据为中心的高等教育研究正逐渐成为主流研究范式，需要在被广泛接受之前解决关键数据隐私问题；等等。

由此可以看出，随着大数据的迅猛发展，大数据广泛应用于宏观层面和微观层面。同时，大数据在政府治理、社会民生等领域也运用得非常广泛，给该领域带来了机遇和挑战。但是，数据安全问题已经较为严重，隐私泄露也给政府治理工作带来了较多挑战。国外部分学者提出了大数据发展的政策建议，但是专门针对大数据战略的研究较少。因此，亟须构建符合我国大数据发展现实情况的国家大数据发展战略，以便更好地发展大数据产业，促进大数据更好地为经济社会发展服务。

二、国内研究现状

（一）关于国家大数据战略的研究

随着互联网和科学技术不断向纵深方向发展，大数据技术为国家治理提供了重要的手段和工具。运用大数据开发知识、提升效能、加速创新，使之为国家和社会治理以及政府决策服务，最大限度地实现本国整体国家利益等，正随着大数据时代的到来而成为国内外学者研究的热点。陈潭（2017）提出一个包含数据平台、政府治理、经济治理以及技术人才四个方面的国家大数据战略行动框架。

朱卫东等（2017）基于"五位一体"，总结了国家层面在经济、政治、文化、社会以及生态五个方面的大数据战略；杜欣（2018）探讨了国家大数据战略在河北省落地的可行性，并提出了七个方面的政策建议；郭华东（2018）的研究结果证明了科学大数据对于国家大数据战略的重要性；贺晓丽（2019）认为，美国的《联邦大数据研究与开发战略计划》在战略目标、管理技术、数据安全以及成功范例四个方面对中国的国家大数据战略具有借鉴意义；李后卿等（2019）针对国家大数据战略的关注点进行了总结，并且对中国大数据战略发展进行了展望，指出战略应当继续与各行业紧密融合，医学、农业等重点领域的制度体系应当继续完善，对于面临的信息、监管以及人才等方面的问题应当科学引导、有效解决；陈潭和庞凯（2019）的讨论结果表明，国家大数据战略的实施离不开产业、人才、技术和安全四方面的支撑作用；廉凯（2019）指出，通过数据分析创造价值已经成为大数据时代的趋势，中国要考量现代社会经济的特征，把握公共财政、政府治理、社会治理和文化精进的四个联动，寻找适合中国跨越式发展的战略突围；文艺和蔡定昆（2020）提出，国家大数据战略可以助推少数民族文化传承。杨晶等（2020）分析了美国的《联邦数据战略与2020年行动计划》，分析结果有助于推进中国在数据重视、数据管理和数据使用等方面的战略发展；等等。

（二）关于大数据应用的研究

1. 农业领域

刘宇晨和张心灵（2018）提出，可以利用大数据技术为草原数据构建资产负债表。宋伟和吴限（2019）认为，大数据技术运用于农业可以助推智慧农业的发展。肖丽平等（2019）的研究结果表明，大数据可以驱动农业品牌化，促进农业发展。董志勇和王德显（2019）的研究结果表明，大数据可以解决农村劳动力外流、农业推广模式落后以及农业生产模式"碎片化"等问题，促使农业模式发生变革、现代化水平提高。周月书等（2020）以大北农生猪产业链为例，对农户融资难融资贵的问题进行探讨，分析结果发现，大数据能够有效控制农户面临的生产和市场风险，使农户承担的成本降低，解决融资难的问题。因此，大数据结合"互联网+"的金融模式能够有效解决农户融资贵的问题。陈欢欢（2020）认为，大数据可以帮助农业发展进行创新型转变，有助于提升农民群众的幸福感和获得感。殷浩栋等（2020）对大数据技术在推进农村农业数字化转型的机理和策略方面进行了探讨，等等。

2. 工业领域

李文和王邦兆（2018）分析了大数据时代企业统计工作面临的挑战与困境。辛璐和唐方成（2019）研究了制造业与大数据融合过程中四个方面的问题。刘祎和王玮（2019）讨论了工业企业如何利用大数据发挥出自身的竞争优势。邢飞等（2019）聚焦于工业大数据变革过程中的挑战与困境。王伟玲（2020）对工业数据面临的种种问题进行了分析与讨论。孙学辉等（2020）探讨了工业生产数据中大数据技术面临的困境。吕明元和苗效东（2020）研究发现，大数据能够促进我国制造业的结构优化，等等。

3. 服务业领域

马丽梅等（2019）分析了大数据关键技术在铁路领域的运用；易嘉伟等（2020）通过实证结果证明，利用大数据技术可以有效检测极端暴雨天气对城市交通的影响；张伟等（2020）基于混频大数据对 GDP 进行了实时预测，提高了对宏观经济总量预测的精度；顾文涛等（2020）利用文本大数据的方法，将情绪指标加入到模型之中，提高了股票收益率预测的准确性；常宴会（2020）认为，大数据技术有助于舆情的精准研判，对思想政治教育的效果能够进行有效评估；申曙光和吴庆艳（2020）指出，大数据可以助力医疗健康产业由健康管理向着健康治理的方向转变，提升数字健康的多元化和科学化；左惠（2020）的研究结果表明，大数据是文化创意的重要因素；王梓茜等（2020）提出，针对城市规划领域的气象分析，大数据技术具有较多的应用前景；等等。

（三）关于政府数字治理的研究

黄其松和刘强强（2019）指出，大数据将促使政府治理向着新的方向进行变革：政府机构将进行重构、公共服务流程将进行价值再造、公共政策的决策将进行优化；张爱军和梁赛（2019）认为，大数据技术能够提升政治治理能力；沈费伟和叶温馨（2020）讨论了福建、上海以及浙江政府数字治理，得到以下四个结论：政府数字治理应当涉及框架建构、应用范围、实践执行以及行政方式；秦国民和任田婧格（2020）探讨了政府数据治理与制度执行力的内在关系；王长征等（2020）研究了政府注意力对数据治理重视程度的影响，研究结果发现，不同发展阶段各地方政府的影响存在明显差异；等等。

（四）关于大数据发展引发的数据问题研究

1. 数据安全问题

刘友华和朱蕾（2020）强调了庭审网络直播的数据安全问题，致力于保障隐私安全以及国家数据安全；陆岷峰和王婷婷（2021）指出，数字技术在商业银行信用风险方面具有较大作用；肖冬梅和孙蕾（2021）表明，当前云环境下面临的数据安全风险以及数据安全威胁问题应当科学治理并加强数据监管；刘春航（2020）聚焦于大数据时代银行监管面临的数据风险问题；张锋（2020）认为，基于大数据的背景下可以实现重大突发公共卫生事件风险治理体系建设；姬颜丽和王文清（2020）指出，利用大数据技术能够提高税收风险识别的精准度；金波和杨鹏（2020）关注于大数据时代档案数据的安全治理；张梦茜和王超（2020）探讨了大数据背景下重大公共安全风险的治理；刘晓洁（2020）讨论了央行数字货币的风险挑战；等等。

2. 垄断问题

詹馥静和王先林（2018）认为，大数据能够增加企业滥用市场支配地位的垄断隐患发生的概率；曾彩霞和朱雪忠（2019）对大数据在垄断规制中适用的标准条件进行了讨论；任超（2020）的研究表明，大数据可能会成为限制竞争行为的一种工具；王珏（2020）指出，为了应对农业大数据产业中出现的垄断问题以及并购的反垄断审查问题，应当坚持预防与监管相适应的原则；詹馥静（2020）提出，传统规制框架因其存在的不足，与当前大数据市场滥用规制的现状存在冲突，应当进行相应的改进；等等。

3. 伦理问题

刘家贵等（2019）的研究结果表明，农户无法占有数据，却会面临他人占有了自己生产出来的数据从而引发自身生存状态受到威胁的问题；高莉（2020）探析了大数据环境下的数据隐私保护与商业创新之间的冲突；梁宇和郑易平（2020）强调需要重视信息伦理的治理问题，提倡科学合理利用大数据技术；郭建（2020）指出，合理规划健康医疗领域的数据共享和数据利用，建立原则有效避免医疗大数据应用的伦理问题；等等。

（五）关于大数据综合试验区建设的研究

陈加友（2017）的研究结果表明，虽然国家大数据（贵州）综合试验区取得了明显的成效，但是仍然存在亟待解决的关键性问题；邱艳娟和曹英（2017）针对国家大数据（贵州）综合试验区的发展问题提出了相应的对策；杨娟等（2017）探讨了新疆国家大数据综合试验区建设的必要性，并且提出了五点建议；法爱美（2017）指出，内蒙古建设国家大数据综合试验区具备一定发展优势；贾一苇（2017）探讨了国家大数据中心的构建，指出应当重视云平台、政务信息和重点信息三方面的架构；薛卫双（2019）认为，国家大数据中心在信息资源利用率、软硬件设备、数据安全以及数据集之间的不协调等方面面临着较大的挑战；徐延军和王真真（2019）、袁超和邹喆（2020）针对国家大数据（河南）综合试验区建设过程中面临的困境进行了分析；雷玄（2020）展望了国家大数据（河南）综合试验区的建设给河南省带来的变革；赵滨元（2020）讨论了京津冀大数据综合试验区自建设以来取得的成效；郁明星等（2020）指出，国家大数据中心的治理应当在资源协同、技术研发、网络安全以及产业创新四个方面进行改进；等等。

总的来看，国外尤其是发达国家对大数据的发展演变与国家决策、安全和战略的相关研究起步较早，是我们研究大数据国家战略的重要参考。国内学者对大数据进行了深入的探讨，在大数据的国家战略研究主题方面取得了一定的研究成果，为本书提供了借鉴和参考。但是，现有研究也存在着不足，主要体现在以下两个方面：一是从宏观对"大数据"和"国家战略"的交叉研究较少，在大数据对国家战略的全面影响上欠缺考虑；二是研究时将政治、经济、社会、文化等问题割裂开来考虑，较少考虑大数据背景下各领域问题的联动性。同时，以国家大数据综合试验区建设时间为基础，系统性地提出完整的大数据发展战略的研究相对较少。因此，制定一个全面的大数据发展战略具备必要性。由于贵州大数据综合试验区是国内首个国家级大数据试验区，并且已经取得丰富的研究成果，本书以国家大数据（贵州）综合试验区建设为案例进行剖析，总结取得的成功经验，梳理存在的问题，在借鉴其他地区和国家成功经验的基础上，构建国家大数据战略体系。

第四节　研究思路与研究内容

一、研究思路

本书首先对大数据战略的相关定义进行了梳理，分别从容量、种类、速度、可变性、真实性、复杂性和大数据价值方面介绍并分析了大数据的七大特征，回答大数据是什么的问题。其次从微观、中观和宏观三个层面探讨了大数据促进社会经济发展的理论机理。同时从商用、民用、政用三个角度剖析了大数据促进经济社会发展的路径，回答了大数据是如何促进经济发展的问题。再次阐述了大数据战略的发展现状，从发展历程、重要举措、取得成效和存在问题四个方面对我国大数据发展现状进行了分析。又次通过梳理美国、加拿大、法国、澳大利亚、日本和新加坡等国家的大数据战略，并与我国的大数据战略进行对比，总结了这些国家的大数据发展战略给我国大数据发展的启示。最后结合上述研究成果，梳理了国家大数据（贵州）综合试验区的实践经验，明确国家大数据战略体系构建的总体思路，从数据资源搜集储存、数据资源共享开放、数据资源应用、数据安全保障与数据分析技术等五个方面构建国家大数据战略体系，并提出了国家大数据战略体系发展的政策建议。

二、研究内容

本书的研究内容主要包括以下六个方面：

第一，大数据战略概述。本部分重点对大数据进行定义、阐述大数据的特征和探索大数据促进经济社会发展的路径。首先，本书从大数据的产生和大数据的定义两个角度介绍了大数据的概念；在此基础上，介绍了大数据的七大特点，分析了大数据三种类型：结构化数据、非结构化数据、半结构化数据的结构特征。其次，从宏观、中观和微观层面剖析了大数据促进经济社会发展的机理。在宏观层面，大数据技术应用提升了经济效率、激发了经济社会的创新效率、提高了宏观调控效率；在中观层面，大数据技术应用促进产业结构升级、促进了产业融合、催生了一批新兴产业；在微观层面，大数据技术应用在思想上颠覆了传统商业思维，改变了传统的商业模式，较之过去的思维模式，大数据时代的思维模式变得更立体，对于对象的刻画分析更加详尽，与之相对应的大数据技术也重塑了传统的企业管理模式。最后，从商用、政用、民用三个维度剖析了大数据促进经济社会发展的作用路径。在商用领域，大数据通过降低企业交易成本、助力企业获得更完整的市场信息、促进市场资源重组和优化资源配置以及促进实体经济发展四个方面促进经济社会创新发展。在政用领域，传统的决策模式往往基于抽样数据、小样本或典型案例进行决策判断，甚至根据少数领导人的自身经验进行决策，其主观性和片面性较强，容易造成政策决策偏离实际的现象，从而导致决策失误。进入大数据时代，迫切要求政府部门改革决策机制，实现由主观决策向客观决策转变，由小样本或典型案例决策向大数据海量样本决策转变。运用大数据技术能有效提升科学决策能力、政策执行能力、政务服务能力和管理监督能力。在民用领域，大数据通过预测疾病、预防疾病、精确医疗救助以及驱动医学教育模式改革等途径改变医疗领域的格局，通过风险管理与风险控制、金融机构运营优化、精细化和精准化营销等方式影响金融领域发展，通过智慧经济、智慧治理、舆情监测等方式构建智慧城市，通过农业生产智能化、助力实施农业资源环境精准监测、灾害预测预报、农产品质量安全追溯等方式改变现代农业格局，通过精确零售行业市场定位、成为零售行业市场营销的利器、支撑零售行业收益管理、创新零售行业需求开发等方式助力零售新格局构建，通过提高物流的智能化水平、降低物流成本、提高用户服务水平、打造物流新格局、提升生产的质量、改变生产结构、提升生产效率等助力制造业转型升级。

第二，我国大数据战略发展现状分析。本部分全面梳理了我国大数据的发展历程、重要举措以及发展中取得的成就和问题。首先，介绍了大数据从概念产生的萌芽期到技术革新的滋长期再到全社会聚焦的迸发期以及至今繁荣鼎盛的蓬勃期的发展历程。在1980~2008年大数据发展的萌芽期，分析大数据产生的必要性和久远性，阐述大数据发展的技术积累过程和逐步积累的充实基础。在2009~2012年的大数据滋长期，介绍大数据市场伴随互联网技术的成熟而快速发展的过程以及大数据市场的发展和日益被大众所熟知、逐步走上历史舞台的过程。在2013~2015年的迸发期，分析国外各国政府相继投入大数据相关研究、产业发展情况以及推进大数据相关技术在政府行政、社会治理以及商业运作中的应用。同时，也剖析我国紧抓时代脉搏，先后有序有效出台布局大数据发展战略，并将大数据上升到国家战略层面的高度，从顶层设计擘画我国大数据发展蓝图，指明我国大数据前进方向，开启我国大数据发展建设新时代的总体概况。在2016年至今的大数据蓬勃期，本书从中央层面、地方层面、学术层面、应用层面概括我国各部委出台相关大数据政策、社会各企业组织创新大数据应用的情况。其次，从优化政策、深化改革、助力产业、技术创新四个宏观维度分析了我国推进国家大数据战略实施情况，加快大数据技术应用创新，助力数字红利充分释放的重要举措，包括大数据政策环境优化推动大数据发展，政务服务数字化转型助力大数据发展，新行业、新业态、新模式涌现反哺大数据发展，大数据技术创新助推大数据发展。再次，分析了我国大数据战略发展取得的成就，包括大数据平台建设推动政务服务智能化，数据开放共享促进政商环境透明化，大数据技术打造民生服务精细化，大数据产业引航经济发展高质量化，中国国际大数据产业博览会（以下简称数博会）引领大数据技术创新化，大数据助力精准扶贫高效化。最后，探讨了我国大数据战略发展中存在的问题，包括数据共享开放的不完全导致大数据应用的不充分，大数据产业的分布不平衡导致大数据自身造血不足，产业数字化转型的表面化带来产业发展的缓慢化，大数据人才供应不足致使创新创业环境不佳，相关责权、法规的模糊化致使数据安全隐患重重，等等。

第三，大数据战略实施的国际比较及对中国的借鉴意义。本部分从大数据战略规划、大数据战略实施两个方面进行国际比较研究，针对中国当下大数据产业发展提出相应的政策建议，并通过对比我国与其他国家的大数据发展战略，提出我国大数据发展的启示。首先，对美国、英国、澳大利亚、日本和新加坡等发达国家的大数据战略进行国际比较。其次，对各国的大数据战略规划以及发展政策进行比较分析，剖析各国大数据发展政策的共同点和差异点。最后，比较各国大数据技术能力提升政策，从产业扶持、政府政策执行、社会民生层面应用和数据隐私安全保护与相关法规方面比较各国大数据应用与管理政策。在此基础上，探讨了我国大数据发展的启示：调整大数据技术研发投入重心；促进大数据交易市场规范，完善数据流通体系；在公共服务领域运用大数据，实现大数据发展的重要价值；以大数据产业助推实体经济发展；完善大数据人才培养体系；加快制定相关法律法规，平衡政府数据开放和个人隐私保护。

第四，国家大数据（贵州）综合试验区的实践总结。本部分总结了贵州省作为首个国家级大数据试验区在大数据发展中的成功经验。首先，从基于政务大数据大幅提升政府治理体系和治理能力、民生大数据发展成效、大数据滋润实体经济发展三个方面阐述了国家大数据（贵州）综合试验区在政府治理、改善民生和促进经济方面的创新应用。其次，介绍贵州省大数据中心建设方面的工作，包括大力推进贵安新区"中国南方数据中心示范基地"建设；为确保大数据的稳定传输，贵州建设5G基站；持续推进数据中心又好又快发展，力争成为国家关键信息节点以及大数据基础设施迈入全国第二方阵。再次，从大力推动数据资源聚集共融、大幅提升数据共享开放水平、实现省市县所有政务信息系统互联互通、探索数据共享交换调度机制和建立数据安全保障体系五方面剖析了国家大数据（贵州）综合试验区数据资源开放共享经验。同时，为保证数据资源的交易与流通，贵州省大力发展数据资源流通与交易服务市场，不断完善数据交易制度体系，快速推进数据资产化、金融化。接下来，从数博会已成为贵州省大数据产业对外合作交流的坚实平台、持续推进大数据国内外合作交流、大数据产业国际交流合作快速发展大数据人才国际交流合作迈出重要步伐三个方面介绍通过加强对外合作交流，让大数据更好更快发展的经验。最后，论述了国家大数据（贵州）综合试验区在创新体制机制方面的成功经验，包括提高政治站位，集全省之力促进大数据产业发展；转变管理思路，多部门协作共同促进大数据产业创新性发展；强化优惠措施引导，打造包容创新的试验田环境；持续推进大数据制度创新试验，形成了协同高效的组织推进体制机制。

第五，国家大数据战略体系构建。本部分重点研究国家大数据战略体系构建的总体发展思路、构建国家大数据战略体系的基本原则和如何构建国家大数据战略体系。首先，本书提出国家大数据战略体系构建的"344533"的总体发展思路，重点阐述了三个问题：数据从哪里来、数据放在哪里和数据谁来用；四个理念：数据是资源、应用是核心、产业是目的和安全是保障；四个中心：国家级大数据内容中心、数据中心、服务中心和创新中心；五个大数据层级：基础设施层、系统平台层、云应用平台层、增值服务层、配套端产品层；三大业态：核心业态、关联业态和衍生业态；三个目的：提升政府治理能力目的、实现大数据推动转型升级目的和大数据服务改善民生目的。其次，提出构建国家大数据战略体系的基本原则。构建大数据国家战略体系是一项复杂的系统工程，所构建的战略体系需要全面客观反映我国当前大数据产业的发展现状，契合和顺应我国大数据产业发展趋势，引导大数据产业快速、稳定和健康发展，应该遵循规划性原则、开放性原则、智能性原则、价值性原则、安全性原则、先进性原则和保障性原则。最后，从数据资源搜集储存体系（基于嵌入式架构的搜集储存体系、基于计算机系统架构的搜集储存体系、基于云技术的搜集储存体系）、数据资源共享开放体系（搭建国家主导的数据资源开放共享组织模式、建立统一的行业性标准规范、创新数据服务技术和软件工具）、数据资源应用体系（培育数据要素市场、优化数据资源流通环境、建立数据交易市场和服务市场）、数据安全保障体系（政用、商用和民用）、数据分析技术支撑体系（数据采集与预处理、数据存储与管理、数据基础平台和数据可视化）等方面构建国家大数据战略体系。

第六，从完善政策法律法规、推进大数据产业发展、促进数据资源开放共享、培养专业技术人才等方面提出完善国家大数据战略的政策建议。完善政策法规保障方面，要充分发挥政府引导作用，国家有关部门应制定和完善大数据产业、大数据资源以及数据安全等方面的规章制度，构建促进大数据发展法规制度体系，不断创新数据资源监管模式。推进大数据产业发展方面，重点围绕人工智能、5G、物联网、云计算、区块链等新一代信息技术积极探索数字经济新领域，培育和发展新的产业集群，推动大数据与实体经济深度融合发展，推进数据资源价值化，促进数据开放共享，加快释放数据潜能。统筹大数据与国家安全方面，数据作为新的生产要素正持续激发市场新动能，与此同时，数据安全问题也日渐凸显。要坚持统筹发展和安全，在充分利用数据推动数字经济发展的同时，高度关注数据主权、数据出口、数据隐私等安全问题。强化大数据人才保障方面，大数据人才是大数据发展的重要保障，大数据的发展离不开大数据专业人才。要创新大数据人才培养模式，加快大数据学科建设步伐，构建大数据人才引进机制，为大数据发展提供智力支撑。

第五节　拟解决的关键性问题与重点、难点问题

一、拟解决的关键性问题

本书拟解决的关键性问题包括以下两个方面：

第一，大数据怎么影响经济社会发展的问题。对于大数据的重要性，很多课题和研究成果都已经进行了深入的探讨，但是现有的研究成果并没有从理论上研究大数据影响经济社会发展的机理和路径。厘清大数据促进经济社会发展的机理和路径对于构建我国大数据国家战略体系，从而推动大数据发展具有重要作用。

第二，如何构建我国大数据国家战略体系的问题。大数据国家战略体系的构建是本书的最终目的，也是研究成果的体现，如何吸纳国际经验，总结国家大数据（贵州）综合试验区的发展成果，结合相关理论机制构建我国大数据国家战略体系是本书拟解决的关键问题。

二、重点、难点问题

本书研究的重点问题体现在以下三个方面：

第一，大数据影响社会经济发展的理论机理。这一问题是本书的立足点和研究基础，也是主要的贡献之一，如果无法充分阐述大数据影响社会经济发展的理论机理和具体的作用路径，那么后续的论证将会是无源之水、无本之木。本书将从大数据在商用、政用和民用三个层面，深入剖析大数据影响社会经济发展的作用机理。

第二，大数据战略实施的国际比较与经验总结。国际上发达国家大数据战略实施的成功经验借鉴是我国实施大数据战略的关键一环。但是如何避免别国经验在我国水土不服的问题值得深入研究。因此，本书将通过充分调研和深入总结，全面比较国际上发达国家实施大数据战略，总结这些国家实施大数据战略的成功

经验，在充分考虑我国基本国情的前提下结合国际上发达国家实施大数据战略的成功经验，构建我国大数据战略体系。

第三，国家大数据（贵州）综合试验区的实践总结。国家大数据（贵州）综合试验区是我国首批大数据综合试验区，在数据开放和共享、数据汇聚、数据场景应用、数据多模态流通、产业聚合、大数据制度创新等方面取得了巨大的成就。本书将全面总结国家大数据（贵州）综合试验区发展大数据的巨大成就和实践经验，为我国发展大数据提供经验借鉴。

本书研究的难点问题主要有以下两个方面：

第一，关于大数据战略发展数据和资料获取的问题。对于资料和数据的收集问题，涉及部门庞多且问题复杂，通过从国家信息中心、中国信息通信研究院、贵州省大数据发展管理局、贵州省统计局和贵州省科学技术厅等相关部门调研的方式，获取本书研究需要的数据和资料。

第二，关于国家大数据战略体系构建的问题。大数据国家战略体系的构建是一个庞大而系统的工程，既需要借鉴别国发展经验，也要考虑我国大数据发展的现实情况。本书将结合国际上发达国家大数据战略实施的成功经验，并提炼国家大数据（贵州）综合试验区的巨大成就，在此基础上，解决我国大数据战略体系构建这一难点。

第六节　研究方法与技术路线

一、研究方法

（1）案例分析法。采用案例分析法，以国家大数据（贵州）综合试验区为案例进行深度剖析，周密而细致地研究其典型做法，提取可借鉴、可复制、可推广的实践经验，为我国大数据战略体系构建提供借鉴和参考。

（2）对比分析法。采用对比分析法，研究各国大数据发展战略。选取国际上大数据发展具有代表性的美国、英国、法国、澳大利亚、日本和新加坡等国家，收集和整理这些国家的大数据发展战略和政策，进行深入的国际比较研究，剖析它们的优点和缺点，并结合我国大数据发展的具体情况进行分析，为我国大数据产业发展提供启示。

（3）系统归纳法。充分运用系统归纳法的思想，系统归纳美国、英国、法国、澳大利亚、日本和新加坡等国家大数据战略发展的成功之处，总结其中的基本规律和共同规律，提出国家大数据战略的发展思路和基本原理。

二、技术路线

本书的研究主要从三个阶段展开（见图1-1）：第一个阶段是理论分析，主要

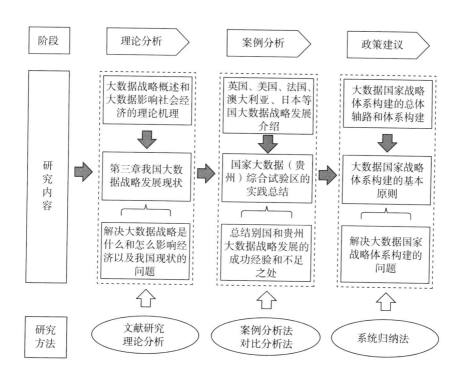

图1-1　技术路线

资料来源：笔者通过公开资料整理所得。

分析大数据的界定和大数据影响社会经济发展的理论机理，探讨国家大数据战略的发展思路以及如何构建大数据发展战略体系；第二个阶段是案例分析，重点分析美国、英国、法国、澳大利亚和日本等国家的大数据战略，总结国家大数据（贵州）综合试验区的实践经验；第三个阶段是政策建议，从完善政策法律法规、促进大数据资源的共享与开放、推动大数据行业发展、做好大数据体系建设、确保数据的安全性、培养专业技术人才六个方面提出完善国家大数据战略的政策建议。

第七节　本书创新之处

一、选题的创新

随着各国提出国家大数据战略，数据成为一种战略资源，逐渐成为与人力资源和资本同等重要的生产要素。大数据的价值主要体现在大数据在商业领域、政务服务、民生领域以及国防、反恐、安全等领域的广泛应用。本书选题创新主要体现在两个方面：一是全面、系统地对国家大数据战略进行了梳理和分析，通过理论机理剖析和案例分析相结合，阐述大数据战略的重要性和科学性，在严谨论证的基础上提供了可靠的案例支持；二是以大数据战略实施的国际比较为基础，以国家大数据（贵州）综合试验区建设为切入点，并将成功之处充分融入国家大数据战略体系构建研究中，通过比较国际上发达国家大数据战略实施、剖析国家大数据（贵州）综合试验区，为国家大数据战略体系构建提供借鉴和参考。

二、学术观点的创新

本书学术观点的创新主要体现在以下三个方面：一是大数据从宏观、中观和微观三个层面促进经济社会创新发展。在宏观层面，大数据技术的应用提升了经济效率、激发了经济社会的创新效率、为政府实施宏观调控提供量化数据，提高了宏观调控效率；在中观层面，大数据技术的应用促进产业结构升级、通过技术创新促进了产业融合、催生了一批新型产业；在微观层面，大数据技术的应用首先在思想上颠覆了传统商业思维，重塑了传统的企业管理模式，改变了传统的商业模式。二是大数据从商用、政用、民用三个维度促进经济社会发展。在商用方面，大数据降低了企业交易成本，帮助企业获得完整的市场信息，优化资源配置，促进实体经济发展；在政用方面，大数据用数字化的方式完整地剖析了整个社会全貌，促进国家治理目标的现代化，促进实现智慧治理；在民用方面，大数据技术帮助实现预测疾病、预防疾病、精确医疗救助以及驱动医学教育模式改革，帮助实现风险管理与风险控制、金融机构运营优化、精细化和精准化营销，帮助实现智慧经济、智慧治理、舆情监测，助力支撑农业生产智能化，助力实施农业资源环境精准监测、灾害预测预报、农产品质量安全追溯，助力精确零售行业市场定位、成为零售行业市场营销的利器、支撑零售行业收益管理、创新零售行业需求开发，助力提高物流的智能化水平、降低物流成本、提高用户服务水平，助力提升生产的质量、改变生产结构、提升生产效率，等等。三是国家大数据战略体系是一个复杂系统。国家大数据战略体系包含数据资源搜集储存体系、数据资源开放共享体系、数据资源流通体系、数据资源应用体系、数据安全保障体系、数据分析技术支撑体系等子系统。

三、研究方法的创新

本书采用系统归纳方法，对国家大数据战略进行深入研究，实现了以下三个方面的创新：一是学科方法方面的综合集成。本书以系统学、战略学和案例学三个学科的研究方法为基础，注重多学科、跨领域知识的综合集成，从而使大数据战略研究更加系统规范。二是研究内容的综合集成。本书研究涵盖大数据的战略实施、发展经验、综合试验区实践、战略体系构建等重要战略领域，注重研究内容的针对性、整体性和综合性，从而使大数据战略研究更加全面深入。三是理论模型和专家知识的综合集成。本书既注重大数据国家战略研究的理论创新，又注重相关领域专家知识在大数据战略体系构建中的综合运用。

四、文献资料的创新

本书在文献资料方面实现了以下的突破和创新：首先是有效利用专业数据来源，充分利用国家电子政务外网信息资源共享平台、宏观经济数据库、中国经济信息网等数据资源；其次是积极拓展外部数据平台，通过与协作单位合作，有效利用百度大数据资源库的行业和互联网数据开展研究；最后是进行跨学科的文献综合，既关注计算机科学、网络科学等技术领域，又广泛梳理系统科学、经济学、战略学等有关文献材料，为本书研究提供文献资源支撑。

本章小结

本章对本书的选题、研究思路与研究内容进行了概述。第一，介绍了选题背景。目前，世界上很多国家尤其是发达国家都在积极制定和完善国家大数据战略，我国也在积极推进大数据国家战略实施，于 2016 年在贵州设立了国家首个大数据综合试验区进行先行先试，积累了一些值得总结的经验，但也存在着一些亟待解决的问题。因此，本书以国家大数据（贵州）综合试验区建设为例，构建符合我国国情的国家大数据发展战略体系。

第二，介绍了本书选题的理论意义和现实意义。理论意义是立足贵州大数据实践，探讨大数据国家战略的内涵，分析大数据国家战略的关键要素，总结规律性认识，构建大数据国家战略理论框架和辅助决策模型，丰富和发展了国家大数据战略管理方面的研究，为我国发展大数据提供实践借鉴和理论探索。现实意义包括推进我国经济社会创新发展，从以下三个方面来论述：一是大数据促进新业态、新模式、新技术的产生以及产业转型升级；二是大数据提升经济和社会效益；三是大数据促进社会治理水平提升，维护社会安定、和谐发展。然后进行文献梳理，系统梳理了国外和国内大数据战略相关研究，从文献来看，国外尤其是发达国家，对大数据的发展演变与国家决策、安全和战略的相关研究起步较早，是我们研究大数据国家战略的重要参考。国内学者对大数据进行了深入的探讨，在大数据的国家战略研究主题方面取得了一定的研究成果，为本书提供了借鉴和参考。

第三，介绍本书的研究思路与研究内容。本书共分为绪论、大数据战略概述、我国大数据战略发展现状、大数据战略实施的国际比较及对中国的借鉴意义、国家大数据（贵州）综合试验区的实践总结、国家大数据战略体系构建和政策建议七个部分。一是对大数据战略的相关定义进行了梳理，分别从数量、种类、高速、易变性、真实性、复杂性和价值方面介绍并分析了大数据的七大特征，回答大数据是什么的问题。二是从微观、中观和宏观三个层面探讨了大数据促进社会经济发展的理论机理。同时，从商用、民用、政用三个角度剖析了大数据促进经济社会发展的路径，回答了大数据是如何促进经济发展的问题。三是阐述了大数据战略的发展现状，从发展历程、重要举措、取得成效和存在问题四个方面对我国大数据发展现状进行了分析。四是通过梳理美国、加拿大、法国、澳大利亚、日本和新加坡等国家的大数据战略，并与我国的大数据战略进行对比，总结了这些国家的大数据发展战略给我国大数据发展的启示。五是结合上述研究成果，梳理国家大数据（贵州）综合试验区的实践经验，明确国家大数据战略体系构建的总体思路，从数据资源搜集储存、数据资源共享开放、数据资源应用、数据安全保障与数据分析技术五个方面构建国家大数据战略体系，并提出了国家大数据战略体系发展的政策建议。

第四，本书采用案例分析法、对比分析法和系统归纳法，拟解决大数据怎么影响经济社会发展和如何构建我国大数据国家战略体系两个关键性问题。尤其是采用系统归纳法，对国家大数据战略进行深入研究，实现了以下三个方面的创新：一是学科方法方面的综合集成。以系统学、战略学和案例学三个学科的研究方法，注重多学科、跨领域知识的综合集成，从而使大数据战略研究更加系统规范。二是研究内容的综合集成。研究涵盖大数据的战略实施、发展经验、综合试验区实践、战略体系构建等重要战略领域，注重研究内容的针对性、整体性和综合性，从而使大数据战略研究更加全面深入。三是理论模型和专家知识的综合集成。本书既注重大数据国家战略研究的理论创新，又注重相关领域专家知识在大数据战略体系构建中的综合运用。

第二章　大数据战略概述

第一节　大数据的概念

一、大数据的产生

"大数据"最早是由未来学家 Alvin Toffler（阿尔文·托夫勒，1970）[①] 提出来的。但是，由于当时计算机技术的发展水平还较低、计算能力较弱，当时的人们万万没有料到，40 年后的今天，人类社会将迈入具有非凡意义的大数据时代，大数据将成为促进经济社会发展的重要力量。

近半个世纪以来，大数据（Big Data）向世人展示出了惊世骇俗的力量，且正积极地影响着社会的各个方面。随着互联网技术全面地融入现代生活，信息量的积累使人类储存到了大量的数据，已经到了可以引发变革的程度。自 21 世纪以来，人类世界的数据量发生了前所未有的增长，根据 Martin Hilbert（马丁·希尔波特）教授的估算：人类世界产生的数据规模仅在 2007 年就超过了 300EB（1EB＝260B，艾字节）。举个例子可以更好地理解这一单位：如果假设一部完整的高清电影可压缩为 1GB 的文件，那么 300EB 将是 300 多亿部电影，这是一个

_____

① 阿尔文·托夫勒，当今最具影响力的社会思想家之一，1928 年 10 月 8 日出生于纽约，纽约大学毕业，1970 年出版《未来的冲击》，1980 年出版《第三次浪潮》，1990 年出版《权力的转移》等未来三部曲，享誉全球，成为未来学巨擘，对当今社会思潮有广泛而深远的影响。

非常庞大的数据。Martin Hilbert 的这项研究中指出，只有 7% 的模拟数据存储在媒体、杂志、书籍、报纸和照片中，而数字数据占据了剩余的部分。

根据国际数据公司（International Date Corporation，IDC）[①] 的研究，2011 年全世界产生的数据规模达到 1.8ZB（1ZB = 270B，泽字节），其中高达 98% 的数据为数字数据，如此庞大的数据量意味着，如果将所有的数据全部记录在书籍中，那么这些书籍可以覆盖整个中国 78 次。2012 年时产生的数据规模量为 2.8ZB，根据 Statista 的计算预测，2020 年将增长到 47ZB，较 8 年前翻 17 倍。

然而，"大数据"并不是一个空的概念，其出现对应了数据产生方式的变革。如果从事件发生的三要素来看，需要具备时间、地点以及人物要求，事件才能完整。但是对于"大数据"而言，其产生方式已经分别在这三要素上突破了限制，即传统数据产生方式的变革导致了具有多维特性的"大数据"的出现。

传统数据是伴随一定的运营活动而产生的，并在产生后存储至数据库，如超市只有用户发生购买行为之后才会产生交易信息，该阶段数据的产生是被动的，具有这种数据产生方式的阶段被称为"运营式系统阶段"；随着互联网技术的发展，以智能移动终端以及社交平台为媒介，大量通话以及聊天记录的产生标志着"用户原创阶段"的到来，该阶段数据产生呈现主动性；而后，云计算、物联网以及传感技术的发展，使数据以一定的速率源源不断的产生，该阶段的数据呈现自发性，该阶段被称为"感知式系统阶段"。由此可知，数据产生方式经历了被动、主动以及自发式的历程，其已经脱离了对活动的依赖性，突破了传统时间的限制，具备了持续不间断产生的特性。

当前，大数据已经出现在各种领域，包括互联网、金融、医疗、教育、科研、航空航天以及物联网等。例如，互联网领域的网络点击流、网络日志、电子邮件以及交易记录，金融领域的股票交易、用户消费记录以及账户信息，物联网领域中大量分布的传感器感知的环境信息、设备信息，科研领域中仿真实验数

---

① 国际数据中心（International Data Corporation，IDC）是信息技术、电信行业和消费科技市场咨询、顾问和活动服务专业提供商。经常发布市场资讯、预测和分析师关于业内热点话题的观点性文章。

据、实验报告、论文等，这些都是构成大数据的重要组成部分。但产生大数据的领域并不局限于此，其甚至已经分布在了我们能够想象到的生产生活的各种领域。由此可见，领域的扩展已经为"大数据"的形成提供了重要基础。

众所周知，人物是传统事件发生的重要因素，而对于数据的产生，其主体已经从传统的"人"的概念扩展到"人""机""物"以及三者的融合。首先，"人"指的是人类的活动，包括人的日常消费，使用移动互联网、移动设备终端等；其次，很重要的一部分数据来源于"机"，即信息系统本身，计算机信息系统产生的各类数据，其以文件、多媒体等形式存在，包括计算机虚拟镜像、内容复制以及数据备份等；最后，"大数据"同样也来源于"物"，即我们所处的物理世界，其涉及各种具有采集功能的设备，如摄像头、医疗设备、传感器等。而且，随着云计算、物联网等信息技术的发展，"人""机"及"物"的规模逐渐扩大，相互之间的作用越来越明显，数据的产生方式也已经由"人机"或"机物"的二元世界向着融合社会资源、信息系统以及物理资源的三元世界转变。

总之，数据产生的三要素已经发生了历史性的变革，人、机、物协同作用下，不间断、无领域限制的数据产生方式已经突破了传统数据的概念，其必然导致数据性质的变革，这也就衍生出了新的概念——"大数据"。显然，大数据时代已经到来，人类社会的一切活动都被大数据所影响。生产分配、居民消费、资金流通等经济运行活动，甚至到国家治理、社会生产活动都与大数据息息相关。大数据技术在推动经济社会发展、提升社会治理水平、防控疫情和疾病传染研究等方面，都将成为一个新的潮流。"用数据引领创新，用数据驱动发展"正成为新的潮流。

二、大数据的定义

大数据涉及的范围和领域非常广，是一门集统计学、计算机科学等学科于一体，旨在存储、处理和分析各种来源产生的大量频繁数据的学科。这样一个多学科、多见解的混合学科，让人们很容易质疑大数据和大数据分析的内容和边界。大数据本身的内容范围也会随着软硬件技术的升级而扩大，如 20 世纪初，1TB（Terabyte）的数据即可以称为"大数据"，而如今 1TB 的数据则是司空见惯。

如同每个人心中都有个不一样的哈姆雷特，学术界对大数据正处于方兴未艾的阶段，每个人对于大数据的感知不同，其给出大数据的定义也不同。

2011 年 6 月，世界著名咨询公司 McKinsey（麦肯锡）[①] 首先正式提出了大数据的概念：大数据是一种规模巨大的数据集，其采集、存储、管理和分析的能力大大超过了传统数据库软件工具的能力[②]。尽管麦肯锡公司的定义不是非常准确，但是能够较为准确地刻画大数据的某些特征。自麦肯锡公司提出大数据的概念以来，大数据的定义不断完善，衡量大数据的指标也一直在不断改变。

Gartner（高德纳）[③] 咨询公司这样定义大数据：大数据是一种基于新的计算模式，产生强大的执行力、预知力和流程优化能力的种类繁多、规模巨大、高速增长的信息资产。

城田真琴是野村综合研究所的研究员，在其著作《大数据的冲击》中提出了大数据的概念。城田真琴（2013）认为，大数据可以理解为是难以用现有的一般技术进行管理的大量数据的集合[④]。所谓的"难以用现有的一般技术管理"，具体来说，就是在当前企业所拥有的庞大的数据库中，占主导地位的关系型数据库，并且具有复杂结构、无法进行管理的数据。从响应时间来看，大数据是指那些由于数据量巨大而导致对数据的查询响应时间超过了最大的接受范围的数据集合。

---

① 麦肯锡公司（McKinsey & Company）是世界级领先的全球管理咨询公司，自 1926 年成立以来，公司致力于帮助领先的企业机构实现显著、持久的经营业绩改善，打造能够吸引、培育和激励杰出人才的优秀组织机构。
② McKinsey & Company. Big Data: The Next Frontier for Innovation, Competition and Productivity.
③ Gartner，高德纳公司是全球最具权威的 IT 研究与顾问咨询公司，1979 年成立，其研究范围覆盖全部 IT 产业，为决策者在投资风险和管理、营销策略、发展方向等重大问题上提供重要咨询建议，帮助决策者作出正确抉择。
④ ［日］城田真琴. 大数据的冲击［M］. 周自恒译. 北京：人民邮电出版社，2013.

Facebook（脸谱网，现改为 Meta）[1] 的工程总监 Parikh 认为，"Big Data"（大数据）要有"Big Value"（大价值）。就好比岩石中，只有宝石是最值钱的。换句话说，现在的信息社会中充满着大量的数据，只有深度挖掘对自己有帮助的信息，并转化为自己的见解和决策。如果无法深度解读所拥有的信息，那么纵然数据量庞大也不能被称为是"大数据"。同样这个理解也是有所不足的，因为无论这条信息是否有价值，它都是数据中的一部分。

莫纳什研究院（Monash Research）创始人卡特·莫纳什（Curt Monash）表示："目前看来大数据是一个包容万象的营销术语，世人对什么感兴趣都将其包囊在其中。"莫纳什还在其博客中指出：更糟糕的是，大数据的定义都具有误导性，这种误导性导致了市场的混乱。这是因为任何希望仅仅依靠技术栈（Technology Stack）就可以解决所有 IT 新问题的想法都是极其幼稚的。

Forrester（弗雷斯特）公司[2]在其研究报告 *Reset on Big data* 中就尽力避免将大数据定义为一种技术，这是由于狭隘的定义可能会导致技术专家视野缩小，因而错过趋势。弗雷斯特分析师 Brian Hopkins（2000）认为："大数据这将是一个持续的过程，以弥合现有信息与实际将该信息转化为业务洞察力的能力之间的差距。"

IBM（International Business Machines Corporation）公司[3]赋予大数据"领悟数据，提升见识，洞察秋毫，驱动优化"四个含义。他们重点关注大数据的应用，其首要目标在于如何通过大数据更好地为公司或社会创造价值。大数据的意义在于如何对庞大的数据进行处理，而不在于掌握了多少数据或是如何获取。换句话说，如果把大数据看作烹饪业，那么做出美食的关键不在于食材和配料是否丰富

---

[1] Facebook（又称脸谱网，现改为 Meta），自 2004 年成立以来，世界排名第一的照片分享社交网站，在福布斯 2020 全球品牌价值 100 强中排名第 5 位。

[2] Forrester Research 是著名的技术和市场调研公司，1983 年于美国创立，针对技术给业务和客户所带来的影响提供务实和具有前瞻性的建议。

[3] IBM（International Business Machines Corporation）全球最大的信息技术和业务解决方案公司，1911 年创立于美国。

齐全，而是在于厨师水平的高低，在大数据上则是如何运用"加工"的方法来完成数据的"增值"。

中国的学者也从自己的研究中发表了对大数据的看法，从不同角度对大数据进行了定义。李国杰院士（2019）基于信息科学的视角认为，大数据是指无法在可容忍的时间内用传统信息技术和软硬件工具对其进行感知、获取、管理、处理和服务的数据集合。徐子沛（2015）提出：大数据可以理解为传统的源于测量的"小数据"，加上现代的"大记录"，这种大记录可以是文本、图片、音频及视频等，这和传统的测量完全不同。大数据之所以大，主要是因为现代的"大记录"在不断地扩大。程学旗（2015）从物理学角度对大数据进行了定义，他认为大数据是融合物理世界、信息空间和人类社会三元世界的纽带。

大数据的分布式数据挖掘方法是其特点之一。由于大数据的数据量巨大，一台计算机难以对其进行分析和处理。对于大数据的分析和处理，需要借助分布式体系结构进行计算，要采用云计算、分布式数据库、云存储和虚拟化技术的分布式处理。随着互联网的广泛运用，不断积累的大数据是一种重要的人工资源。云计算是大数据分析重要的技术，由于每天都产生不可估量的数据，云计算和云存储的应用有效地将这种隐态资源转化为可用资源，而当今这种资源无疑成为国家、组织和个人最重要的财富。

虽然以上关于大数据定义的定义方式、角度以及侧重点不同，但是所传递的信息基本一致，即大数据归根结底是一种数据集，数据集的容量是区分大数据和传统数据的关键因素。在不同需求下，其要求的时间处理范围具有差异性，最重要的一点是大数据的价值并非数据本身，而是由大数据所反映的"大决策""大知识""大问题"等。因此，大数据是指无法在一定时间内利用常规工具对其内容进行抓取、管理和处理的大容量和多维度数据集合。

第二节　大数据的特征

大数据所具有的特征是多方面的。如果仅从字面理解，"大数据"的意思极易被人理解为数据信息量极大的集合。然而这样理解是片面的，因为所谓的庞大的数据规模仅仅是"大数据"中的一个特征，而片面的理解就难以体会"大数据"真正的含义。本节将介绍大数据的七大特征。需要注意的是，自"大数据"一词被提出以来，其本身的定义及特征也在不断发展，如何对"大数据"的特征进行精准刻画，还需在现实的实践活动中反复论证。本书认为，大数据具有七种特征：Volume（数量）、Variety（种类）、Velocity（高速）、Value（价值）、Veracity（真实性）、Variability（易变性）以及 Complexity（复杂性）。另外，本书也探讨了大数据的结构特征，包括结构化数据、非结构化数据、半结构化数据的结构特征。

一、大数据七大特征

很多学者对大数据的特征进行了剖析，麦塔公司的分析师道格·莱尼最早进行了分析。他在 2001 年提出了大数据的"3V"特征，即 Volume（数量）、Variety（种类）、Velocity（高速）。这三个方面反映了人类所面临的数据增长的挑战，且这三方面已经被普遍认为是大数据的特征。

随着大数据的不断发展，麦肯锡在 2011 年的报告中，认为大数据目的是能够及时向企业传递高价值、高质量结果的分析，并提出了大数据的"4V"特征：具有庞大的数据规模、极快的数据流动、繁多的数据种类和价值密度低，即 Volume、Variety、Velocity、Value。IBM 加入了数据的真实性（Veracity）特征，提出了大数据"5V"特征。

本书综合当前的研究，概括出了大数据所具有的七种特征（见表 2-1）：即

Volume（数量）、Variety（种类）、Velocity（高速）、Value（价值）、Veracity（真实性）、Variability（易变性）、Complexity（复杂性）。

表 2-1　大数据特征

名称	特征
Volume（数量）	数据量庞大，来源途径多
Variety（种类）	数据种类多种多样
Velocity（高速）	数据获取和处理的高速
Value（价值）	数据可以低成本创造高价值
Veracity（真实性）	数据的准确性
Variability（易变性）	数据在不同位置可能意味着不同意义
Complexity（复杂性）	数据的大小决定所考虑的数据的价值和潜在的信息

资料来源：笔者通过公开资料整理所得。

（一）Volume（数量）

Volume 是指数据量的庞大，且数据源头广。目前来说，能计算和处理的数据基本上是指从 TB 到 PB 的数量级。当然，这个数字会随着技术的更新而改变。虽然我们通过各种媒介了解了大数据，"大数据"这个专业术语已经耳熟能详，但这个词远远比"大"加上"数据"的意义丰富得多。大数据的确体现出来数量"大"的特征，但"大"这个概念争议颇多。

早在刚刚进入 21 世纪时，一般认为"太字节"（TB）的数据就是大数据，但当时拥有"结核"级别的企业或单位并不多，天文学、高能物理和生物信息学科研单位，可以仅从"容量"上满足大数据的内涵。但自从互联网企业崛起之后，它们便开始拥有各式各样的用户数据，其中大部分为文本、图片及视频。如今我们所存储的数据规模以及数量正在急剧增长，所产生的数据包括经济数据、公司财务数据、医疗教据、农业数据、工业数据、监控数据以及更为庞大的社交数据等。其数据规模已经从 TB 转向 PB 甚至 ZB 等级，且不可阻挡地向更高级别迈进。由于每个人都是数据生产者，此时它们所生产的数据，已经是传统企业和科研单位难以望其项背的。例如，新浪微博的用户们每天将发表上亿条微博和不计其数的评论。Twitter（推特网）日活跃用户达到 1.26 亿，Facebook（脸书网，现改为 Meta）每天共享 10 亿条信息，百度搜索引擎每天接受全国用户 60 多亿次查询指令，爬虫程序要收集上千亿个网页。

然而，如果仅仅把大数据的标准定在互联网企业，认为只有诸如谷歌、百度、阿里巴巴、亚马逊等互联网大户才会有大数据，那就严重狭隘化大数据的内涵了。因为容量仅仅是数据的表象，数据的价值才是根本。《数据之巅》作者涂子沛（2014）认为，不应仅仅追寻大数据单纯意义上的"大"与"小"，探索大数据真正的意义在于，通过对数据的整理与合并，分析与开放，发现新知识，创造新价值，从而为社会带来"大科技"。

（二）Variety（种类）

大数据表现出多样性特征，是由三个要素决定的。

第一，数据的丰富程度决定了大数据的多样性，社交网络的蓬勃发展带来了数据类型的多样化，随着 Web2.0 的到来，出现了大量的用户产生内容（UGC）、文本和图片信息、XML、HTML、视频和音频等非结构化数据。由于物联网的数据量日益加大，加上移动互联网可以又快又准地收集如生活信息、使用偏好等用户数据。例如，当下数字传感器应用十分广泛，全球范围内的汽车、电子仪表等都有配置，他们在网络中相互联结，能够测量并相互交流各种信息，如动态轨迹、所在位置、环境温度等。现在，更多的数据可以线上联通，不仅使用方便，而且计算机也能更加容易学习和理解。"大数据"或在自然环境下产生，或是来自于传感器，格式多种而且是不受控的。由于互联网的发展、智能穿戴设备的普及、智能家居的出现，企业得以获得更加丰富的数据，但迎来更大的挑战。目前，大数据不仅包含传统的结构化数据，还包含有诸如文本图片、传感器数据、视频音频等非结构化数据。非结构化数据在企业中广泛使用的主流关系数据库中是难以储存的。

第二，数据源头复杂和使用范围广泛也体现了大数据的多样性。随着互联网的飞速发展，微信、微博、短视频平台等多种社交网络平台兴起，数据来源大到互联网巨头的数据中心，小到个人终端，如手机、平板电脑、个人穿戴设备以及传感器，都时刻在生产并储存着数据。在医疗保健领域，对患者的数据进行分析和整合，也能起到预防保健的作用。例如，通过分析大量患者的临床指标和行为数据，有望避免过度治疗或重复治疗的出现，改善治疗效果。据麦肯锡的分析报告显示，如果在美国能有效地使用医疗大数据，以此提高医疗水平和效率，那么美国就能在其中得到可以超过3000亿美元的潜在价值，这将会使美国在医疗卫生领域减少超过8%的投入。

第三，数据之间强大的联系性和频繁的交互，也是大数据多样性的体现。因为数据依托网络而存在，数据之间的关系纵横交错，彼此交错，紧密相关。为了从数据抽取出有意义的知识，就必须将不同来源的数据连接起来，从而形成深入的数据洞察。例如，在旅行的过程中，旅客的位置和行程信息，与其上传的照片和发表的微博或朋友圈存在很高的关联性。在互联网时代，网络将各个终端联结成一个有机的整体。通过互联网，人们不仅可以获取数据，还可以成为数据的生产者和传播者，这必然会推动对海量信息搜集、处理和整合的实施，从中找出存在的"数据关联性"。

当然，在这些数据中，有一些是过去就一直存在并保存下来的。和过去不同的是，除了存储之外，我们还需要分析处理这些数据，并从中获得对自己有帮助的信息。例如，监控摄像头的视频数据。商场、超市、餐厅等服务业或零售业都会装备监控器，其最初的目的是防止盗窃，但现在也被用来分析顾客的购物偏好。德国顶级配件制造商 Montblane（万宝龙）过去一直凭借销售经验来布置商品位置，现在尝试利用监控器分析买家的购物行为和偏好。万宝龙分析了一段时间内监控器中记录的视频，在卖出商品最多或者顾客驻留最久的位置上摆上最想卖出去的产品，增加了销售量。美国移动运营商 T-mobile 在店中安装监控器，用于统计来店人数和追踪顾客在店内的行动路线，观察顾客在哪个柜台或者哪款产品前驻留时间最久，进而对客户的喜爱程度和购物偏好进行分析，以此来更改产品的价格甚至对产品进行升级换代。

（三）Velocity（高速）

数据产生和更新频率的快慢也是衡量大数据的主要特征之一。世界上每天生成数据的速度都在不断增加，与此同时计算能力也在不断增快，目前计算机所需计算能力每三个半月就会翻一番。因此，应动态地将"速度"的定义对应到数据的流动速度，而不应该将"速度"的定义局限于数据存储方面的增长速率，也体现在大数据的动态处理上。大数据产生的速度极快，把握数据流的控制才能挖掘数据的价值。例如，全国的快捷商店在 24 小时 POS 机所产出的数据、用户访问网站的点击流量、以每秒近万的峰值水平微信短文、安装在国道公路交通拥堵检测传感器和路面检测器（可检测的路面结冰、积雪覆盖、积水深度等状态）等。

大数据可以跨越多个信息技术领域。互联网数据中心（IDC）认为，大数据是无法探究从何处冒出来的巨大动力。但从现实来看，大数据并不是凭空产生的，其正在不断融入社会并得到重大关注，这是因为新技术和新工具正不断推动着大数据的发展，包括更多的创新型分析软件，更加廉价的存储技术，愈加先进的数据采集技术、传感器技术，以及通过云存储技术增加的信息链路，无一不催促着数据的快速产生。

大数据的快速性反映在数据的产生以及数据变更的高频率上，这一个"快"字表现在四个方面：

1. 数据产生速度快

工业革命后，每隔 10 年文本信息量就会翻一番；20 世纪 70 年代以后，数据的产生速度大约每三年就会增加 1 倍；自 80 年代以来，全球信息量的增长速度增加至每两年翻一番。随着 2002 年数字时代开启，数据呈现爆发式的增长。IBM

公司的研究表明，随着时间的推移，数据产生的速度越来越快，呈现几何级数增长；几千年来人类在获取的全部数据中，有90%是在过去几年内产生的。国际数据公司的研究表明，2012年全球每天制造2.5EB的信息量，其中3/4是来自于个人。

谷歌公司前CEO埃里克·施密特有更加具有煽动性的说法：自从人类文明诞生以来，到21世纪以前，人类一共产生了5EB的信息，而十年前每两天就能产生5EB的数据量。施密特的说法是有其一定依据的。自2004年后，谷歌公司就力求与各大图书馆和出版社合作，以打造世界上最大的网上图书馆。为达成此项目的，谷歌公司大量扫描图书，扫描的范围涵盖从古至今。而所有被扫描的图书被数字化后，其总量是可以量化的，因此施密特才敢"断言"，到数字时代以前，人类一共产生了5EB的数据。

2. 数据处理速度必须快

Harvard Business Review（哈佛商业评论）的研究报告中称，早在2020年谷歌公司每天就有超过20PB的数据需要处理。因此，对于大数据生产速度的加快，就需要更快的处理速度。数据自身的状态与价值，也往往随时间推移而发生演变。大数据的时间和价值之间的关系，可以比作一个分数，分子为处理单位，分母为处理时间，处理时间越短，单位价值就越大。如果将大数据比作一座矿山，那么对矿石发现与挖掘的速度就是商业的竞争力。

在互联网行业中，"快"就更能体现出价值。例如，美国著名购物网站Shopzilla在全球拥有超过4000万消费者用户群，是网络交易领域的佼佼者。Shopzilla每月通过它的终端网站和分支网络将消费者与来自成千上万零售商的过亿种产品连接起来。为了提供最新的产品和价格目录，Shopzilla将它的目录平台从一个传统的关系型数据库移至VoltDB（一个针对高速大数据的专业化开源数据库）。借助于VoltDB，Shopzilla显著提高了其处理数据的速度，为客户提供接近于实时的信息，并为向Shopzilla点击率支付报酬的成千上万零售商，传递更具针对性的线索来增长收入。当 Shopzilla 把自己的官网加载用时，降低了 5s 后，其页面阅读量上升了 1/4，售出商品至少增加了 7%。

3. 数据价值的折旧

如发售的手机一样，数据的价值会随时间推移而折旧。如果以当前为基准，那么今天的数据一定比昨天的数据更有价值。从某种角度来说，这就是数据信息的时间折旧问题：数据会随着时间的推移而失去价值。NewSQ（对各种新的可拓展/高性能数据库的简称）的先行者 VoltDB（一个高性能的内存关系数据库）在其官网说明文档中就明确指出：Time is the Enemy of Data（时间就是数据的敌人）。这句话是独到而深刻的，因为在当下最关键的问题，并不是如何更多地保存数据，而是如何最快地处理大数据。

也就是说，数据处于"年轻"时，我们主要关注的是数据个体的价值，随着时间的推移，单个数据的价值下降，数据的会聚价值开始上升，数据越"年长"，数据的集合价值越大。

4. 数据的时效性

同新闻业和金融业一样，数据对时效性要求也比较高。新闻可为读者呈现阅读的新鲜数据。《纽约时报》的前副主编 Robert Lester 深有体会地说道："在 1945 年之前，一般的出版商都认为昨天的报纸是没有任何用的，那么现在的观点则认为最无价值的则是几个小时前发生的新闻。"到了今天，人们很难在晚上对白天的新闻津津乐道，因为有了诸如抖音等短视频平台的兴起，"迟到了"几小时甚至几分钟，一条新闻也许就失去了它的意义，便没有什么新闻价值可言了。

在物联网中，很多传感器发出的数据，几秒之后就可能完全失去意义，因为如果自身不能即时处理，哪怕收集到数据也毫无价值，这就是著名的"一秒定律"。例如，视频网站或者短视频 App 被打开的一瞬间，从获取历史数据中分析的用户偏好的视频、针对性匹配并竞价的广告内容都会立即弹出，都是在秒级的时间内处理和分发出去。如果晚了几秒，那么用户可能因为看不到喜欢的内容就关闭了这个应用。

（四）Value（价值）

数据的价值是指数据对企业、政府、经济社会发展的有用程度。价值特征与真实性特征存在正相关关系。同时，价值与时间紧密相关，并且两者呈反比关系。价值依赖于对数据进行分析、计算和处理的速度。这是因为对数据进行分析的结果具有时效性，强调能够快速的应用。数据转变为有意义的信息的时间越长，这份信息对于商业的价值就越小。

大数据的价值有两层含义：一是大数据的确蕴藏大价值；二是大数据如同贫矿，价值密度很低。这里举一个监控视频的案例。对于管理人员来说，在长达几小时的监控视频中，其中真正重要的仅仅是几秒钟的片段。由于绝大多数无用的数据和极少数有用的数据同时存在，可以认为是"沙里有金子"，更为准确的说法则是："少量金子藏在大量沙子中""沙里淘金"就是大数据的目的——通过数据挖掘技术在数据集中找寻有价值的信息，为各行各业提供真正的帮助。

正是鉴于大数据的价值密度比较低，李国杰院士认为，数据挖掘的价值，是用成本换来的。不能不计成本地、盲目地建设大数据系统。中国大多数企业或政府部门仍是在处理"小数据"。而事实上无论数据的小与大，只要在横向上储存整理各个阶段的数据，纵向上有充裕的细节，就好比持续不断地学习，只要仔细处理分析，就能产生大价值。

（五）Veracity（真实性）

IBM 公司认为，只有可靠而确切的数据才能使数据的储存和处理有真正的意义。随着时代的发展，传统数据源的局限性将会被社交大数据、网络数据、企业内容、交易数据等新型数据源的出现而打破。企业要确保数据的准确性及安全性，需要建立更加全面、快速、完善的信息治理体系。

大数据准确性是指大数据的质量和保真性。大数据环境中存在很多噪声，会干扰数据表述事物的准确性。因此，在大数据环境中，要清除噪声，确保数据治理，消除掉不能表达真实的数据和噪声。对于大数据准确性来说，数据在数据集中可能是信号，也可能是噪声。信号能够被转化成有用的信息，经过提取和分析，能够帮助我们处理事务，具有很高的价值。相反，噪声是无法提取为我们所用的信息，是没有价值的。信噪比越高的数据，其准确性越高。

（六）Variability（易变性）

易变性是指数据的变化。大数据会呈现出多变的形式和类型，是由于大数据具有多层结构，相比传统的业务数据，大数据有不规则和模糊不清的特性，导致很难甚至不能使用传统的应用软件来分析。随着时间的推移传统业务数据已拥有标准的格式，能够被标准的商务智能软件识别。要处理并从各种形式呈现的复杂数据中挖掘价值，成为企业面临的挑战。这意味着相同的数据在不同的上下文中可能具有不同的含义。在进行情绪分析时，这一点尤为重要。分析算法能够理解上下文并发现该上下文中数据的确切含义和值。

（七）Complexity（复杂性）

数据的复杂性意味着将数据转化为对企业和政府有用的信息将十分困难，复杂的数据将会更难处理和可视化，这是由于在对其进行处理和分析之前，需要更先进的技术和更优秀的计算能力。对复杂度的分析分为时间复杂度和空间复杂度，在进行项目前，我们需要通过了解数据的复杂性以及处理难度的大小，来了解算法的执行效率并判断大数据或商业项目能否完成这项任务，这是极为重要的。数据复杂性体现在以下七个方面：数据结构、数据大小、数据细节、查询语言、数据类型、离散数据、数据量的增长。

二、大数据的结构特征

人类社会所制造的信息是多源的，其数据会以不同的结构产生并被储存。不同来源的数据其所表述的信息或许内容相同，但结构却不同。根据其结构特征的不同可以分为结构化数据、非结构化数据、半结构化数据。

(一) 结构化数据

结构化数据是指数据在一个记录文件里面以固定格式存在的数据，通常包括 RDD 和表格数据。该类型数据严格遵循数据格式与长度规范。一般地，我们利用关系型数据库存储大部分结构化数据。由于在数据库中能够直接处理结构化数据，因此，结构化数据很少需要在处理或存储的过程中做特殊的考虑。这类数据包括银行交易信息、发票信息和消费者记录等。

元数据是结构化数据中特殊的一类数据。其又称为中介数据，其主要用于描述一个数据集的特性和结构数据，以支持如历史数据记录、资源查询、位置存储等功能。这种数据主要是由机器产生的数据，且能添加至数据集中。简单来说就是描述数据的数据，举例来说，元数据包括 XML 文件中提供作者和创建日期信息的标签；数码相片中提供相片规格和分辨率以及地理位置信息的数据；书籍中的作者、出版社、页码等；电影的上映时间、演员表等。通过这类数据，我们可以了解到整个系统的内部组成，从而对系统所拥有的各种结构进行一个量化的描述。

(二) 非结构化数据

非结构化数据是指信息没有一个预先定义好的数据模型，其不可以通过键值获取相应信息。据估计，企业数据中有八成以上都是非结构化数据。非结构化数据每年都会增长六成，增长量巨大，增长速度快于结构化数据。常见的非结构化数据的表达方式包括文本形式、二进制等。另外，图片、音频、视频的媒体文件，都在非结构化数据的范畴，常常通过非关系型文件传输。

常见的非结构化数据包括电子邮件、PDF 文档、Word 文档、视频、图片，在 Facebook (脸谱网，现改为 Meta) 发个人动态和在微博上留言，或在 QQ 上的聊天记录在新浪或搜狐等门户网站上的留言转发，在淘宝、苏宁易购、亚马逊等购物网址中商品的使用评价，以及互联网服务器上的各种页面、运行记录日志、搜索引擎中的用户输入、Cookies 和其他网站缓存数据，等等。在现代的互联网中，非结构化数据呈现出比其他类型数据更大幅的增长趋势，可以预见非结构化数据的比例将会达到八成甚至更高的比例。

然而不能笼统地说文档就是非结构化数据，这取决于管理者想要获取的信息层次，例如，如果是统计公司的财报，且把财报整体作为信息单元，那么在这里财报也是结构化数据；而如果想要处理的是财报里面的具体信息，例如，总利润或总支出，那么在这里具体的数据就是非结构化数据。

（三）半结构化数据

半结构化数据有一定的结构，其介于结构化数据和非结构化数据之间，由于其结构的不严格，其原则上无法被清晰呈现或动态调整，常常被储存在文本文件中。如 XML、JSON、FIX、SWIFT、XBRL、HL7 等都是半结构化数据，当然还有更复杂的格式数据，只要其有完整的结构定义，一般都叫半结构化数据。同一类的半结构化数据可能具有不同的本质，他们本质的顺序并不紧要纵使数据被组合在一起。换句话说，大部分数据的构造和实质是混合的，没有明显的区别。相较于非结构数据，半结构化数据具有更好的储存与分析方式。

第三节　大数据促进经济社会发展的机理分析

本节从宏观、中观、微观三个层面进行阐述分析大数据促进经济社会发展的机理（见图 2-1）。在宏观层面，大数据技术的应用提升了经济效率，促进了科技创新，激发了经济社会的创新效率；为政府实施宏观调控提供量化数据，政府可以根据这些量化数据及时有效地做出有针对性的决策，提高了宏观调控效率。在中观层面，大数据技术的应用促进产业结构升级、通过技术创新促进了产业融合、催生了一批新兴产业。在微观层面，大数据技术的应用首先在思想上颠覆了传统商业思维，较之过去的思维模式，大数据时代的思维模式变得更立体，对于对象的刻画分析更加详尽，与之相对应的大数据技术也重塑了传统的企业管理模式，改变了传统的商业模式。

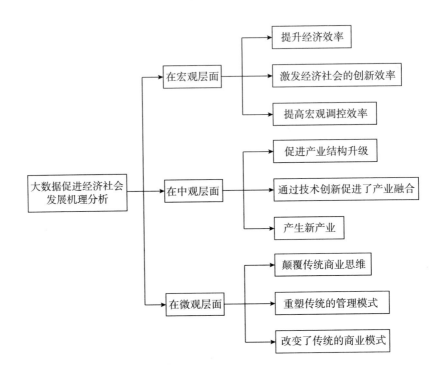

图 2-1　大数据促进经济社会发展机理简述

资料来源：笔者通过公开资料整理所得。

一、在宏观层面

第一，大数据通过提升经济效率，推动经济社会高质量发展。在大数据时代，大数据成为一种生产要素，在很大程度上提升了生产要素组合效率。如果说竞争是促使企业发展动力的话，那么企业经营效率就是企业的生命。一般认为，投入产出比可以反映出企业效率，如果企业想要追求高效率，那么必须具备迅速的反应能力，必须具备在研发环节、采购环节、生产环节、销售环节、物流环节、服务环节以及综合环节流程中及时反馈、迅速行动的能力，而这一切完整的反馈——行动环节的完成都离不开大数据的支持。

在实际的国民经济运行中，由于投资与储蓄，总需求与总供给的平衡只是理想条件，不是绝对均衡的，一旦失去供求平衡，通常就需要调整，调整途径主要包括两种：一是市场竞争方式自动调整。在完全竞争的市场经济条件下，通过自由的市场竞争方式，使供求关系得到平衡。二是通过政府宏观调控的方式。政府通过宏观调控来配置资源，使国民经济的各个部门保持良性循环，对资源进行配置。在自由的市场竞争中，由于对供给与需求、生产与消费、投资与储蓄、进口与出口等信息并不是绝对掌握，通过数字经济的应用，解决了投资与储蓄、总需求与总供给之间的精准匹配问题。

大数据技术提升生产、消费、政府和国外部门的有效供给原理。在图 2-2 四部门经济学的大数据技术应用模型中，大数据技术在国民经济四大部门间通过直接作用、替代效应、渗透作用，提高了各部门的效率，也就是大数据技术通过提高四大部门的社会劳动生产率促进经济高质量发展，让供给和需求之间更加能够保持平衡，提高了有效供给能力，通过数字化技术的精准分析、预测与判断，为

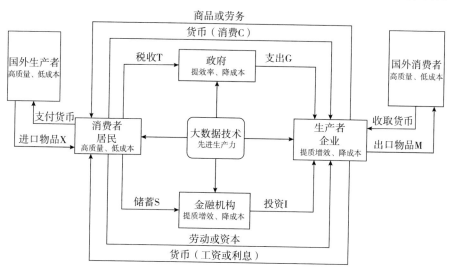

图 2-2　四部门经济的大数据技术应用模型

资料来源：笔者通过公开资料整理所得。

决策者精准决策提供了支撑，大数据技术融入生产及其他行业提高了技术水平，提高了产品质量。从数字化技术对国民经济四大部门影响来看，就是提高了国民经济四大部门的效率，效率的提高就是成本的降低，为了在行业者间形成相对竞争优势，对原有的产业结构、产品结构予以调整和改造，对落后的产品及技术需要通过数字化技术等先进技术改造升级，数字化技术使生产企业的生产成本降低、产品结构改变、管理效率提升、生产成本下降，从而提高了其核心竞争水平，取得了相对竞争优势。

通过大数据技术（DT），增加了一个因为大数据技术对供给与需求产生影响的变量，在大数据技术对供给与需求的影响下，如果 AD=AS，那么得到式（2-1）：

$$C+I+G+X+DT\_AD=AD=Y=AS=C+S+T+M+DT\_AS \qquad (2-1)$$

在式（2-1）中，DT_AD 表示大数据技术对总需求的影响变量，DT_AS 表示大数据技术对总供给的影响变量。其中 DT_AD 为：

$$DT\_AD=DT\_C+DT\_I+DT\_G+DT\_X \qquad (2-2)$$

在式（2-2）中，DT_AD 表示大数据技术对总需求的影响变量，DT_C 表示大数据技术对消费的影响变量，DT_I 表示大数据技术对投资的影响变量，DT_G 表示大数据技术对政府购买的影响变量，DT_X 表示大数据技术对国外生产者也就是对进口的影响变量。

其中 DT_AS 为：

$$DT\_AS=DT\_C+DT\_S+DT\_T+DT\_M \qquad (2-3)$$

在式（2-3）中，DT_AS 表示大数据技术对总供给的影响变量，DT_C 表示大数据技术对消费的影响变量，DT_S 表示大数据技术对储蓄的影响变量，DT_T 表示大数据技术对政府税收的影响变量，DT_M 表示大数据技术对国外消费者也就是对出口的影响变量。

同样，假设四部门经济中不是传统的经济运行方式，而是受到了大数据技术的影响，由于大数据技术是一种创新的要素，而宏观经济的均衡条件为："总支出=总收入"，或者"总需求=总供给"，将式（2-1）两边同时减掉 C 并整理，得到四部门经济中新的宏观经济均衡条件还是可用"投资=储蓄"表述，由式（2-1）演变为式（2-4）。

$$I=S+（T-G）+（M-X）+（DT\_S-DT\_I）+（DT\_T-DT\_G）+（DT\_M-DT\_X）\qquad(2-4)$$

在式（2-4）中，I表示投资，S表示储蓄，G表示政府购买，X表示进口，T表示税收，M表示出口，DT_S表示大数据技术储蓄的影响变量，DT_I表示大数据技术对投资的影响变量，DT_T表示大数据技术对政府税收的影响变量，DT_G表示大数据技术对政府购买的影响变量，DT_X表示大数据技术对国外生产者也就是对进口的影响变量，DT_M表示大数据技术对国外消费者也就是对出口的影响变量。

令DT_e=（DT_S-DT_I）+（DT_T-DT_G）+（DT_M-DT_X）则式（2-4）为：

$$I=S+（T-G）+（M-X）+DT\_e\qquad(2-5)$$

在式（2-5）中，DT_e就是大数据技术后，对国民经济四个部门投资影响的综合变量。

为减少无效供给，可借助大数据技术手段调节供需之间的平衡，提高生产企业的产品及服务质量、提高政府效率、降低消费者成本。

图2-3为大数据技术促进经济高质量发展的系统原理。对落后产业（企业）、传统优势产业（企业），如果不通过先进技术及先进管理的改造提升，市场竞争力就会下降，就会被行业淘汰。这时将数字化技术等先进技术与产业相结合，对落后产业（企业）、传统优势产业（企业）成功地进行改造提升，使这些产业（企业）实现结构调整、转型升级到先进产业（企业）、新兴产业（企业），由于产品质量、产品效率的提升使这些企业提升了核心竞争力，这些企业就会做优做强。对企业而言，实现了提质增效，降低成本，提升了行业竞争力；对金融机构，提高了投资及储蓄的效率，降低了成本，使其效益最大化；对政府机构，提高了政府效能，降低运行成本，提升了政府行政管理质量。

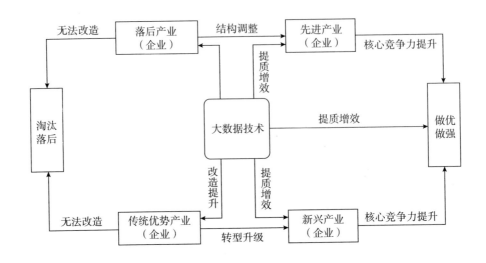

图 2-3　大数据技术驱动经济高质量发展系统路径

资料来源：笔者通过公开资料整理所得。

　　大数据的出现使生产要素可以进行更多的组合，各种生产要素的地位也发生了改变。其中，大数据将成为重要的生产要素，能够在实体经济生产活动中发挥巨大的作用。我们引入大数据这种生产要素可以修正和拓展 Cobb-Douglas 生产函数，新的生产函数形式如下：$Q_R = AL^{\beta_1} K^{\beta_2} D^{\beta_3}$。其中，$Q_R$ 表示实体经济生产水平，K 表示对实体经济的投资，AL 表示人力资本投入，D 表示大数据发展，β_1、β_2 和 β_3 分别表示以上三种投入要素的边际贡献率。通过估计出 β_3 的大小，可以测算大数据对实体经济的促进作用。因此，大数据时代，依托计算机技术、新兴互联网平台，大数据改变了传统生产要素的投入、组合和使用方式，通过提供多源信息，使以最少的劳动、资本、土地等生产要素投入，获得最大的产出成为可能，为经济高质量、高效率、全方位发展提供了重要途径。

　　第二，大数据能够激发经济社会的创新效率。尽管可以通过依靠大规模投资驱动经济增长，但是随之而来的边际报酬递减效应使这种模式在高质量发展阶段难以为继。创新是经济发展的重要源泉，要以创新谋发展，不断激发经济增长活力、生命力、创造力，实现经济高质量发展。从创新的内部系统来看，子系统之间的合作效率以及子系统的内部效率能够对创新效率产生重要影响，两者能否有机融合是决定能否提升经济体创新效率的关键。大数据以数据流为基础，有机地整合技术流、物资流、资金流和人才流，并与农业、工业和服务业等行业深度融合，为效率创新提供了全新的发展模式，成为流程创新、管理创新和制度创新的重要中介。大数据在经济社会中的创新实践表明，与传统制造业相比，纳入大数据平台的服务业、信息产业、物流行业以及计算机行业等，其创新效率、生产效率和就业率要更上一层楼。

第三，大数据提高了政府对经济的宏观调控效率。资源错配、产能过剩以及不合理的经济结构严重影响了我国经济高质量发展。一些行业供大于求，资源错配表现为资源在这些行业或企业配置太多，导致产能过剩；相反，一些行业供不应求，资源错配导致资源在这些行业或企业缺少资源，导致供给不足。不合理的经济结构导致中低端、高端产品供给不均衡，生产结构不平衡，部分行业生产不充分，无法满足消费的需求。此时，政府通常借助于宏观调控的手段，解决这些市场失灵问题，而政府掌握数据的"数量"和"价值"决定了宏观调控政策的效果。解决数据的"数量"和"价值"问题的一个非常重要的方法就是通过大数据技术对数据搜集和整理，使宏观调控政策具备更完善的科学性和系统性，实施效果也更加精准。基于完善、准确的数据支撑，政府可以站在更加普遍和长远的高度制定行之有效的宏观经济发展战略。

二、在中观层面

第一，大数据促进产业结构转型升级。大数据能够提高产业之间的关联程度。一般认为，产业关联是指各产业在生产、加工、销售过程中所结成的互为依存、互相依赖的有形联系，主要通过产品供需关联和技术供需关联体现。在大数据时代，计算机技术、软件工程、云计算、互联网技术和物联网技术改变了传统的产业关联关系。企业利用大数据对产业关联进行深入分析和决策，准确分析产品的市场需求和供给情况，利用大数据技术能够灵活、有序、高效调整生产计划，既能够完全满足市场需求又能够大大降低企业的存货投资，极大地避免了生产的盲目性和随机性，提升了固定资产的利用率又显著降低了流动资产的浪费问题，智能化生产大有可期。

第二，大数据通过技术创新促进产业融合。产业融合能够提升产业发展效率，也是技术创新、经济全球化、经济一体化的必然要求。大数据是新时代重要的技术创新，是一种新的生产要素和经济资源，可以与实体经济、工业、农业、服务业和传统制造业深度融合，优化各种产业的资源配置，推动实体经济高质量发展。

第三，大数据催生相关业态。随着大数据的深入发展，一批与大数据相关联的新兴产业应运而生，主要包括大数据直接产业、大数据相关业态产业和大数据渗透产业等业态。大数据直接产业是由大数据核心技术所构成的，涉及大数据存储、分析、可视化等业态。大数据相关产业是服务于大数据直接产业而产生的上下游产业，包括云计算、物联网、软件开发、智能终端等业态。大数据渗透产业是依托大数据技术对传统产业进行改造升级后形成的业态，包括智能制造、智慧旅游、智慧医疗、智慧交通、智慧农业等。大数据渗透产业借助大数据，提高了生产效率、经营效率和管理效率，提升了客户对大数据相关的三大产业的体验感受，促进了产业高质量发展。

三、在微观层面

第一，大数据颠覆了传统思维。在大数据时代以及经济高质量发展背景下，传统的商业模式已经不能再日新月异地技术创新，也不能快速地反映市场供给和需求、客户要求，大数据为商业模式创新提供了机遇。大数据颠覆传统思维主要表现在以下三个方面：①大数据是全样本，而不是随机样本，囊括了所有的样本和研究对象；②大数据是混杂的，不是有规律排列的，但能准确揭示事物的规律；③大数据是相关关系的，不是因果关系，能够刻画所有对象的相互关系。

第二，大数据改变了传统的决策模式和管理模式。传统的决策模式主要是管理层基于经验、直觉等做出决策，这种决策模式不是基于全数据分析得出的决策，虽然也具有一定的准确性，但不如在全面掌握相关数据尤其是海量数据后做出的决策更加精准。在大数据时代，基于经验、直觉的决策模式将可能向基于数据收集和分析的全数据决策。在大数据时代，产生了海量的数据。如何挖掘其中蕴藏的有效信息，建立完善和可利用的数据管理平台、管理模式和管理体系，是政府、企业等主体做出精准决策，提升管理效能和竞争力的关键。

第三，大数据改变了传统的商业模式。当今社会，大数据已经融入经济社会发展的各个方面，如农业、制造业、交通业、金融业、零售业、教育等行业。在大数据时代，企业可以运用大数据技术精准定位客户，分析客户潜在需求，提前感知客户，在此基础上做出精准决策，不断优化生产、经营、管理和销售流程，提升企业生产效率和管理效率，增加企业的营业收入，提高企业利润。大数据通过与实体经济和行业的深度融合，创新出了许多新的商业模式，创造了巨大的经济效益和社会效益。

第四节　大数据促进经济社会发展的路径分析

在发展大数据的具体实践中，逐渐探索出大数据在促进经济社会发展时遵循产业发展（商用）、政府治理（政用）、社会民生（民用）等三大方面的具体路径。本部分内容侧重于从商用、政用、民用三个维度来探讨大数据如何促进经济社会发展，如图2-4所示。

一、大数据在产业中的应用

在传统经济系统中，企业和消费者是市场主体，交易成本和信息的收集及流

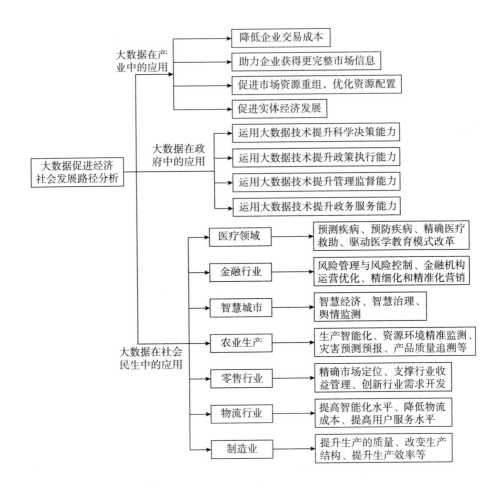

图 2-4 大数据促进经济社会发展的路径分析

资料来源：笔者通过公开资料整理所得。

动是关键。对于每个企业而言，成本函数能够影响企业的生产和经营，信息流反映了要素的流动速度。在大数据时代，大数据在产业中的应用能够改变企业的成本函数，降低数据收集的难度，促进新的价格机制形成，推动信息快速流动。本章从大数据降低企业交易成本、大数据助力企业获得更完整市场信息、大数据促进市场资源重组，优化资源配置、大数据促进实体经济发展四个方面研究大数据在产业中的应用，探究大数据如何实现其商用价值。

（一）大数据降低企业交易成本

在企业交易中，信息不对称现象是普遍存在、比较常见的。信息不对称的存在致使交易成本较高。交易成本严重地影响着企业的边界和产品差异化定价的程度。随着经济社会的发展，企业或平台与个人之间的信息不对称程度也越来越大。企业可以通过更多的渠道收集个人信息，制定精准的营销策略，提高企业的经营业绩；而个人和消费者处于弱势地位，无法获得相同的信息。在大数据时代和新经济时代，信息量急剧增加，数据量快速增长，信息和数据收集、存储和传输的成本大大降低，规模经济效应明显。这种现象在大数据时代背景下对企业交易具有分配效应和福利效应。一方面，大数据通过全方位的揭示交易过程，挖掘交易信息，降低了现有交易匹配成本。这就是分配效应，反映了大数据促进收益、利润在交易主体之间的再分配。另一方面，大数据降低了交易的信息门槛，匹配了大量的新交易。这是一种福利效应，它创造了大量以前没有发生过的交易，提高了资源配置的效率。

（二）大数据助力企业获得更完整市场信息

在大数据时代和新经济时代，大数据极大地提高了企业获取周边市场供求信息的能力。根据这些信息，企业可以做出更准确的市场定位，创造更高的效益。企业掌握了其他企业的生产经营信息和供应商信息，可以更好地进行错位竞争，能够取得更高的利润。此外，公司借助大数据技术，能够掌握有关消费者的信息，可以有针对性地开发满足消费者需求的产品，实行价格歧视以提高利润率。大数据也可以帮助企业了解进入市场的成本。由于进入市场需要支付一定的进入成本（即进入门槛费），主要用于了解当前市场供求情况，如进行行业需求调查和成本分析等，这种成本的大小在很大程度上取决于企业对市场信息的掌握。企业能否进入市场，取决于企业是否愿意支付进入市场的成本。当企业进入市场成本降低时，也就是当企业进入壁垒降低时，市场会变得更加活跃，有利于更好地发挥企业家的创业精神和创新精神，提高消费者福利。在企业进入市场以后，决定是否继续生产，是基于对现有市场利润状况和自身生产力水平的判断。与传统经济相比，大数据信息可以使企业更快、更全面地获取市场信息，更快地识别自身的生产力水平，做出相应的生产决策。这一机制也适用于已进入市场的企业在决定是否继续留在市场时。在大数据时代和新经济时代，大数据可以为企业提供更完整的、更全面的市场信息，促进企业更深入了解市场的需求侧和供给侧，能够极大地降低企业是否继续留在市场的决策成本。

(三) 大数据促进市场资源重组，优化资源配置

可持续经济增长的驱动力在于资源不断流向更有效率的生产者，以便产生最大的产出。市场是一只"看不见的手"，促进资源合理配置，让优秀企业做大做强，让低效企业尽快退出，淘汰落后企业。当企业刚刚进入市场时，可能会存在对市场不熟悉的情况，不能较好地了解自己在行业中的真实地位以及竞争对手的情况。大数据可以让企业获取更多、更全面的信息，帮助企业了解行业状况，制定更快更精准的决策，加快资源重组，优化资源配置，在很大程度上提高经济增长的速度和质量。此外，产品种类的大规模增加会使行业内产品替代弹性相对增加。一个产品价格的小幅下跌，对相关产品的需求会产生较大的影响，行业的自然壁垒也会上升。大数据可以帮助企业尽快了解市场资源、产品现状和生产技术，确保企业充分利用大数据改进生产经营管理模式，获取优秀的市场资源和竞争优势，降低生产成本、经营成本以及管理成本，提高进入市场的壁垒，提升市场竞争力。

(四) 大数据促进实体经济发展

实体工业的发展始终离不开降成本、提效率，用尽可能少的投入获取相对较大的利润这个思路。利用大数据技术，大大提高了工业智能化、现代化水平。行业龙头企业利用大数据技术，加快产业融合、行业集中，通过联合 5G 新技术建设工业云服务，将传统形式上一家企业的业务规范部署到互联网上，具有以下三个优势：一是能够实现异地办公，总部的工程师足不出户就能现场解决远在天边

的现场生产问题；二是能够快速复制龙头企业的运营模式，让子公司经营效率从一开始就能追上总公司的步伐；三是能够促进去中心化，不必像之前那样在一个公司部署完整的生产部门，结合生产地实际情况，联合现代化的物流服务，做到一个产地只精做一个部分，最大化地利用当地资源，提升工作效率。企业生产利用大数据技术能够监测行业发展动态、及时把握市场热点，主动转产，最大化利用设备生产潜力，使生产利润最大化。大数据技术同样也可以应用到公共资源交易中，通过将各行业主管部门发布的招投标信息面向统一的用户端显示，企业用户对所有的价格信息一目了然，任何地方出现异常都能够迅速反馈，避免了传统模式不公开、不透明的缺陷，使招投标价格更为合理，避免了国有资源浪费。除此之外，利用大数据技术，政府部门的很多办公业务可以在网上开展，大大提高了企业的办事便捷性，减少了交易成本、节约了交易时间，也使本地区营商环境提高了一个层次。

二、大数据在政府中的应用

在由中央政府和地方政府构成的国家治理体系中，地方政府是政策执行的主体，因地方政府具有自主性和自利性以及受属地管理原则限制，往往缺乏全局观念，不仅削弱了政策执行的效果，还导致了治理能力碎片化。

（一）运用大数据技术提升科学决策能力

在传统的决策模式中，政府往往基于抽样数据、小样本或典型案例进行决策判断，甚至根据少数领导人的自身经验进行决策，其主观性和片面性较强，容易造成政策决策偏离实际现象，造成决策失误。进入大数据时代，迫切要求政府部门改革决策机制，实现由主观决策向客观决策转变，由小样本或典型案例决策向大数据海量样本决策转变。主要采取了以下三项措施：一是依靠互联网、App、公众号、微博、即时通信等平台采集大量信息数据，实时掌握决策的动态发展；二是通过线下调查、线上搜集数据信息相结合，对多源信息数据进行全样本和关联性分析，辅助决策机构或决策者对民众利用诉求进行合理回应，对社会风险进行全面感知，对潜在的社会危机进行精准预判，提升政策决策的精准性和科学性；三是构建决策实施后的跟踪评估机制，尤其是政策试行过程中增加政策执行的透明度，运用"互联网+大数据"广泛收集民众对政策实施的反馈情况，对决策偏离预期甚至造成不良影响的政策进行及时纠偏、调整和完善，不断提升政府科学决策能力。

（二）运用大数据技术提升政策执行能力

在互联网和信息化未普及时代，地方政府在执行上级政府政策方针时因缺乏相应的数据技术监督机制，或因信息不对称下级政府工作人员不理解上级政府意图，在执行政策过程中时有发生偏差。在大数据时代，地方政府应充分运用大数据技术提升贯彻落实上级政府政策的执行力。主要采取以下三项措施：一是构建数据流程跟踪平台，将政策执行过程实施数据留痕，建立数据动态执行台账，对政策实施过程进行全程跟踪，以数据信息"全程记录"和"处处留痕"督查政策实施，提升政策执行规范化和制度化，确保地方政府政策执行有力；二是运用大数据技术不断优化地方政府政策环境，破解条块分割，打破信息孤岛，整合政策执行资源，增进政策执行合力，防止政策执行"碎片化"现象，以及减少政策执行外部环境的制约，不断提高政策执行的有效性；三是运用"互联网+政务服务"不断提升地方政府大数据技术分析和利用能力，推动政务数据开放共享，促进"互联网+公共政策"相结合，以政府（务）网站、政务 App、政务公众号等为载体加大宣传，不断提升政府执行力。

（三）运用大数据技术提升管理监督能力

进入大数据时代，客观上要求地方政府运用互联网和大数据技术提升公共管理职能，加强对政府公共权力运行跟踪监督。主要采取了以下三项措施：一是运用互联网、大数据、云计算等推动政府实施精准化管理，推动政务服务信息化、便捷化服务，不断为民众提供优质、高效和个性化政务服务，不断整合政府管理资源、降低管理成本和提升管理效能。二是运用大数据技术建立预警、执行和处置的联动机制，依靠互联网技术，构建块数据核心数据库，建立全方位、立体化的数据资源信息平台，加快健全组织体系、完善全链条防控体系、夯实技术支撑体系，推进应急管理机制创新，不断提升地方政府应急管理能力。三是运用大数据技术留痕优势，规范权力运行机制，完善权力监督体系，将权力关进"数据铁笼"，让权力在阳光下运行。同时，以权力运行制约的信息化、数据化、自流程化、融合化为核心，加强重大决策、行政审批、行政执法和党风廉政风险的预警控制，不断提升地方政府的管理监督能力。

（四）运用大数据技术提升政务服务能力

大数据时代的来临，不仅改变了人们获取知识信息方式和创新能力，还推动了社会形态和政府治理变革，客观上要求各级政府以数字化建设为契机，加快政府职能从"管控型"向"服务型"转变。切实增进民生福祉，不断满足人民日益增长的美好生活需要，不断提升政府服务能力。一方面，在简政放权政策实施下，地方政府进一步简化行政审批流程，提升线下服务效率，切实为居民提供便捷服务；另一方面，以"互联网+政务服务"加快建设数字政府，尤其是运用移动互联网、App、公众号等融媒体建设信息化政务服务体系，搭建为民便捷服务平台，构建网络智能化日常事务处理和审批审核，不断节约行政办公成本，提升政务服务效能。

三、大数据在社会民生中的应用

在社会民生中，应充分运用大数据技术的优势，通过大数据技术推进数据采集会聚、关联整合、共享交换和分析应用等，建立规范化、流程化和人性化民生服务体系，让数据"多跑路"、民众"少跑腿"，不断提升地方政府政务服务能力，更好地服务于社会民生。

（一）大数据在医疗领域中的应用

大数据在医疗领域中的应用主要有预测疾病、预防疾病、精确医疗救助和语音识别指定医疗方案以及驱动医学教育模式改革等方面。通过收集健康人群身体大数据，构建出来一个对比数据库，开源的数据库不但可以使普通人群对照健康的标准自我预防疾病而且也使普通地区的、医疗监测手段相对落后的医生能够及时对患者病情确诊。大数据联合新的5G技术，使发达地区优秀医生远程对不发达地区患者的手术成为现实，进一步丰富医疗资源的合理化利用，更有助于偏远落后地区患者的及时救助。在信息时代下，大数据也在助力医学教育改革，促进由系统性教学向案例式教学转变，改变了传统的教学模式。在培养过程中，利用医疗大数据可对学生的医疗行为进行监测以及反馈，从而真正实现同质化的培养。

（二）大数据在金融行业中的应用

大数据在金融行业中的应用非常广泛，主要包括信用评级、大数据征信管理、风险管理与风险控制、精准营销。金融机构利用收集到的海量数据，构建用户行为评价数据库，主要有以下三个特点：一是能够准确识别目标客户，减少过去大水漫灌式宣传推荐的浪费；二是能够随时跟踪记录客户的违约失信行为，对潜在高风险客户及时控制信贷水平，对违约客户建立黑名单；三是能够使针对特定消费人群推广特定金融产品和金融服务成为现实，更好地服务于用户。随着智能化技术的发展，金融需求与供给也面临着重大变革与挑战，金融需求的多层次、多样化与金融供给的不平衡、不充分之间仍存在着较突出的矛盾，以大数据、人工智能等新兴技术为基础的数字经济能够更好地匹配供需，通过新的投入要素、新的资源配置效率、新的全要素生产率促进高质量发展。因此，金融业需要加快数字化转型，而智能化无疑是推动金融数字化转型和高质量发展的利器。金融行业业务场景众多，这其中业务数据所呈现的形态往往也是多样的，有些信息中甚至充斥着超出业务场景本身的噪声，而含有噪声信息的数据资产对业务场景关键信息的承载量、展现力通常也会打折扣。这类业务数据不一定可以直接拿来进行业务场景分析或探索，而是需要运用深度学习模型来提取含噪业务数据的抽象表征，从而转化为可供应用研发的数据资产。

（三）大数据在智慧城市中的应用

大数据在建设智慧城市中的应用主要有智慧经济、智慧治理、舆情监测等方面。对于企业而言，消费者的购物模式主要是什么？居民的钱袋子主要投向哪些领域？我的库存哪些要多备一些哪些要少备一些？这些有关企业日常经营的核心问题现在通过大数据得到了解决，不仅使企业受益，也使广大消费者受益，更能降低城市之间不必要的物流交通，减少了环境污染。对于政府而言，想要实现更好的治理环境，就需要了解犯罪高危人群的数据画像，及时预防犯罪；确定人群集聚点，在此部署更多的警备力量；确定主要交通干道拥堵情况，及时疏导道路流量，确保主要干道畅通无阻；互联网时代，手机的普及使更多的人加入了互联网。但是随之而来的是造谣成本降低，谣言数量居高不下，政府运用互联网大数据监控，及时辟谣，稳定社会舆情，避免社会动荡。同时，大数据还可以监控城市的人口流动数据，分析其背后流动的原因，以确保社会各事项的正常运转。此外，对于城市的日常用电量、用水量、城市温度分布、气压的流动等公共社会事项，都可以借助大数据进行智能分析，并依据数值变化绘制相应的图表，方便各部门进行分析和政策干预。例如，涉及一些节假日的数据管理，也可以通过大数据收集节日人流分布现状，为智慧城市的相关管理人员提供科学有效的分析资料。

（四）大数据在农业生产中的应用

大数据在农业生产中的应用有生产智能化、资源环境精准监测、灾害预测预报、产品质量追溯等。农业发展的核心问题是在季节性生产和现有资源禀赋条件下如何高效率地利用和配置资源，数据要素的这种对其他要素效率的倍增作用特性，使它一旦在农业产业中形成现实的生产要素，驱动农业的生产要素结构将发生深刻变化，新技术、新人力资本、新知识等新型要素的引导作用将进一步发挥，数据要素会像农村电商那样，重构土地要素配置效率推动农业集约化发展，重构农业劳动配置效率提升农业生产效率，重构农业技术配置效率提高农业机械化协作，等等。农业的数字化会影响广泛的农业产业经济活动，数字化可以整合农业生产和经营活动过程及其资源，并利用数据改进价值链的决策过程。在农产品质量安全认证领域，数字工具有利于改进操作规程或控制形式，以确保农民和消费者免受交易欺诈。专用的网络解决方案可以简化农民与农业管理部门之间的沟通，提供对有价值信息的访问和简化行政程序；无人机自动现场测绘提供的数据，例如，可以在洪水等自然灾害之后，减少恢复时间并提高公众支持的准确性；区块链或类似技术生成的数据可以成为提供防止农产品和食品虚假申报的解决方案等。大数据与农业农村经济融合发展能增强数据的资源属性，有利于降低交易成本，提升数据信息流传递，提高农业生产效率，并及时对生产要素进行优化配置，从而实现传统农业的高质量数字化转型升级。

（五）大数据在零售行业中的应用

大数据在零售行业中的应用主要有精确市场定位、精准营销、需求开发等。零售企业要想发展壮大，首要一点就是确定自己的市场定位，了解同行业的主要竞争对手和潜在竞争对手。基于大数据的市场调研和数据建模分析是达成这个目标的首要步骤，通过大数据技术，零售企业得以精确了解行业动态、特征、消费者行为模式，以此来提供决策行动依据。零售企业的市场营销也离不开大数据支持，通过细分客户群体，针对特定用户推广特定产品不但有利于产品销售而且也有利于降低经营成本，用最少的弹药完成效用更大化的任务，避免对社会资源的进一步浪费。随着互联网的普及，消费模式变得更加扁平化，以往的购物节点现在逐渐由实体店转移到手机客户端，零售企业的运营模式也需要与时俱进，企业通过互联网发布消息、寻找商机、促成交易逐步常态化，然而在其中不得不面对的一个问题就是数据异常庞杂，如何从浩如烟海的互联网数据中寻找到企业感兴趣的那部分数据就尤为重要，利用大数据技术只需短短几行爬虫代码就能解决这个问题。

（六）大数据在物流行业中的应用

大数据在物流行业中的应用主要包括提升物流决策水平、降低物流成本、提高用户服务水平等方面。物流企业通过对物流数据的跟踪和分析，建立完整的物流大数据库，以此来为物流企业决策提供依据。物流数据库内容丰富，包括用户数据、运输企业数据、地理环境数据、气候资源数据以及竞争对手数据。企业通过这些数据为客户提供更为合理的运送方案，达到更为有效的运输目的，降本增效。同时，大数据也能为物流企业提供智能决策，帮助物流企业降低物流成本，提高用户服务水平。以京东为例，京东自营物流库通过在大城市周围设置大型储运仓库，不仅能够保证客户物流运输的时效性，而且还做到了各个储运仓库之间连点成线、连线成面、连面成体，可以放心地在某种消费品需求相对旺盛的地区布置更多的商品，一旦出现其他某种商品短缺，马上可以跨区、跨省调货，使顾客能够在最短时间内拿到自己购置的商品，既缓解了备货压力又能提升客户满意度。

（七）大数据在制造业中的应用

大数据在制造业中的应用主要有提升生产的质量、改变生产结构、提升生产效率等。近年来，越来越多的企业注意到大数据的应用价值，逐步将大数据运用到企业生产经营的各个环节，而如何利用大数据来进行成本优化一直是制造业企业关注的焦点，而降低成本也是企业提高利润的重要途径之一。大数据环境下发展的数据共享技术、云计算平台、Hadoop 技术、互联互通与可视化工具等相关技术手段可实现有效的成本控制。在供应链管理方面，一是以数据形式管理，用数据打通供应链中各环节业务系统，让环节内数据彼此相连。企业可以利用大数据快速响应的特点使每个环节短时间内迅速实现最优化的同时，通过分析发现数据之间的相关性，加大各环节协同效应，从而实现供应链管理一体化。二是满足消费者深层次的消费需求，实现供应链管理的精准化。企业通过收集消费者的需求信息和产品反馈意见，进一步挖掘客户需求再进行后续的产品生产，有效解决传统模式粗放式生产造成的产能过剩问题，降低企业库存成本，提高企业竞争力。

与此同时，传统生产方式下定制化生产工期较长，加之定制成本居高不下，因此个性化定制无法实现量产。这都影响着制造业企业产品竞争力，而当前大数据的出现有效解决了制造业企业这一生产难题。消费者可以运用手机软件与生产企业直接连通生成个性化订单，再利用物联网、云计算等技术结合制造业企业自身的产品设计、生产工艺等数据库进行产品批量定制，从而实现在一条流水线上完成多样化定制产品的生产任务。通过大数据技术的运用，同类制造业企业可以做到规模化差异化生产，不仅大大提高了客户满意度，也减少了同类制造业企业之间的竞争。

本章小结

本章对大数据战略涉及的相关概念及机理进行了概述。第一，本章介绍了大数据的产生过程，分析了国内外学者和机构对大数据的定义，在此基础上，把大数据定义为规模庞大、类型多样、动态产生且价值巨大的大容量和多维度的数据集，能够借助计算科学及其他新兴技术来实现特定功能的整体架构。

第二，本章阐述了大数据的七大特征：Volume（数量）、Variety（种类）、Velocity（高速）、Value（价值）、Veracity（真实性）、Variability（易变性）以及 Complexity（复杂性）。同时，本书也探讨了大数据的结构特征，包括结构化数据、非结构化数据、半结构化数据的结构特征。

第三，本章从宏观、中观、微观三个层面进行阐述分析大数据促进经济社会发展的机理：在宏观层面，大数据技术的应用提升了经济效率、激发了经济社会的创新效率、为政府实施宏观调控提供量化数据，提高了宏观调控效率；在中观层面，大数据技术的应用促进产业结构升级、通过技术创新促进了产业融合、催生了一批新兴产业；在微观层面，大数据技术的应用首先在思想上颠覆了传统商业思维，较之过去的思维模式，大数据时代的思维模式变得更立体，对于对象的刻画分析更加详尽，与之相对应的是大数据技术也重塑了传统的企业管理模式，改变了传统的商业模式。

第四，从商用、政用、民用三个维度分析了大数据促进经济社会发展的路径。在商用方面，大数据能够帮助企业降低交易成本、获得完整的市场信息、及时把握市场动态、促进市场重组、优化资源配置、提升工作效率，从而促进实体经济发展；在政用方面，大数据帮助政府更精准地实施治国理政，促进国家治理目标的现代化，促进实现智慧治理；在民用方面，在医疗领域，大数据技术帮助实现预测疾病、预防疾病、精确医疗救助以及驱动医学教育模式改革等方面。在金融行业中，大数据技术帮助实现风险管理与风险控制、金融机构运营优化、精细化和精准化营销等；在建设智慧城市中，大数据技术帮助实现智慧经济、智慧治理、舆情监测等；在农业领域，大数据技术助力支撑农业生产智能化、助力实施农业资源环境精准监测、灾害预测预报、农产品质量安全追溯等；在零售行业中，大数据技术助力精确零售行业市场定位、成为零售行业市场营销的利器、支撑零售行业收益管理、创新零售行业需求开发等；在物流领域，大数据技术助力提高物流的智能化水平、降低物流成本、提高用户服务水平；在制造业中，大数据技术助力提升生产的质量、改变生产结构、提升生产效率等。

第三章　我国大数据战略发展现状

　　紧扣大数据时代的脉搏，我国积极推进大数据相关战略的制定与实施，相继建成了一批大数据综合试验区，加快了实体经济与数字经济的深度融合，推进了行政体制和政务服务深化改革，在经济、政治、文化、社会和生态文明五个维度都取得了显著的成效，但也存在一些亟待纾解的难题。我们应充分把握我国大数据战略发展至今所取得的丰硕成果，深入剖析大数据发展现今存在的问题障碍，进一步发掘大数据的潜力与活力，有序有效推进数字中国建设。

第一节　我国大数据发展历程

　　大数据是现代信息技术发展的必然产物，也是各国政府数字化转型的关键，更是各行各业竞争的核心要素。诚如未来学家阿尔文·托夫勒（Alvin Toffler，1980）在20世纪80年代所预言的那样，人类社会已经经历了两个阶段：即以农业为代表的第一次浪潮和以工业为表征的第二次浪潮，而以"大数据"为核心的信息化阶段将会带来"第三次浪潮的华彩乐章"。大数据不似先前工业革命的技术，既是科学进步、技术的迭代，同时又重塑了社会生活方式、开辟了社会发展的新路径，大数据时代，国家、企业、社会的发展驱动力在于其所拥有的数据采集、存储、运用能力，回溯大数据从产生到如今鼎盛的历史，其发展历程大致可以划分为四个阶段：概念产生的萌芽期、技术革新的滋长期、全社会聚焦的进发期、繁荣鼎盛的蓬勃期。

一、大数据萌芽期（1980~2008 年）

大数据这个概念正式登上历史舞台是在上文提到的阿尔文·托夫勒的著作《第三次浪潮》中，阿尔文断言未来社会必是以电子工业、宇航工业、海洋工业、遗传工程组成工业群；物质生活标准以及科学技术水平不再是人类社会进步的唯一指标，五彩斑斓的艺术与相互交融的文化更能够彰显人类社会发展的阶段，并明确提出了"数据就是财富"这一观点，并直言数据将是未来人类社会发展的核心要素。之后，Michael Cox 和 David Ellsworth 在其 1997 年发表的论文中首次提到大数据这一术语，他们指出"数据大到内存、本地磁盘甚至远程磁盘都不能处理，这类数据可视化的问题称为大数据"。而大数据这个术语正式走入各界的聚光灯下成为时代焦点要追溯到 1998 年，时任美国硅图公司（Silicon Graphics）首席科学家约翰·马西（John Mashey）在出席一次国际会议报告中就准确预测了未来信息产业的发展趋势，他指出"随着计算机数据量急剧增长，未来在信息产业必会出现数据解读困难、数据获取困难、数据处理困难以及数据组织困难四个难题"，并且他还用"Big Data"这个词汇概况性地描述了他所预言的这一挑战。其后，1998 年 Science 杂志发表了一篇题为《大数据科学的可视化》的文章，大数据作为一个专用名词正式出现在公共期刊上，在科研领域大数据这一术语逐步被使用并派生出多种定义。2007 年，数据库领域的先驱人物吉姆·格雷（Jim Gray，2007）指出，大数据将成为人类触摸、理解和逼近现实复杂系统的有效途径，并认为在实验观测、理论推导和计算仿真三种科学研究范式后，将迎来第四种范式——"数据探索"，后来同行学者将其总结为"数据密集型科学发现"，开启了从科研视角审视大数据的热潮。2008 年 9 月，Nature 期刊推出名为 Big Data（大数据）的封面专栏，基于多个学科的前沿研究，整合性地介绍了"大数据"所涵盖的范畴以及其内在的价值与发展的潜力。"大数据"及其相关概念在美国绝大多数计算机科学研究学界中蔚然成风，但起初大部分学者的思维都局限于数据处理的机器以及数据本身上，直到 2008 年末，计算社区联盟（Computing Community Consortium）发表了一份掷地有声的白皮书——《大数据计算：在商务、科学和社会领域创建革命性突破》，这本书使学界进而将关注的重心转移到了大数据的新用途与新见解上。这个组织可以说是最早提出大数据概念的机构。这一阶段是大数据的萌芽期，大数据一词开始被提出，相关技术及概念得到传播，社会对信息技术的运用为大数据发展提供了厚实的土壤。对我国而言，无论是社会还是学界，都还处于对大数据这一概念形塑的阶段，大数据本身及相关技术还未有实质性发展，但已逐步积聚起了充实的基础。

二、大数据滋长期（2009~2012 年）

21 世纪第一个十年末尾，信息技术已逐步成为大多数领域不可或缺的资源，而社会对于互联网的接纳与需求也为大数据发展提供了坚实的助力。仅中国而言，截至 2010 年 12 月底，中国互联网络信息中心（CNNIC）统计数据显示，中国网民规模达到 4.57 亿人，互联网普及率攀升至 34.3%，宽带网民规模达到 4.5 亿人，国际出口带宽达 1098956.82Mbps，年增长 26.9%，可以说互联网数据呈爆发式增长。

从 2011 年开始，世界主要国家政府相继发布关于大数据与信息技术的战略计划或规划报告，而主流的科研机构亦聚焦于大数据领域研究。Science 在 2011 年 2 月推出专刊 Dealing with Data，学界关于大数据问题的讨论与研究也如日中天。达沃斯论坛、联合国、麦肯锡、国际数据公司等机构组织也亦步亦趋发布大数据研究报告。其中最为著名的就是 2011 年 6 月全球最负盛名的咨询公司麦肯锡（McKinsey Company）发布了一项关于大数据的研究报告，也就是至今仍被提及的《大数据：下一个创新、竞争和生产力的前沿》（以下简称《前沿》），该《前沿》通过对大数据前世今生由来系统性地进行了梳理，同时也对未来大数据在不同部门不同领域的应用情况进行了解读，明确指出大数据的枝丫已经延伸到当今社会中每个行业、每个部门、每项职能以及每件业务中，作为一种新型的生产因素正在引领着各种产业的变革。该《前沿》还指出，21世纪以后全球各政府各企业开始了对海量数据的挖掘、分析、处理以及运用，这不仅给生产力带来了新的增长点，也预示着今后消费者盈余将高歌猛进。从这一刻起，大数据时代已经悄然来临，大数据以及相关技术与产业也正式进入普通人的视野。

大数据应用也逐渐迈入政府行政的视野，并重塑政府行政的流程与方式。我国也紧跟时代潮流，虽然并未明确大数据发展战略，但出台了关于信息技术的发展规划纲要。我国工业和信息化部最早就于2011年12月印发了《物联网"十二五"发展规划》通知，明确强调了信息处理技术是我国"十二五"发展阶段四项最为关键的技术创新工程之一，并进一步明确了大数据相关技术主要包括海量数据的储存与调用、社会数据的挖掘、图像音频视频数据处理、对数据进行智能化分析。2012年7月，我国《"十二五"国家战略性新兴产业发展规划》中指出，"加强以网络化操作系统、海量数据处理软件等为代表的基础软件、云计算软件、工业软件、智能终端软件、信息安全软件等关键软件的开发"。

这一阶段是大数据的滋长期，大数据市场迅速成长，随着互联网的成熟，大数据技术逐渐被大众熟悉和使用。诚如大数据之父维克托·麦尔·舍恩伯（Viktor Mayer-Schönberger）在《大数据时代》中所言那样，大数据时代使海量的数据所构成的信息资源池第一次能够完整、全面地被人类所触及以及可分析，人类可以在无限广度的领域以及非常深入的层次来完整系统地攫取与应用超乎从前的数据，这些数据如浪潮一般不断推动人类去探索过去未能解答的规律、去获取过去未能知晓的科学知识、去发掘过去未能企及的商业机会。大数据逐步走上了历史的舞台，成为世界发展的重要议题之一。

三、大数据迸发期（2013~2015年）

2013年是我国大数据发展的开端之年，也被称为大数据元年，我国各行各业各领域开始了以大数据为核心的研究与创新。无论是国外还是国内，都是大数据相关应用、创新、理论与实践的厚积薄发时期。2014 年 4 月，世界经济论坛发布了《全球信息技术报告（第 13 版）》（以下简称《报告》），该《报告》的主旨在于探讨大数据给全球经济带来的机遇以及今后可能遇到的风险。美国白宫也于 2014 年 5 月发布了该年全球大数据白皮书发展报告《大数据：抓住机遇、守护价值》。对我国而言，大数据不仅在企业中开始应用，也逐步上升到国家战略层面。从企业层面上来看，大数据企业开始推进国家信息技术改革，国家统计局于 2013 年 11 月与阿里巴巴、百度等 11 家互联网龙头企业相继签署了战略合作协议，以推动大数据技术在政府统计中的应用与创新，而以百度、阿里巴巴、腾讯为首的三家互联网龙头企业也各显身手分别推出创新性大数据应用；从科研层面上来看，2013 年以来，无论是在国家自然科学基金、973 计划，还是在核高基、863 等重大研究计划中大数据都已崭露头角，成为诸多重大研究课题的关键词，并形成了一系列有实践价值的研究成果；从国家层面上来看，2014 年，"大数据"首次被写入我国《政府工作报告》（以下简称《报告》），大数据正式上升为国家战略。《报告》明确指出，要以大数据相关技术与创新为重心来设立新兴产业的创业与创新平台，创新国家大数据技术以赶超西方，并以大数据为未来产业发展的重心。此后，"大数据"正式成为国内举国皆知的热议焦点，大数据相关产业也如雨后春笋般不断涌现。2015 年第二届世界互联网大会上，习近平总书记强调，"中国正在实施'互联网+'行动，创新大数据技术，推进数字中国建设"。2015 年 4 月，全国首个大数据交易所——贵阳大数据交易所正式挂牌运营。同年 8 月，国务院发布《促进大数据发展行动纲要》（以下简称《纲要》），这个《纲要》是中国第一个关于大数据发展的国家顶层设计与总体战略部署。《纲要》指出，全国各行业要持续推动大数据技术与应用的创新，在接下来的两个五年内以大数据构建多方协作、精准治理的社会治理新形态；构建平稳增长、长久安全的经济发展新机制；构建人民本位、普惠全社会的民生保障新体系；构建大众创业、万众创新的新驱动形式格局；构建智能尖端、持续繁荣的数据产业发展新生态。

　　这个阶段是大数据发展最为重要的时期，即大数据的迸发期，各国政府相继投入大数据相关研究、产业发展中，并逐步推进大数据相关技术在政府行政、社会治理以及商业运作中的应用。而我国也紧抓时代脉搏，先后有序有效出台布局大数据发展战略，并将大数据上升到国家战略层面的高度，从顶层设计擘画我国大数据发展蓝图，指明我国大数据前进方向，开启了我国大数据发展建设的新时代。大数据时代正式起航，而我国各部门、各行业、各领域也如火如荼扬起大数据的风帆，探索大数据时代的海洋。

四、大数据蓬勃期（2016 年至今）

　　自 2014 年"大数据"首次被写入《政府工作报告》后，大数据上升为国家层面的战略部署，大数据战略成为我国之后发展的又一重要领域，我国分别从中央、地方、学术以及应用四个维度加大力度助推大数据发展。

　　在中央层面，相继出台了一系列的相关政策法规，以政策力推大数据发展。国务院促进大数据发展部际联席会议在 2016 年 4 月先后审议通过了《促进大数据发展三年工作方案（2016-2018 年）》《促进大数据发展 2016 年工作要点》《政务信息资源共享管理暂行办法》和《政务信息资源目录编制指南》这四份文件。会议重申了大数据对于国家战略的重要意义，进一步将国家大数据战略细分为三个层次：第一个是在国家层面上，将我国从"数据大国"建设成"数据强国"，充分发挥我国作为数据大国的庞大数据资源优势，积极引领各行各业进行大数据创新，为我国国家竞争力增添新的增长点；第二个是在国民经济层面上，把握工业经济向信息经济转变的转折点，把大数据作为新的生产要素，通过持续发掘数据要素的潜在价值，激活数据在经济上的作用，持续有效释放数字经济的红利；第三个是在政府治理层面上，要明确大数据、物联网、人工智能等新兴信息技术发展形势，将大数据等新兴技术吸纳进政府治理中，通过对数据的收集、分析进行智能决策，转变政策职能进一步提升民生福祉。同年 10 月，习近平总书记在主持中共中央政治局第三十六次集体学习时，特别强调要建设"一体化"的国家大数据中心，将多个相互分隔、互不协调的数据中心，通过在信息技术、业务流程以及数据流通三个方面进行跨层级、跨部门、跨系统的有机融合，构建政务行政的整体化，最终形成具有协同效力、一体化的国家级大数据平台。之后，在 2017 年 1 月，工业和信息化部也印发大数据产业"十三五"发展规划，规划明确了大数据在我国"十二五"期间发展的阶段性成果，并初步擘画了"十三五"时期我国大数据发展的目标。同年 10 月，党的十九大进一步明确要加快建设创新型国家，以有力支持数字中国的建设。2018 年 1 月，国家累计发布了 43 条相关政策，全国 31 个省市区累计发布政策 347 条，这些政策无不为我国大数据产业、大数据技术以及大数据应用发展提供了良好的制度环境。另据统计数据显示，2012~2020 年党和国家关于大数据重要论述中，"数据""数字中国""人工智能"和"创新"成为高频词汇，2020 年以来，与激活数据要素潜能相关的词汇增多，"数据平安""数据治理""数据交易"等正逐渐成为指导中国推进经济社会高质量开展的重要力量。2021 年 11 月，《"十四五"大数据产业发展规划》（以下简称《规划》）正式发布，该《规划》正式将"释放数据要素价值"放在了大数据产业发展的指导性位置，同时"安全"也成为《规划》中出现的高频词之一，"安全保障"成为大数据五大产品和服务体系，即数据资源、基础硬件、通用软件、行业应用、安全保障的重要组成部分，数据安全相关产业成为大数据产业下一个五年的重心所在。随着大数据向纵深发展，相关产业已广泛应用于民生服务、产业转型、经济发展之中，且成为重要的驱动力，并且作为新的生产要素参与价值分配，进一步激活和释放数据要素价值成为大数据产业高质量发展的关键，以大数据为重点的数字产业迎来了新的发展阶段和机遇。

在地方层面，相继建成了八个国家大数据综合试验区，以综合试验区助推大数据前行。2016 年 1 月，《贵州省大数据发展应用促进条例》出台，成为全国第一部大数据地方法规。同年 2 月，国家发展改革委、工业和信息化部、中央网信办同贵州省建设国家大数据综合试验区，这是首个国家级的大数据综合试验区，以解决大数据发展面临的主要问题，试验区的核心目标是对数据进行中心整合、对数据资源进行管理并推进数据的共享开放、对数据资源进行研判与应用创新、对数据要素进行流通改善、对大数据产业提供集聚基础、对大数据国际合作提供沟通桥梁以及对大数据制度创新开展系统性试验。同年 10 月，国家规划在京津冀、珠江三角洲、上海、重庆、河南等七个区域推进国家大数据综合试验区建设。2017 年 2 月，贵阳市向首批 16 个具有引领性和标志性的大数据产业集聚区和示范基地进行授牌，作为国家大数据综合试验区的核心区，标志着贵州省国家大数据综合试验区建成运营，以数据共享、数据应用、产业发展为主要依托发展大数据产业。同年 5 月，全国首个《政府数据共享开放（贵阳）总体解决方案》通过评审，全国首部政府数据共享开放地方性法规诞生，标志着贵州省在数据共享开放上取得阶段性成果，实践先行于理论。近年来各地结合地区实际，先后推出大数据地方规划，为大数据产业发展提供了坚实的政策。2019 年湖南省印发《湖南省大数据产业开展三年行动计划（2019-2021 年）》，提出打造数据、技术、应用与平安协同开展的产业生态体系，加快建设数据强省；2020 年贵州省印发《贵州省大数据融合创新开展工程专项行动方案》，提出加快推动大数据融合创新开展；2021 年成都市印发《成都市促进大数据产业开展专项政策》，制定了九条措施，围绕深化数字化赋能行动，支持大数据企业开展壮大，涵养产业生态。这些地方的实践从推进大数据行业管理标准化与制度化、推动大数据创新实践应用、促进大数据业内沟通交流、搭建大数据产业协作平台等方面，既完善了我国大数据产业发展的现实基础与制度环境，又持续引领我国大数据战略的高速发展。

在学术层面，培养了一批高质量大数据人才、产生了一系列深层次大数据研究成果，以人才与科研保障大数据前进。2016 年 2 月，教育部发布的《2015 年度普通高等学校本科专业备案和审批结果》中就首次增加了"数据科学与大数据专业"，设计了相对完整的大数据课程体系。2017 年 11 月，《中国大数据人才培养体系标准》正式发布，开启了大数据学科专业建设与人才培养的热潮。据教育部《普通高等学校本科专业备案和审批结果》数据显示，数据科学与大数据技术相关专业是全国 2016~2021 年高校新增数量最多的专业，共有 614 所高校新增了相关专业，约占全国高校总数的 20%；同时 2017~2021 年大数据相关专业新增数量在新增专业数量排行榜中均位列前列，其中既有诸如数据科学、智能化应用等大数据研究专业，又有人工智能与农牧业、交通、生物医药、测控等交叉融合专业，在学科方面正朝着精细化、融合化方向发展。

通过人才的培养教育与相关科研研究的支撑，大数据发展有了长远的人才资源保障与长足的科研资源支持。在应用层面，语音识别、图像识别、无人机、人工智能等为代表的新一代信息技术应用的相继出现，以应用拓宽了大数据发展道路。2016 年 5 月，国家公安部上线了儿童失踪信息紧急发布平台，通过该平台将全国的公安连接起来，为及时找到、追回失踪儿童提供了事实性、全面性的信息。同年，通过大数据分析几十年来的天气数据预测农产品生产趋势的技术逐渐在地方政府普及。在电子商务方面，电商利用大数据分析，改变过去接受订单再生产然后再配送的方式，而是根据消费者过去各种各样的大数据分析把货提前送到小区附近，缩短送货成本和时间。在制造业领域，企业通过对网上数据分析，了解客户需求和掌握市场动向，并对大数据进行分析后，就可以有效实现对采购和合理库存量的管理，大大减少因盲目进货而导致的销售损失。

这一阶段是大数据蓬勃发展的时期，正如大数据产业生态联盟联合赛迪顾问发布的《2022 中国大数据产业发展白皮书》中所指出的那样，2021 年中国大数据产业规模已突破 1.3 万亿元，预计 2022 年将突破 1.5 万亿元。随着国家各部委出台相关大数据政策、社会各企业组织创新大数据应用，国内的金融、电信、物流等行业中大数据行业应用的价值不断凸显，这也是我国大力发展数字经济，推进数字中国建设的必然结果。

第二节　重要举措

当前，大数据已融入人们生活的方方面面，回顾大数据这高歌猛进的发展历程，足可见大数据作为一项技术，改变了21世纪的产业格局与治理转型；也可见大数据作为一种思维，重塑了社会生活方式与社会发展方向；更可见大数据作为一个时代，烙印在了当今各个行业的关键领域。我国以建设数字中国为实施国家大数据战略的核心目标，多措并举助推大数据发展，从优化政策、深化改革、助力产业、技术创新四个宏观维度统揽全局推进国家大数据战略实施前行，加快大数据技术应用创新，助力数字红利充分释放。

一、大数据政策环境优化推动大数据发展

大数据政策是大数据发展的灯塔，也是其前行的保障，只有通过相关政策重塑发展环境，大数据发展才能有制度化保障。2014年3月，李克强总理在《政府工作报告》中首次提出要发展"大数据"。2015年9月，国务院印发《促进大数据发展行动纲要》，系统部署大数据发展工作。2015年11月，党的十八届五中全会公报提出要实施"国家大数据战略"，这是大数据第一次写入党的全会决议，标志着大数据战略正式上升为国家战略。2016年国家发展和改革委、工信部、农业部、环保部等部委相继推出了对应部门职能范围内发展大数据的建议及相关文件。2017年以后，继国家部委出台的大数据发展政策后，各省级、市厅级单位也相继出台一批指导和规范大数据发展的法规文件。2020年11月出台的《中共中央关于制定国民经济和社会发展第十四个五年规划和二〇三五年远景目标的建议》提出要发展数字经济，推进数字产业化和产业数字化。2021年3月颁布的《中华人民共和国国民经济和社会发展第十四个五年规划和2035年远景目标纲要》中，"大数据"一词在规划的征求意见稿中出现了14次，相对于五

年前的"十三五"规划中专门用一章"实施国家大数据战略"来集中谋划大数据发展,在"十四五"规划中对于如何发展大数据已经融入到各篇章之中。2021年11月30日工业和信息化部发布了《"十四五"大数据产业发展规划》(以下简称《规划》),提出"十四五"时期的总体目标:到2025年我国大数据产业测算规模将突破3万亿元,年均复合增长率保持25%,创新力强、附加值高、自主可控的现代化大数据产业体系基本形成。该《规划》的发布是我国大数据产业发展的里程碑,它表明了大数据已经不再是一个新兴的技术产业,而是正在成为融入经济社会发展各领域的要素、资源、动力、观念。并且,大数据带动的新一代信息技术总体从"前沿技术"正在变为"重要应用",发挥的价值日益明显。与此同时,《中华人民共和国网络安全法》《电信和互联网用户个人信息保护规定》《电话用户真实身份信息登记规定》《最高人民法院、最高人民检察院关于办理侵犯个人信息刑事案件适用法律若干问题的解释》等法律文件的相继出台,也构建起了我国大数据战略发展的法律依据,从制度层面保障了我国大数据的良性发展。

以贵州省为例,先后出台了《关于加快大数据产业发展应用若干政策的意见》《关于推动数字经济加快发展的意见》《推进5G建设发展的实施意见》等一系列政策,设立大数据发展专项资金,成立大数据发展基金,从保障建设用地、降低用电成本、支持创业创新、支撑企业人才引进等方面进行全面、系统推动大数据发展及应用,使贵州省各行各业满怀热情学习大数据、应用大数据进而创新大数据。2016年颁布全国首部大数据法规——《贵州省大数据发展应用促进条例》,开创了全国大数据立法先河,目前已颁布《贵州省大数据安全保障条例》等五部地方性法规,政府数据共享开放立法进入省人大审议,即将出台。制定了《贵州省大数据战略行动问责办法》《贵州省政务数据资源管理暂行办法》等系列制度,获批建设全国首个国家技术标准创新基地(贵州大数据),主导、参与编制大数据相关国际标准、国家标准、地方标准及团体标准175项。根据国家信息中心发布的《中国大数据发展报告》,贵州大数据发展政策环境指数连续两年排名全国前三。

2022 年 1 月 26 日发布的《国务院关于支持贵州在新时代西部大开发上闯新路的意见（国发〔2022〕2 号）》更是为贵州发展大数据产业注射了一针强心剂，文件提出"加快构建以数字经济为引领的现代产业体系""实施数字产业强链行动，推进国家大数据综合试验区和贵阳大数据科创城建设，培育壮大人工智能、大数据、区块链、云计算等新兴数字产业"。贵州省抢抓机遇，先后出台了《支持工业领域数字化转型的若干政策措施》《贵州省人民政府办公厅关于加快推进"东数西算"工程建设全国一体化算力网络国家（贵州）枢纽节点的实施意见（黔府办函〔2022〕68 号）》等政策文件，在国家大数据（贵州）综合试验区的基础上，不断延展大数据全产业链、全治理链、全服务链，不断完善一条西部地区利用大数据实现弯道取直、后发赶超、同步小康的发展新路，不断形成引领西部辐射全国的大数据发展示范引领体系。

二、政务服务数字化转型助力大数据发展

大数据发展的目标之一就是实现我国政府的数字化转型，而我国各地方政府依托大数据实现政务服务数字化以及数据开放共享化的实践，助力了大数据在技术、应用以及算法方面的发展。自大数据战略实施以来，我国政务服务转数字化转型取得良好进展，尤其是建立了全国政务信息系统一张网工程，实现了国家、省级、市级政府系统资源整合工作。2018 年我国已建成了涵盖 71 个部门、31 个地方政府与国家直接对接的共享交换平台，连接起了我国 40 多个国务院部门的垂直信息系统，彼此之间实现数据共享超过 600 个数据项，实现了行政领域以及公共服务领域重点数据查询核验服务，以数据的双向共享打通了行政业务的信息流通，初步瓦解了我国行政体制垂直方向上的数据壁垒。截至 2021 年，国家数据共享交换平台上线目录超过 65 万条，发布共享接口 1200 余个，累计提供数据查询/核验服务超过 37 亿次。"一网通办""异地可办""跨省通办"已经成为趋

势，各地逐步实现政务服务"掌上办""指尖办"，各地的"防疫健康码"正是政务数字化转型的最直观表现。与此同时，各地方政府持续开展大数据在政务服务应用中的技术创新，并基于明确的法律与规定向社会持续开放数据，有条不紊规范企业和个人对于开放数据应用的渠道、流程以及相关责任权力，极大地活跃了政务数据开放的市场与效果。例如，浙江省杭州市采用政府向企业开放公共交通数据的模式，以阿里巴巴等龙头企业牵头多家大数据企业实时分析处理这些数据，开发出了"城市大脑"交通项目。贵州省以"聚通用"为核心理念，创新政务信息化建设新机制，建成"一云一网一平台"的数字政府核心基础设施，实现了所有系统网络通、应用通、数据通，成为全国唯一实现省市县所有政务信息系统互联互通省份。

以贵州省为例，贵州省以"聚通用"为核心理念，创新政务信息化建设新机制，建成"一云一网一平台"的数字政府核心基础设施。承载省、市、县政府部门全部应用系统和数据的"云上贵州"政务数据一体化平台，实现了所有系统网络通、应用通、数据通，成为全国唯一实现省市县所有政务信息系统互联互通省份，上云结构化数据量从 2015 年的 10TB 增长到 2021 年的 2945TB，数据汇聚总量超 150 多亿条，同时贵州率先形成数据共享交换调度机制。针对数据共享难、业务协同难等问题，设立实体化数据调度中心，设置了数据共享专项小组，小组成员承担数据调度、数据管理、数据监督的职能，以数据使用部门提出需求、数据所有部门做出回应、数据管理部门进行流转调度并监督管控的三方共享机制来进行数据共享工作的推进。实现了数据统筹调度管理和统一管控，推动了政府数据共享开放，大大提高了政府数据开放共享的程度。与此同时，贵州省也率先建成了横跨全省的统一数据信息资源共享交换以及开放平台，该平台同时接入国家数据共享平台，进行实时双向数据读取调用；同时，只要是贵州省、市、县三级政府的上架数据资源目录的信息数据，皆能够进行完全的开放与共享，截至 2022 年 10 月，贵州省数据交换平台累计交换数据 93.06 亿余批次。根据复旦大学数字与移动治理实验室每年进行的《中国地方政府数据开放报告》

显示，2017~2018 年贵州在全国省级数据开放数据指数中连续两年排名全国前三，2019 年名列第五，皆表明贵州在数据开放上取得了显著成果。

三、新行业、新业态、新模式涌现反哺大数据发展

大数据的发展涌现出一批新行业、新业态以及新模式，这些行业以数字经济为核心要义，通过大力发展数字经济从而带动大数据相关产业发展，通过创新工业、农业、服务业流程与模式，带动大数据发展。据中国互联网信息中心发布的《第 49 次中国互联网络发展状况统计报告》显示，截至 2021 年 12 月，我国网民规模达 10.32 亿，互联网普及率达到 73.0%，下至未成年人、上至银发老人陆续接触互联网，超十亿的网民构成了全球最大的数字社会。一方面，浩瀚的互联网空间为大数据提供了充足的生存与发展土壤，同时也为数据应用提供了数以亿计庞大规模的互联网用户数据，经由对这些数据进行筛选、分析、处理以及应用，以数字经济为主体的新行业、新模式以及新业态层出不穷，又进一步反哺数字空间；另一方面，大数据不仅创新数字产业，还持续驱动农业、工业尤其是服务业转型升级，这些传统产业与大数据相关技术不断融合，为我国经济发展创造了新的增长点。据中国信息通信研究院发布的《大数据白皮书（2020 年）》显示，大数据应用行业领域丰富，首先是以金融、医疗、政务为大数据应用的最广阔领域，其次是互联网、教育、交通运输、电子商务等。可见大数据正在深度与传统产业融合。尤其是新冠疫情以来，加快推动了个体、企业、政府全方位的社会数字化转型浪潮，大数据已经向各行各业各个领域蔓延渗透。

以贵州省为例，贵州省坚持产业发展的目标，依托大数据技术创新，在做强地方数据产业的同时，通过实施"千企改造""千企引进""万企融合""百企引领""寻苗行动"等行动，持续推进传统产业与大数据的融合转型。通过建设国家级大数据产业发展集聚区、贵阳大数据产业技术创新试验区——贵阳贵安新区，营造向大数据倾斜的发展环境，搭建大数据发展核心产业业态、对接大数据

产业关联业态、拓展大数据衍生产业规模，三位一体推动产业的数字化以及数字的产业化。通过近几年大数据产业的发展，贵州省电子信息制造业、信息技术软件行业以及信息技术服务业所创造的营收持续增长，电信业务总量、电信业务收入增速均排名全国前列，其中 2021 年贵州省电信业务总量 431.10 亿元，同比增长 18.8%。可以说，一方面，大数据核心产业成为贵州省经济平稳增长、高质量发展的重要支撑；另一方面，国际国内知名大数据企业纷纷入驻贵州，贵州依托大数据试验区的区位优势，成为国内国际有重要影响力的大数据产业聚集地。以苹果、微软、戴尔、英特尔为代表的世界知名计算机公司进驻贵州，以阿里巴巴、华为、腾讯、京东为代表的国内闻名互联网龙头企业扎根贵州，共同搭建起了大数据技术交流平台与大数据营商平台。苹果公司还将旗下 iCloud 中国用户数据正式迁入云上贵州公司，相关业务在贵州结算，云上贵州公司不仅成为苹果公司在中国大陆的少数合作伙伴之一，也与贵州省大数据发展中心签订协议成为贵州省政务数据存储的平台。新市场主体如雨后春笋般蓬勃发展。新业态不断涌现、快速成长，易鲸捷、数联铭品、航天云网等一批本土企业不断成长壮大，货车帮（满帮）成长为独角兽企业，朗玛信息公司也连续四年成为中国 100 强互联网企业，白云山服务也囊括超过七成的中国互联网用户并入选中国"科创企业百强榜"和美国硅谷"红鲱鱼 2019 亚洲百强"企业，远东诚信、翼帆金融等区块链企业入选中国区块链企业百强。

四、大数据技术创新助推大数据发展

大数据发展的引擎是相关技术的创新，而大数据核心技术是我国在大数据领域发展的最大短板，如何提升我国自主研发水平、如何助推大数据产业发展以及如何保障我国数据安全是我国争夺大数据核心竞争力的关键所在。我国通过推动大数据技术产业的融合以及创新，形成了一批属于大数据技术专利，这些科学技术夯实了我国在大数据领域发展的基础，也成为助推我国大数据发展的引擎。在国家层面，国家发展和改革委先后多次组织和实施建设推进大数据领域创新能力相关项目，科技部也组织发布大数据与云计算重点科研项目，形成了一批有影响力有价值的大数据基础研究成果。在企业层面，以阿里巴巴、华为、百度、腾讯为代表的互联网龙头企业已开始布局云计算、物联网、人工智能、智慧城市等80多个细分领域，并投入应用于电子商务、交通服务以及社区服务领域，这些实践产出也不断增添了大数据发展的动力。以人工智能领域为例，截至2019年底，中国拥有人工智能企业已超过4000家，其中全球估值在10亿美元以上的人工智能公司共32家，中国就占了10家。

从贵州省的实践来看，贵州省建成提升政府治理能力大数据应用技术国家工程实验室、中国科学院软件所贵阳分所、大数据战略重点实验室等科研平台，成立贵阳大数据创新产业（技术）发展中心、太极——IBM贵阳智慧旅游联合创新中心、思爱普贵阳大数据应用创新中心、贵州伯克利大数据创新研究中心等一系列大数据创新技术平台，全省已创建大数据科研机构28个。发布大数据领域科技榜单，每年组织开展大数据创业创新大赛，着力突破大数据应用中的关键共性技术问题，实现了一批成果在贵州转化。

第三节　取得成效

国家大数据战略在上述举措的推动下，多元并举有序有效稳步推进。而大数据相关技术及产业突飞猛进的发展，也在多方面取得了傲人成绩。无论是在推进我国国家治理体系和治理能力现代化全面深化改革之路上，还是在实施数据开放共享上；无论在推动民生服务高效智能化上，还是在变革产业发展模式上，甚至在助力精准扶贫乡村振兴上都发挥了重要作用，大数据在这些领域所取得的成效，既是我国推进现代化建设所需的基础，也是我国发展前行的方向路标。

一、大数据平台建设推动政务服务智能化

迈入新时代，以大数据为代表与核心的新一代信息技术在解构传统国家治理模式的同时，又重塑着国家治理理念、治理模式以及治理手段。愈加纷繁复杂的社会问题以及愈加动乱不定的国际形势，对我国政府治理的有限性、有序性、有效性都提出了新的要求。

我国依托大数据技术发展创新，结合机构改革，自 2016 年起推动各地方政府政务系统一体化平台建设，运用大数据技术推动政务服务智能化，切实落实"一网通办""最多跑一次"智能化政府建设。截至 2020 年底，在机构设置方面，全国 31 个省（自治区、直辖市）已有 22 个省（自治区、直辖市）设立省级大数据管理机构，不断探索完善、优化调整政务数据治理机构的职能。北京市大数据中心于 2019 年 12 月正式揭牌成立，整合了原有北京市信息资源管理中心等机构的资源，作为北京市经济和信息化局下属的副局级事业单位，为北京市大数据行动计划的开展提供了支撑；天津市大数据管理中心也于 2019 年 12 月底正式重组挂牌，整合分散在其他部门的信息服务机构，进行重构组建，统一负责市级信息化建设、运行管理和数据资源管理。依托这些大数据机构的建设，全国各地方政府推动政务平台与系统的进一步建设，仅 2020 年省级政务服务相关平台和系统建设项目就高达 572 项，与近几年来持平。随着大数据平台的建设和投入使用，不仅使政府行政效率取得飞跃式提高，同时也增强了我国各地方政府抗击风险的能力。贵州通过"云上贵州"政府政务系统平台，在全国率先实现涵盖省、市、县三级所有政府部门信息系统和数据的统一平台，实现所有政府系统网络通、应用通、数据通，"云上贵州"一体化建设模式被国家发展改革委、国家信息中心在全国推广，成为国家电子政务云数据中心南方节点。就疫情防控期间而言，国家政务服务平台在疫情防控期间开设了多项服务专题，全面会聚整合各地区各部门有关疫情防控和推动有序复工复产的服务资源；各地方政府依托前期

一体化的在线政务服务平台建设成果，大力倡导"线上办事"，推行"不见面办公"的线上政务服务，保障疫情防控期间的服务有效推进。可以说，大数据平台的建设有效推进了我国数字政府向着集约化、系统化、智能化的方向转型，有条不紊地推动了相关法律、法规、管理、科研、流程的建设与优化，为推进我国治理现代化提供了完善的物质基础与制度保障。

以贵州省为例，贵州省通过"一朵云"——"云上贵州"政府政务系统平台，在全国率先实现涵盖省、市、县三级所有政府部门信息系统和数据的统一平台，实现所有政府系统网络通、应用通、数据通。依托南方数据中心示范基地建设，形成了"两地三中心"的数据资源集聚、数据资源枢纽新格局；统筹"一云一网一平台"建设，提升"一网通办"效能，基本实现线下政务服务中心一地统一办理、线上政务服务网、政务 App 一网通办的政务服务智能化转型；通过各政府部门不再自建政务信息系统和数据中心，只提年度建设计划和需求，项目建设单位按照统一标准进行建设，实现了信息化建设全生命周期的闭环管理，有效解决了数据格式不统一、标准不一致、不能共享等问题，推动实现了贵州省所有政务信息系统互联互通。2019 年，"一网一云一平台"的贵州省在政务信息系统整合共享应用实践经验被中央网信办、国家发展和改革委评为"数字中国建设"年度最佳实践，"云上贵州"一体化建设模式被国家发展和改革委、国家信息中心在全国推广，成为国家电子政务云数据中心南方节点。

二、大数据产业引航经济发展高质量化

大数据的发展在带来政府治理模式转型的同时，信息行业也逐步与传统行业相结合，逐步形成以数字经济为代表的新兴产业。随着大数据战略的持续推进，我国数字经济规模也在不断扩大，据中国信息通信研究院发布的《中国数字经济发展白皮书（2021 年）》显示，2019 年我国数字经济增加值规模达到 39.2 万亿元，占 GDP 比重超过 1/3，达到了 38.6%，占比同比提升 2.4 个百分点。在疫情

冲击和全球经济下行的叠加影响下，数字经济增速依然保持了9.7%的高速增长，是同期GDP名义增资的3.2倍多。而在中国信息通信研究院于2022年12月7日发布的《全球数字经济白皮书（2022年）》中显示，从规模来看，美国数字经济蝉联世界第一，规模达15.3万亿美元，中国位居第二，规模为7.1万亿美元。产业数字化仍是数字经济发展的主引擎，占数字经济比重为85%，其中，第三产业数字化引领行业转型发展，第一、二、三产业数字经济占行业增加值比重分别为8.6%、24.3%、45.3%。数字经济不仅推动了传统产业数字化转型的步伐，更使我国经济发展向着高质量化迈进。一方面，数字经济的飞速发展，不仅给传统制造业带来了产业转型的机会，这些传统制造业顺应时代的发展，把握产业数字化的机遇，将大数据、物联网、人工智能等新兴信息技术运用到生产流程中来，实现企业的流程再造，优化产品质量与价值，通过大数据实现产业连接、业务协同，从企业内部结构到企业外部环境不断探索数字化、服务化以及精细化转型的道路。另一方面，也丰富了离散型企业的转型方式，我国汽车、航空、机械以及电子设备等专用性强、技术复杂等企业通过大数据进行生产线的高效化转型以及核心技术的升级，实现了内外兼顾的多渠道数字化转型。并且，5G技术的研发与应用也逐步渗透到制造业与服务业中，我国重点聚焦5G核心技术基础设施建设，为5G商用搭建了充足的基础，我国已有不少工业开始尝试5G融合发展之路。

以贵州省为例，贵州省通过创新"变分散规划为统一规划、变分散建设为统一建设、变政府直接投资为统一购买服务、变分散资金保障为统筹资金保障"的"四变四统"信息化建设新机制，在政府内部整合部门信息，形成互联互通、横纵协同、信息共享的中心系统，实现了政务办公高效化的飞跃；对外建成了贵州省政府数据开放平台，已开放66个省级部门的2000余个数据集，其中1023个可通过API接口直接调用，通过政府和社会互动的大数据采集形成机制，主动开放社会公共数据，营造了透明化的政商环境，实现了政务数据的社会化变现。同时通过相关安全保障条例，围绕平台安全基础设施、安全技术防护、安全管理制度、安全应急处置、安全合规建设、安全标准规范、应用安全云防护等建设健全了系统的安全体系，保证了数据采集使用存储的安全。

三、数据开放共享促进政商环境透明化

数据只有在共享与开放中才能不断增值，近几年来，随着我国数据对内共享、对外开放工作的不断推进，政府数据开放利用取得了丰硕成果，在提升我国政府行政透明化以及优化营商环境方面都取得了显著成效。就数据开放与共享面临的现实与挑战，习近平总书记在 2020 年底主持召开中央全面深化改革委员会第十七次会议上再次强调了"建立健全政务数据共享协调机制、加快推进数据有序共享……全面构建政务数据共享安全制度体系、管理体系、技术防护体系，打破部门信息壁垒，推动数据共享对接更加精准顺畅，提升法治化、制度化、标准化水平"。综观近几年我国数据共享开放工作的推进情况，出台了国家层面和地方层面若干相关法规条例，并且也取得了丰硕成果。在数据共享方面，2020 年，公安部、教育部、市场监管总局、国务院办公厅、民政部五个部门提供的数据查询服务次数总计超过 10.3 亿次，在国家数据共享交换平台的所有查询中占比超过 95%。国务院办公厅的防疫健康码信息从 2020 年 5 月开始被各地各部门大量调用，为疫情防控工作的开展提供了有力支撑。一方面，我国部委间数据共享交换，少量业务已经全面打通数据共享链条，持续开展大量数据共享服务。可以说，在数据共享方面，我国建成的国家共享平台保障了国家政府服务平台、全国信用共享平台、全国投资项目在线审批监管平台以及全国公共资源交易平台等多个平台的海量数据交换供给、大数据信息整合需求以及为数据汇聚应用提供了支撑。另一方面，截至 2020 年上半年，我国已有 130 个省级、副省级和地级政府上线了数据开放平台，平台总数首次超过 100 个，数据开放领域取得新的进展。目前，我国 51.61% 的省级行政区、2/3 的副省级和 24.21% 的地级行政区已推出政府数据开放平台，并且地方政府的数据开放程度也逐渐成为政府数字化转型的

核心指标之一，越来越受到重视。

以贵州省为例，贵州省通过大数据与社会治理、民生服务等领域深度融合、广泛应用，改善民生服务，有效拓展了民生服务的新途径，涌现了诸如大数据精准扶贫支撑平台、网上办事大厅、医疗健康云、精准扶贫云、通村村农村出行服务平台等一批在全国叫得响、获表彰、受推广的提升社会治理能力和民生服务水平好的应用。根据中央党校（国家行政学院）的中国地方政府网上政务评估报告显示，贵州省网上政务能力连续三年名列全国前三，服务能力位列第一梯队，并且贵州省电子政务服务综合能力以及服务覆盖领域都名列前茅。大数据在政务服务、交通、医疗、精准扶贫等领域取得显著成效，人民群众获得感明显提升。贵州政务服务网首批接入国家政务服务平台，网上可查询和办理省、市、县、乡、村五级服务事项 58.8 万项，实现"进一张网、办全省事"，贵州政务 App 成为全国 9 个省级政府优秀政务 App 之一。"精准扶贫云" App 通过实时共享与呈现扶贫相关部门以及扶贫对象的数据，精准刻画了贫困户的问题与需求，使扶贫措施与政策更具有针对性，于 2017 年 12 月 8 日中央政治局集体学习时，作为典型案例被介绍并推广。"医疗健康云" App 成功实现了贵州省省级医疗单位线上预约挂号，大大节省了线下医院挂号消耗的时间，合理分配了医疗资源。"通村村"智慧交通云平台通过对客运信息的整合，实现了对贵州省农村客运班次网上调度，村民可以通过 App 查询、购买所需客运班次，并且根据需求可以加开客运车辆，被国家交通部列为全国农村客运示范项目并向全国进行推广。基于以上的实践，贵州省成为国家"互联网+政务服务"改革示范省，也成为国家社会信用体系与大数据融合发展试点省份，还成为全国健康医疗大数据试点省份，这些都表明了大数据技术正在引领民生服务向精细化发展。

四、大数据技术打造民生服务精细化

大数据的核心在于收集、分析、应用和管理这些数据的方式与意识，如何运用大数据服务民生一直是我国大数据战略发展的核心目标之一。通过近几年政务服务一体化平台的搭建与完善，以及政府数据共享开放的有序推进，大数据在民生方面也取得了傲人的成效。从医疗方面来看，为解决我国基层医疗卫生资源匮乏、服务能力薄弱等问题，不少省份以开展构建"扁平化、零距离"的远程医疗服务体系，依托大数据，三甲医院能够通过监控大屏幕实时显示临床、心电、病理等在内的远程会诊，让远程医疗覆盖省市县乡四级医疗机构。从农业来看，不少现代农户使用大数据技术，将农产品基地实时数据上传到监控屏幕，让农产品种植、销售等环节向数字化方向发展，农产品从栽种、施用农药到销售全流程可查询、可追溯，通过大数据实时监控气候、土壤以及长势等信息，通过推进"靠数据"种田实现农业经济的高质量发展。从出行来看，多省依托大数据中心对交通数据的调控，公众可以通过移动终端实时查询交通工具出行、线路信息，有效提升了交通运输行业治理能力和服务水平。可以说，大数据技术润物无声但成果显著，逐步改善了我国民生服务模式，实现其精细化、智能化转型。

以贵州省为例，贵州省通过大数据与实体经济融合发展的方式，引航大数据产业高质量发展，形成了以贵阳、贵安新区、遵义大数据产业集聚区为核心，其他市州错位发展、协同发展的布局。贵阳重点发展软件和信息技术服务业，贵安新区重点发展数据中心相关产业，遵义重点发展电子信息制造业。贵州省以推进大数据与实体经济融合为主要目标，持续推动"万企融合"行动，覆盖全省辐射西南分产业、分行业开展实体经济与数字经济融合行动，发放"云使用券"助推"企业上云"。2016~2019年共打造347个融合典型示范项目，涌现了贵州工业云、航天电器、贵阳海信等国家级融合试点示范项目，振华电子、满帮、盘江精煤等入选工信部"企业上云"典型案例，成为全国入选最多省份之一。贵州省信息化与工业化融合指数在三年间提升了六位，核心产业数字化研发设计工具普及率也提高了近5个百分点，同时关键工序数控化率也提高了3.4个百分点。依托大数据产业蓬勃发展，贵州省助推大数据与实体经济相融合，引航贵州经济高质量发展。

五、数博会引领大数据技术创新化

大数据的发展离不开技术的创新，近几年我国教育部门不仅确立了以大数据为代表的新兴专业以及相关教育课程体系，还加大力度扶持大数据科研项目。并且，各高校、社会组织大力推进大数据技术交流合作，共同推进了大数据技术的革新迭代，尤其以贵州省开展的中国国际大数据产业博览会（以下简称数博会）为最。贵州省积极打造"数博会"等高端平台，大力推进国内国外大数据交流合作，助推了大数据技术创新发展。贵州省于2015年率先举办国际大数据产业博览会——"数博会"，2016年升格为国家级盛会，李克强总理出席大会并发表重要演讲，习近平总书记于2018年、2019年连续2年发来贺信。数博会每年吸引60余个国家的相关政要、2万余名知名企业家代表参会，现已成为全球大数据科研技术以及应用交流合作的最为重要的平台，为世界各国共享大数据发展机遇、共商合作大计提供支撑。2022年5月26日，2022数博会在贵州贵阳举行，本届数博会以"抢数字新机　享数字价值"为年度主题，围绕数字经济与实体经济加快融合，赋能传统产业转型升级，在数字经济领域发出中国声音、贡献中国方案、展现中国行动，促进全球大数据技术应用和数字经济产业发展。历届的数博会既通过大数据会议交流加快了大数据产业融合合作，又通过相关大数据赛事活动推进大数据技术创新。"数博会"影响力不断增强，关注度越来越高，可以说数博会这一涵盖各行各业、辐射国内国际，有着最强学术权威性、最专业技术应用实践、最广泛业界精英的国际大数据交流平台已成为贵州省名片之一。

六、大数据助力精准扶贫高效化

2021年我国实现了全面小康，摆脱了绝对贫困，大数据在脱贫攻坚这场没有硝烟的战场上发挥着不可或缺的作用。脱贫既是民生的一环，但又有着历史和现实的双重困难性质。各省通过大数据技术，精准识别困难户，精准帮扶解决困难户"两不愁、三保障"难题，最终实现了我国的全面脱贫。以贵州省为例，贵州省依托"云上贵州"大数据平台以及相关线上民生平台，运用大数据技术助力乡村振兴。主要体现在以下两个方面：一是通过大数据信息收集，精准识别困难户，并根据困难户情况及周边企业岗位数据，最大化满足困难户的就业需求，实现至少一户一就业的扶贫标准；二是联合电商平台，推进"大数据+黔货出山"，拓展贵州省地方特色产品网络交易渠道。2015~2018年，贵州省网络零售交易额年均增长率约为48.79%，其中大部分为乡村特色农产品与手工艺品。通过电子商务进农村的实践，贵州省建成了37个省级电子商务农村示范县、60个县级电商运营服务中心以及1.02万个村级电商服务站点，依托这些站点与平台，为特色农产品通过大数据寻找销售出路，助力精准扶贫高效化，实现脱贫长效保障机制。

第四节　存在问题

近几年，综观大数据在我国的发展，无论是其在政府治理领域的应用，还是在产业转型发展上的助力，抑或是在社会民生建设方面的支持，可谓是取得了全方位、多层次、宽领域、立体化的显著成果。然而也正因为大数据发展过快，产生了一些值得注意的问题，在数据共享、产业发展、大数据应用、技术人才以及相关法规方面产生了一些难题。如何纾解这些大数据发展所必然伴随的"阵痛"，是我国大数据战略下一步发展之路上必须要解决的问题。

一、数据共享开放较为滞后

尽管从"放管服"改革以及"互联网+政务服务"改革伊始，我国各级政府及部门先后就数据共享以及数据开放出台了相当数量的文件以及政策，并且也建成了政府内部数据整合统一平台以及对外数据开放平台，但数据孤岛以及数据烟囱依然存在于我国政府行政中，无论是在数据应用的广度上，还是在数据应用的深度上，都有所欠缺。据《中国政务数据治理发展报告 2021》显示，截至 2020 年 11 月底，国家数据共享交换平台上线目录累计超过 64 万条，发布共享接口 1200 余个，平台开通以来累计提供查询/核验超过 20 亿次，2020 年相较 2019 年，月均查询接口调用次数从 5900 万次提高到 9800 万次，可见我国政务对数据共享依然存在极大的需求。从中央到地方的实践上来看，尽管数据共享与数据开放的相关条例与法规不断出台，各省及重点城市政府利用互联网渠道不断进行数据搜集、整理、分析和开放共享工作，各地数据质量管理体系也逐步健全。但是，各地开放的数据质量存在不及时、不完整、不实用等问题，碎片化、重复化、无效性的低质数据集仍然存在，不利于释放政务数据价值，政务公开、服务效能体系有待完善，政府数字化转型仍需大力推动。因此，应不断加强政府开放数据的提质增效，加快数据开放平台的一体化建设，在推进机制、资金投入、技术支撑和政策保障等方面给予重点支持，也要关注后续运营并着力加强大数据应用。

当前，发展数据交易主要面临三个方面的问题：一是数据资产具备多重特性、价格受多种因素影响，较难形成统一的确权和定价规则；二是数据流通壁垒高、共享难度大，降低数据交易活力，阻碍数据交易发展进程；三是数据安全与隐私问题频发，影响多方主体参与数据交易的积极性。未来应从数据确权与定价、数据交易流通、数据安全三个方面出发，构建并细化适用于数据产权的法律体系和标准体系、鼓励多种所有制企业积极探索多种数据交易模式、围绕数据安全共享与可信计算构建数据交易技术体系来推动数据交易发展，从而为建设高效安全的数据要素市场提供支撑。

截至 2020 年，贵州省 71.9 万个政务服务事项在贵州政务服务网集中办理，总办件量达 5416 万件，2019 年以来共享调用数据 1900 万次，足可见政府及社会对数据共享开放的呼唤。贵州省以"聚通用"打造"云上贵州"政务数据平台，并且依托 2020 年 12 月出台的《贵州省政府数据共享开放条例》为保障，来助推数据共享向着纵深发展，但就具体实践来看，仍然只有少量业务全面打通数据共享链条；且贵州省数据开放平台仅开放了 1432 条数据，数据的利用率仍然不够高，信息孤岛信息烟囱仍然存在。由于政府内部部门间、政府与社会企业间的信息不对称，数据共享开放责权边界不明确等问题，因此现有的跨层级、跨部门、跨区域以及跨行业数据共享仍有阻碍，政府行政所用的资源与需求之间仍然存在较大鸿沟，并且有价值的社会信息资源利用率与应用程度都偏低，因此带来的大数据应用的不充分制约大数据相关产业、相关应用的进一步发展。

二、大数据产业发展不平衡

尽管大数据前景广阔，但全社会尚未形成对大数据产业发展规律的客观科学认识，现阶段很多地方未明确地方大数据产业发展投资的主导方向，这就使部分地方盲目建设数据中心，只关心基础设施建设，而忽视了大数据产业发展的方向，未能推进大数据产业发展与应用需求之间的连接，造成大数据支撑产业的严重缺乏，数字经济规模较小。当前，中国数字经济发展呈现自东向西逐级递减的阶梯式分布，即东部地区数字经济发展良好而西部省份数字经济规模排名都较为靠后，进一步地，我国数字经济产业的研发部门主要集中在北上广深等东部少数省份，且这些省份有着优越的科研基础、优渥的教育基础以及丰富的创新基础，无论是科研能力强的院校还是技术尖端的企业，都聚集于东部沿海地区。可以看出，大数据产业发展的前沿与尖端仍然集中在我国东部沿海地区，西部地区缺乏发展大数据产业的基础与动能。并且就算是东部地区，其大数据产业的核心领域——信息领域仍然缺乏关键核心技术，部分新一代信息技术推广应用还处于产业化、市场化发展的积累期，核心技术基本被国外所垄断；如操作系统、芯片软件、开发程序等大数据技术领域的专利以及知识等。

就西部地区而言，根据赛迪智库 2020 年 12 月发布的《2020 中国数字经济指数白皮书》报告中的数据显示，2019 年贵州数字经济指数为 24.7，低于全国的平均值29.6，居全国31个省级行政区的第19位，足以可见，尽管贵州有着大数据资源优势，但在数字经济发展上仍处于全国下游水平。并且贵州缺乏大数据龙头企业，从硬件上来看，贵州除生产加工手机及零部件等，较少涉及尖端前沿电子产品，且都为代工低端机，生产性单一，生产产品附加值较低；从软件上来看，贵州省服务产业尤其是信息服务产业发展较弱，主要体现在以下两个方面：一是由于起步较慢与东部沿海地区有较大差距，二是因为没有形成信息服务的需求市场。虽然贵州信息服务产业有所发展，但规模较小，且该产业发展的主力军多为苹果、阿里巴巴等龙头企业的分公司，缺乏大数据支撑产业，因此所产生的数字经济规模较小。如何突出地方区域资源禀赋，激活地方大数据产业特色，将各方资源集中在区位优势产业将是贵州大数据发展的关键出路；如何协调各方产业发展方向以及业态规模，解决大数据产业发展的区域不平衡问题也是大数据发展需要考量的另一个重点问题。

另外，产业的发展离不开技术的创新，随着大数据厂商技术实力的提升，逐渐出现了能够提供多数据库模型的大数据平台技术，数据管理软件趋向于统一多数据模型的平台。其优势在于以下四个方面：一是提升场景效率，同一份数据可以分别采用多种数据模型存放，解决不同场景的处理效率问题；二是统一分析管理，关联不同模型的数据，统一分析管理；三是降低运维成本，无须维护多种数据库，降低运维成本；四是降低数据持有成本，同一份数据在不同的数据模型当中不需要全量存储，不同模型只需存储必要数据内容即可，在查询时通过关联的方式获取全量信息。然而不同产业与大数据融合程度各不相同，且各细分产业应用场景的拓展和深入还需进一步挖掘，许多企业还是"就数论数"，并未透彻明了大数据与实体产业融合所具有的广阔市场和前景，并且大数据龙头企业的定位与孵化、重点项目与重大工程的擘画落地、产业平台与基础的夯实都是实现大数据产业发展的核心聚焦点。

三、大数据与实体经济融合不充分

传统产业的数字化转型仍处于初级阶段，数字化经济模式正在形成，但我国工业、农业、服务业数字化转型仍面临诸多困难，并没有完全推动产业的数字化、网络化、智能化发展。我国工业数字化转型基础能力不强，转型理路模糊不清。一方面，我国大多数制造业企业数字转型尚处于初级水平，转型能力还比较薄弱。且生产线上工业设备、产品规划以及流水线无论是在部署数量上还是质量效能上都较为滞后且存在不足，彼此之间联系疏远缺乏整体性协调，这就导致了工业数据的采集存在较大难度，由于存在业务系统彼此孤立、连通程度不高的问题，导致了传统工业没有构建整体性系统性的全生产流程、全工业产业链以及产品全生命周期的数据链条，并且也缺乏对客户应用场景、客户需求、客户刻画等数据收集挖掘分析力度不够，进而没有形成有效的数字商业模式。另一方面，以制造业为首的我国绝大部分工业企业较为墨守成规，虽然有数字化转型之意图，但普遍缺乏清晰明确的数字转型发展战略与规划，工业领域数字化解决方案供给能力较弱，数字转型整体处于初级阶段。我国农业数字化转型成本较高，普及面不广。由于物联网设备成本极其高昂，一般的农业生产很难在其有效服务周期覆盖掉安装和运行成本，大多数农业企业在信息资源建设和信息技术应用方面刚刚起步，因此造成农业数据采集困难。我国服务业数字化转型责权边界模糊，乱象频出。虽然我国在共享经济、电子商务、互联网金融等新兴服务业上取得了世界瞩目的成就，但也出现了许多新情况和新的治理难题，尤其是对电商平台的社会问责方面。互联网平台的兴起既是时代发展的必然，也是对不断攀升的公众服务需求的回应，但飞速发展的平台企业如何应对平台侵权以及如何承担法律责任一直悬而未决，电商网络售假、信息中介无良广告等现象层出不穷，如何明确责权边界、如何回应公众问责、如何平衡商业利益与社会责任也是这些数字平台亟待面对和解决的问题。

从贵州省实体经济转型以及大数据应用来看，大数据应用不广、大数据与实体经济融合不深以及企业大数据创新动力不足导致了贵州省产业数字化转型缓慢的问题。在应用方面，贵州省重点行业数字化研发工具普及率仅仅只有48.7%，比全国平均水平低14.5个百分点；而贵州省的工业关键工序数控化率也仅为33.6%，较之全国平均水平低13个百分点。在融合方面，尽管大数据与办公行政领域融合较好，但与研发设计、生产制造等关键环节融合还有待加深；而在农业方面，贵州省仅8.4%的农业企业通过融合实现质量追溯；在以服务业为代表的第三产业方面，贵州省运用大数据来进行精准识别信息推送这样的营销业务才刚刚起步，据不完全统计，贵州省仅有15.6%的企业才能做到基于客户在线信息的收集抓取来实施个性化定制信息推送。而在企业大数据创新方面，贵州省部分企业对于大数据技术及应用认识有限，能够运用大数据进行业务转型升级的少之又少，缺乏实践经验路径。同时大数据创新需要大规模资金投入、人才储备以及时间成本，贵州省大部分企业既缺乏动力也碍于成本，所带来的结果就是大数据与实体经济融合缓慢，数字经济很难为企业发展所考量。

四、大数据人才供应不足

随着大数据技术的快速发展，各行各业殷切希望利用大数据技术挖掘出有用的信息，来提高企业的决策水平。因此，大数据人才培养成为社会各界关注的热点。大数据作为国家发展战略使大数据的应用市场发展迅速，但在大数据底层技术开发、相关程序编写以及逻辑框架创新方面就显得较为缓慢了，与国际水平存在较大鸿沟，急需一批人才能够在分布式技术架构、大数据挖掘处理创新以及底层逻辑建构方面有所建树。从大数据人才需求端来分析，根据《2022中国大数据产业发展白皮书》调研结果来看，2021年大数据人才前十位需求岗位的需求度为18.7%~83.3%。与前一年横向对比，大数据研发工程师仍是需求最大的岗位，需求度为83.3%。2021年，大数据架构及建模工程师、大数据挖掘工程师分别是需求度为第二、第三的岗位。大数据产品销售人员、大数据应用咨询和技术顾问在2020年中并没有进入需求度前十的岗位，2021年分别跃居第四和第五位。同时，2021年大数据可视化工程师、数据清洗和标注工程师的岗位需求增加明显。调研结果表明，大数据行业一方面缺高层次的大数据研发人才，另一方面也缺数据应用端的相关人才，大数据产业已进入更深层次的应用阶段。

尽管国内外若干高校成立了大数据研究院或者大数据学院，来培养大数据专业的本科生或者研究生，也有诸如小象学院、炼数成金等因大数据热潮而涌现的一批从事大数据专业人才培养的公司，但我国大数据人才依然存在质量欠缺、数量不足的问题。一方面，依托高校或培训企业的方式缺乏大规模的实训环节，培养环节与模式往往只能是纸上谈兵，很难提供接近实际应用的海量的数据、硬件等环境和应用场景来进行人才培养，使培养出来的人才不能满足实际需求，也不能完全解决大数据在实践应用层面的实际问题。另一方面，我国大数据流动依然呈现出向东部沿海地区流动的趋势，西部地区培养的基础本就较为薄弱，人才还倾向于在东部就职，这就进一步加深了大数据在中西部地区发展的劣势。

另外，专业建设与人才培养也远远滞后于产业发展需求，2021年普通高校新增备案本科大数据相关专业中，智能制造工程、智能建造、智能医学工程、智慧农业、智慧交通等专业较多，反映了大数据与实体产业融合需求增强亟须培养更多的大数据应用人才。

五、数据安全问题日益凸显

尽管我国出台了一系列国家、地方层面的数据安全法规条例，以保障数据使用的安全和监管，但个人信息的泄露不可避免，数据安全形势仍越来越严峻。数据中的价值不仅被政府、企业所重视，也被不少不法分子、法外狂徒所惦记，在2017年3月开展的打击整治黑客攻击破坏和网络侵犯公民个人信息犯罪专项行动中，侦破了近2000起案件，涉案犯罪嫌疑人高达4800多名，这些嫌疑人通过各种网络黑客手段与违法途径，爬取公民信息 500 多亿条，通过倒卖个人信息而获利，严重侵犯了公民的个人隐私、危害了社会治安的长久稳定。数据安全一直是大数据发展无法回避的议题之一，可以使用的数据并不意味着拥有数据资源的完全权力。目前，虽然区块链技术能保证数据生产应用全链条的可追溯可留痕，但在数据共享的链条上仍存在漏洞，可能会被不法分子所入侵利用，很难依靠现有法律来规避对公民隐私和公民权益的侵害。无论是从法律上还是从伦理上，数据的所有权和使用权以及数据的共享还存有争议，例如，患者的医疗数据。这些无不造成了数据权、数据流动监管尤其是数据跨境监管、数据分类、数据储存管理等方面的责权问题，而我国在这些方面的法规建设还刚起步，如何兼顾数据安全一直是悬在大数据发展头上的"达摩克利斯之剑"。目前我国应用市场规范化不足，一方面，不少应用开发者利用程序的权限秘密攫取用户的个人信息，缺乏掷地有声的规制手段来对抗个人隐私的灰色交易；另一方面，数据安全问题与隐私问题也抑制了大数据相关产业进一步的发展，急需相关法律法规来进行市场的规范化监管。2021 年《数据安全法》《个人信息保护法》相继颁布，国家对数据安全合规建设的要求进一步提高，部分企业已经开始着手开发数据合规管理工具，以协助需求方应对监管，但普及率并不高。《数据安全法》强调对数据进行分类分级，数据分类分级是数据安全治理的基础和首要工作，也是当前数据安全治理的痛点和难点。国家层面明确提出建立数据分类分级保护制度，上海、浙江等多地发布公共数据开放分类分级指南，通过对数据进行分类分级，厘清保护重点，对不同数据实施不同水平的保护，实现对数据的监管力度差异化。金融行业、政府行业等信息化程度高的行业，相继出台"数据分类分级"的行业标准，推动数据分类分级发展。然而数据治理体系庞大，建立起完善的数据分类分级管理体系面临着诸如数据定义混乱、数据分散在不同系统、数据梳理无从下手、数据盘点耗时费力等诸多难题。

以贵州省为例，虽然贵州省于 2020 年 12 月 1 日推行执行《贵州省政府数据共享开放条例》，但条例现阶段仍未能明确数据的相关权责，政府内部数据归属、应用以及相关的权责边界仍是一个较为模糊的领域，对外共享给企业社会的数据无论是在应用领域还是风险防控上仍有不足，如何落实数据使用过程的监督、管理以及问责机制，如何从源头对数据进行清洗、分类和储存，如何在数据共享中防止泄露、滥用，仍是大数据发展需要回答的问题。

本章小结

本章总结了我国大数据的发展历程，梳理了采取的重要举措，总结了取得的成效，剖析了存在的问题障碍。

首先，总结我国大数据发展的四个阶段：第一个阶段是指大数据萌芽期（1980~2008年），在这一阶段，无论是社会还是学界，都还处于对大数据这一概念形塑的阶段，大数据本身及相关技术还未有实质性发展，但已逐步积聚起了充实的基础。第二个阶段是指大数据滋长期（2009~2012年），在这一阶段，大数据市场迅速成长，随着互联网的成熟，大数据技术逐渐被大众熟悉和使用。第三个阶段是指大数据迸发期（2013~2015年），在这一阶段，各国政府相继投入大数据相关研究、产业发展中，并逐步推进大数据相关技术在政府行政、社会治理以及商业运作中的应用。而我国也紧抓时代脉搏，先后有序有效出台布局大数据发展战略，并将大数据上升到国家战略层面的高度，从顶层设计擘画我国大数据发展蓝图，指明我国大数据前进方向，开启了我国大数据发展建设的新篇章。第四个阶段是指大数据迸发期（2016年至今），在这一阶段，自"大数据"被写入党和政府文件以后，大数据上升为国家层面的战略部署，大数据战略成为我国之后发展的又一重要领域，我国分别从中央、地方、学术以及应用四个维度加大力度助推大数据发展。在中央层面，相继出台了一系列的相关政策法规，以政策力推大数据发展。在地方层面，相继建成了八个国家大数据综合试验区，以综合试验区助推大数据前行。在学术层面，培养了一批高质量大数据人才、产生了一系列深层次大数据研究成果。在应用层面，语音识别、图像识别、无人机、人工智能等为代表的新一代信息技术应用的相继出现，以应用拓宽了大数据发展道路。

其次，从优化政策环境、推进政务服务数字化、促进大数据产业发展、推动大数据技术创新等方面梳理推动大数据发展的重要举措。随后，从推动政务服务智能化、推动数据开放共享、推动民生服务智慧化、推动大数据与实体经济融合发展、推动大数据交流合作等方面总结了我国大数据发展取得的成效。

最后，在前文的基础上指出了我国大数据发展还存在以下五个问题：一是数据壁垒和数据孤岛仍然存在；二是大数据产业分布不平衡；三是大数据与实体经济融合不充分；四是大数据人才供应不足；五是数据安全仍然隐患重重。上述问题是我国推动大数据发展亟待解决的瓶颈性问题，也是本书构建国家大数据战略体系的逻辑基点，构建国家大数据战略体系的最重要目标就是我国要制约大数据发展的瓶颈性问题，从而推动我国大数据健康快速发展。

第四章　大数据战略实施的国际比较及对中国的借鉴意义

目前，世界许多国家，尤其是美、欧、日、韩等发达国家或地区均已将大数据作为国家发展战略，将发展大数据产业作为大数据能力建设的核心。大数据已成为我国经济发展的重要战略，但其发展仍存在较多不足，相关政策措施仍需进一步完善。因此，有必要通过与世界主要发达国家相比，并借鉴其他国家大数据发展经验，吸取其发展过程中失败的经验教训，总结出其政策推动产业发展的关键点，为推动我国大数据战略实施提供发展启示和经验借鉴。

第一节　国外主要国家大数据战略概述

近年来，大数据受到世界各国的广泛关注，纷纷从国家层面提出具体的大数据发展战略。但各个国家所基于的社会文化、制度等资源禀赋不同，因此所制定的战略也有所不同，对世界各主要发达国家的大数据战略进行比较，有助于厘清我国大数据发展思路，从而得到有效借鉴。

一、美国大数据战略

美国作为世界科学技术的领航者，较早发展大数据技术。从 2011 年开始，美国就提出包括大数据技术在内的多项数字技术，具有重要的战略意义。并制订了长期推动其发展的战略计划，旨在保持其在世界范围内的科技领先水平，引领世界发展。2011 年，由白宫科学和技术政策办公室（OS—TP）牵头组建了相关项目组，编制了《大数据研究和发展计划》（以下简称《计划》）。该《计划》旨在提升美国收集海量数据并从中获取有价值信息的能力。具体实现三个目标：①扩大从事大数据技术开发和应用的人员数量；②利用这些技术加快科学和工程学领域，加快探索发现的步伐；③开发能对大量数据进行收集、存储、维护、管理、分析和共享的最先进的核心技术。

2012 年 3 月美国联邦政府提出："通过收集、处理庞大而复杂的数据信息，从中获得知识和洞见，提升能力，加快科学、工程领域的创新步伐，强化美国国土安全，转变教育和学习模式。"

2019 年 12 月 23 日，美国政府在现有立法的基础上发布了《联邦数据战略与 2020 年行动计划》（以下简称《计划》）。其在细节上为未来十年的数字经济领域发展做出了详细的规划和方案，并勾画了未来发展的愿景和蓝图。该《计划》是我国大数据技术发展的重要参考资料。

2020 年，美国一项名为《加利福尼亚消费者隐私法》的法案得以生效，标志着美国在数据隐私领域推进了一大步，该法案于 2018 年通过，在经历了两年时间的多次修改后，最终得以生效，也推动了其他州的相关法律的完善和健全，对我国数据隐私相关法律推进具有重要的参考价值。

根据 Statista 最新发布的统计数据，全球大数据中心主要集中在美国、中国及日本。截至 2020 年末，美国大数据中心数量占全球的比例达到 39%，中国占比达到 10%，日本为 6%。根据 IDC《2021 年 V1 全球大数据支出指南》数据，2021 年全球大数据与分析（BDA）解决方案支出规模预计将达到 2157 亿美元，比 2020 年增长 10.1%。从地域来看，美国是最大的市场，2021 年 BDA 支出超过 1100 亿美元。

二、英国大数据战略

2010 年英国政府上线了政府数据网站，主要用于数据挖掘和获取能力的提升。2012 年，发布了新的政府数字化战略，用以推动经济在新的领域获得增长动力。

2013 年 10 月，基于对数字经济的全新认识与其可能带来的经济增长点，英国政府正式发布了推动国内数字经济发展的战略计划——《把握数据带来的机遇：英国数据能力战略》（以下简称《战略》）。该《战略》由政府相关主要部门联合编制，旨在促进国内各领域之间的合作和发展，进一步挖掘社会各领域数据的价值，以提供经济在新兴领域的增长点。该《战略》从加强新兴行业基础设施、增强数据挖掘能力、维护用户隐私、加强产学研合作等方面做出了较为详细的计划和安排。

2020 年 9 月，基于前期对数字经济的研究和具体实施效果，英国政府发布了《国家数据战略》（以下简称《战略》），旨在推动英国数字经济朝着创新、领先的方向继续前进。该《战略》设定了五项"优先任务"：①确保数据所依赖的基础架构的安全性和韧性；②形成具有经济推动力和安全的数据体制；③提高政府的数据使用效率以改善公共服务质量；④进一步挖掘社会数据的潜在价值；⑤倡导国际数据流动。

此外，该《战略》还包括其他三项计划：①新建一个 260 万英镑的项目，解决当前数据共享中存在的障碍，并支持发展创新能力，以发现在线危害；②通过立法促进智慧数据计划的参与度，该计划可以使人们能够通过自身数据在电信和能源等领域获得更好的资费；③给予专业的数据分析部门工作人员以相关的培训，并设立相关部门对数据的使用、传输以及共享方面进行监督和管理。《战略》阐明了在英国如何释放数据的力量，为处理和投资数据以促进经济发展建立了框架。总体而言，《战略》中确定的步骤是基于英国发展现状来推动更好、更安全、更具创新性的数据使用。通过数据使用推动增长，改善社会公共服务，使英国成为下一轮数据驱动型创新的领导者。

三、法国大数据战略

2013 年 2 月，法国政府发布了《数字化路线图》，旨在为本国青年提供更多就业岗位的同时实现实惠的数字化转型，为经济提供新的增长点。其计划大力投资数字经济领域，其中大数据是其重点扶持的重要领域之一。"通过发展创新性解决方案，并将其用于实践，来促进法国在大数据领域的发展。"同年 7 月，法国政府发布了《法国政府大数据五项支持计划》，包括社会各个重要领域的大数据基础设施投资，其主要目的是为了促进各行业间的数据共享与融合，为未来的数字经济发展创造必要条件；计划包括设立一个技术中心给予新兴企业各类数据库和网络文档存取权；引进数据科学家教育项目；通过为大数据设立原始扶持资金，促进创新等。"通过发展创新性解决方案，并将其用于实践，来促进法国在大数据领域的发展。"

2015 年 3 月，法国发布了新国家科研战略——《法国-欧洲 2020》（以下简称《战略》），该《战略》是继 2009 年《法国研究与创新战略》后出台的第二个国家级科研战略。其中将"建设信息与通信社会"作为有限科研方向之一，确定了 5G 基础设施、物联网对象、大数据开发、人机互动作为该战略中的主题。

四、澳大利亚大数据战略

2011 年，澳大利亚政府基于全球和国内的数字经济发展状况及规划情况，发布了《国家数字经济战略》报告，计划在 2020 年前基本完成数字网络的基础设施建设，使澳大利亚的数字经济保持世界领先水平。

2012 年 10 月，澳大利亚政府发布了《澳大利亚公共服务信息与通信技术战略 2012-2015》。希望能在大数据分析的运用、与其他政策和技术协同、提高效率以及为公共服务领域带来变革等方面领先全球。

2013 年 8 月，澳大利亚政府经过 6 个月的时间正式发布了《公共服务大数据战略》（以下简称《战略》），用以指导政府和企业开展大数据领域的投资、合作和开发，制定了六条指导原则，其内容有以下六个：①数据完整和过程透明；②与产业和学术界广泛合作；③数据是一种国家资产，应被用于人民福祉；④应加强相关部门与企业之间的数据共享与合作，深度挖掘数据价值；⑤大数据项目开发和共享过程中严保用户隐私；⑥加强政府数据开放。

为将六大原则落到实处，该《战略》还制定了一个具体的行动安排：2014 年 3 月推出大数据实践指南，2014 年 7 月前出台一份关于大数据分析中所遇难题的报告；然后推动信息与通信技术（ICT）行业和教育行业提供大数据分析中的必要技巧，制定一份数据分析指南和两份在建项目指南；开发一个信息资产登记系统；记录大数据分析中的技术演进。

澳大利亚政府在推动智慧农业发展、提升公共服务质量、打造智能交通、保护公民隐私等方面做得比较成功。

五、日本大数据战略

2010 年 5 月，日本发布了《新信息通信技术战略》。从过去依赖公共事业来推动经济增长的方式转变到以需求为引导的新成长战略。标志着日本正式将数字经济的增长作为推动经济增长的重要方式之一。

2012 年，日本发布"活跃 ICT 日本"新综合战略。其中大数据战略被放在最重要的位置。随后，日本政府各相关部门联合推出了一系列计划，旨在深入研究大数据技术的发展、现状、困境、突破和相关动向等。并拟投入大量资金支持大数据技术与实体的融合。

2013 年 6 月，日本正式发布了新的数字经济战略——《创建最尖端 IT 国际宣言》（以下简称《宣言》）。该《宣言》对直到 2020 年日本的大数据发展做出了详细的规划和设想。包括以下六个方面：①共享数据资源，包括面向社会开发政府数据和企业数据；②增强大数据技术的应用领域；③促进大数据技术与农业生产相结合；④促进大数据技术与医疗行业融合；⑤加强数字基础设施的建设；⑥增强政府办公的数字化水平。

2015 年，日本完成了对数据隐身保护的重要法案——《新个人信息保护法》（以下简称《法案》），该《法案》在 2017 年得以正式实行，标志着日本数字经济走入了新阶段。

六、国外大数据国家战略特点比较

通过对各国大数据战略的研究我们发现，主要发达国家均将大数据战略放在最重要的核心位置，并制订了详细的发展和推动计划。但由于各国实际情况不同，导致在战略的目标、内容、领域、体制、投入等方面呈现出不同的特点，因此我们将从战略目标、战略内容、重点发展领域和管理体制等方面对主要发达国家大数据战略进行比较研究，具体如表 4-1 所示。

表 4-1　各国大数据国家战略比较

国家	战略规划名称	战略目标	战略内容	重点发展领域	管理体制
美国	《大数据研究和发展计划》	研发核心技术；推动科技进步和国家安全；培养大数据人才	牵头部门；核心项目；资金投入	科学研究、卫生、能源、国防与国家安全、地质勘探、工程领域	白宫科学和技术政策办公室战略制定；大数据高级监督组监督执行
澳大利亚	《公共服务大数据战略》	推动公共部门利用大数据来分析创新服务；制定最佳公共政策	未来机遇与收益；大数据应用原则；行动计划及部门分工	医疗卫生、农业、交通、科研、国家安全	设立跨部门大数据工作组负责战略落地，成立数据分析卓越中心负责配合执行

续表

国家	战略规划名称	战略目标	战略内容	重点发展领域	管理体制
英国	《把握数据带来的机遇：英国数据能力战略》	实现英国在数据挖掘和价值萃取中的世界领先地位	强化数据分析技术；加强国家基础设施建设；推动研究与产研合作；确保数据被安全存取和共享	医疗卫生、气象、农业	英国统计局和经济社会研究委员会负责政府的数据能力提升；信息化基础设施领导理事会负责大数据基础设施建设；各行业协会负责本行业数据能力建设；信息经济委员会负责制定具体战略实施路径
法国	《法国政府大数据五项支持计划》	促进本国大数据发展，推动经济社会发展	人才培养；基础设施建设；资金扶持；项目规划	人才培养、交通、医疗卫生	
日本	《新信息通信技术战略》	实现国民本位的电子政务、加强地区间的互助关系	以技术革新发展大数据战略，结合ICT技术与大数据信息能力	医疗卫生、气象、互联网及电信	大数据已成为安倍政府新IT国家战略的核心，日本安倍内阁公布新IT战略，发展开放公开数据和大数据

资料来源：笔者通过公开资料整理所得。

（一）差异点

第一，根据各自的资源禀赋不同对战略的推进方式有所不同。美国倾向于运用市场的力量带动大数据产业发展，注重对大数据技术的研发和对其应用环境的塑造，遵循市场需求为导向，以市场带动需求，从而推动企业和产业的发展。澳大利亚比较注重政府部门的引导作用，倡导由政府部门首先在业务上运用大数据技术，从而带动市场变革。欧洲国家更加注重基础设施建设，强调以基础带动产业。

第二，各国战略的侧重点不同。各国发展优势的不同导致各国在大数据战略的计划和实施上都从各自所偏重的角度出发，主要体现在推动大数据战略制定和实施的政府部门不同，美国、澳大利亚等国的大数据战略计划制订和实施部门主要是与科技发展相关的部门，这与美国、澳大利亚注重科技发展的战略有关，同时还可以看出，美国、澳大利亚在经济发展过程中更注重科技水平在该领域的领先状况；而英国、法国的战略制定和实施机构则更多与经济部门相关，可以看出欧洲等国家目前更关注如何能够更好地带来经济效益，因此他们的政策更多偏向应用层面。

（二）共同点

第一，战略目标均将大数据战略定位为影响未来经济发展的重要战略地位，各国通过国家顶层设计推动大数据产业与其他行业相结合，带动经济发展的同时在数字经济领域保持全球领先地位。美国 2019 年发布了《联邦数据战略与 2020 年行动计划》，高度关注大数据发展的重要性以及使用过程的有效性；日本 2013 年发布了《创建最尖端信息技术国家宣言》，展现了其在公开公共数据、增加数据研发投资领域的战略意图；澳大利亚 2015 年发布了《澳大利亚政府公共数据政策声明》，显示出了其对公众隐私保护，鼓励多领域合作与处理共享，以及大力公开信息的决心；欧盟 2020 年发布了《欧洲数据战略》，围绕内部统一、基础设施、人才与创新以及公共数据四个方面制定了政策措施；英国 2020 年发布了《国家数据战略》，表明其致力于推动数字经济发展，加强大数据技术科研投入，提高数字经济地位的战略部署。

第二，针对大数据战略推出了详细的实施计划，并配套推动基础设施建设、协调各部门之间的合作以及推出庞大的资金投资计划。发达国家更加注重对大数据技术的研发和对其应用环境的塑造，更倾向于运用市场的力量带动大数据产业发展。仅 2013 年，英国政府就陆续投入超过 2.5 亿英镑用于支持大数据技术和应用的发展，法国政府投入 1150 万欧元。美国则投资了近 2 亿美元，并由政府多个部门共同协同实施和监管，以期更好地支持大数据产业的发展。

第三，各国均整合政府资源形成了特定的监管和促进机构。美国由白宫科学和技术政策办公室牵头建立了大数据高级监督组。英国由信息经济委员会负责根据战略进一步制定具体的战略实施路径。澳大利亚设立跨部门大数据工作组负责战略落地。日本政府内阁和总务省信息通信技术（ICT）基本战略委员会作为日本大数据战略制定和执行部门。

第二节 国内外大数据战略对比分析

一、国内外大数据政策比较

从以上研究我们可以看到，主要发达国家较早对大数据的发展进行了布局，美国、英国等从 2012 年开始就推出了详细的大数据发展战略实施计划，近年来虽然我国数字经济发展较快，但我国政府从 2015 年才开始在国家层面予以重视，与主要发达国家相比起步较晚，因此，有必要将中国与主要发达国家的大数据政策进行比较，具体如表 4-2 所示。

表 4-2 国内外大数据政策概览

国家	年份	政策名称	概要
美国	2012	《大数据研究和发展计划》	联合国防部、能源部等 6 个部门，投资 2 亿美元，用于研发大数据所需的技术和工具
	2013	《"数据—知识—行动"计划》	进一步细化了利用大数据改造国家治理、促进前沿创新、提振经济增长的路径
	2014	《大数据：抓住机遇，守护价值》	对过去两年大数据研发计划实施情况进行全面审查，并指出了大数据机会点、疑虑及政策建议
	2014	《大数据与个人隐私：一种技术的视角》	在政策制定时应从保护隐私的角度审查大数据技术的可行性；加强有关能够消除对隐私权不利影响的新技术、新方法的研究；在全社会加强有关隐私保护的教育和培训
	2016	《大数据：关于算法系统、机会、公民权利的报告》	通过算法系统的设计来实现平等权利；开展算法审计和对大数据系统的外部测试，确保人们被公平对待；增加透明度和实行问责制，对社会歧视现象进行监督
	2016	《联邦大数据研究与开发战略计划》	利用新兴的大数据基础、方法和技术，创造新的大数据能力；设计支持数据驱动型决策的工具；强化国家数据基础设施；促进数据管理和共享，提升数据价值；重视大数据采集、共享和应用过程中所涉及的隐私、安全和道德问题；强化大数据教育培训工作以及人才培养；鼓励跨部门、跨机构的大数据合作，完善大数据创新生态系统
	2019	《联邦数据战略与 2020 年行动计划》	该战略的突出特点在于，对数据的关注由技术转向资产，"将数据作为战略资产开发"成为核心目标。旨在指导联邦政府进行数据治理，通过政策设计和方法协调，在尊重隐私和机密性的前提下，使用数据来完成任务、服务公众、管理资源，为各相关机构管理和使用联邦数据提供指导

国家	年份	政策名称	概要
英国	2013	《数据能力战略》	英国政府投资 1.89 亿美元来支持大数据的研究和设施建设，并详细阐述了数据机遇、数据能力概念以及如何培育数据能力
	2020	《国家数据战略》	设定五项"优先任务"，研究英国如何利用现有优势来促进企业、政府和公民社会对数据的使用
法国	2013	《数字化路线图》	宣布将投入 1.5 亿欧元大力支持 5 项战略性高新技术产业，而"大数据"就是其中一项
	2013	《法国政府大数据五项支持计划》	引进数据科学家教育项目；设立一个技术中心给予新兴企业各类数据库和网络文档存取权；通过为大数据设立原始扶持资金，促进创新；在交通、医疗卫生等纵向行业领域设立大数据旗舰项目；为大数据应用建立良好的生态环境，如在法国和欧盟层面建立用于交流的各类社会网络等
	2015	《法国-欧洲 2020》	确定了 10 大应对法国社会挑战的优先科研方向和 5 大行动计划，强调面向社会与经济应用，重点解决法国面临的社会挑战
澳大利亚	2011	《澳大利亚公共服务信息与通信技术战略 2012-2015》	强调应增强政府机构的数据分析能力，从而促进更好的服务传递和更科学的政策制定，并将制定一份大数据战略确定为战略执行计划之一
	2013	《公共服务大数据战略》	该战略以六条"大数据原则"为支撑，旨在推动公共行业利用大数据分析进行服务改革，制定更好的公共政策，保护公民隐私，使澳大利亚在该领域跻身全球领先水平
日本	2010	《新信息通信技术战略》	以实现国民本位的电子政府、加强地区间的互助关系等为目标
	2013	《创建最尖端 IT 国际宣言》	向民间开放公共数据。从 2014 年开始实施
新加坡	2016	《智能城市 2015》	通过大力发展 ICT 产业，应用 ICT 技术提高关键领域的竞争力，将新加坡建设成为由 ICT 技术驱动的智能城市
	2014	《智慧国家 2025》	计划用接下来的十年时间将新加坡建设成为智慧国度，这是全球第一个智慧国家发展蓝图
韩国	2012	《第五次国家信息化基本计划（2013 - 2017）》	把上网速度提高到目前的 10 倍，并建立 10 处产学研汇集的信息科学技术中心区
	2015	"大数据产业发展战略"	将发展重点集中在大数据基础设施建设和大数据市场创造上
	2016	《智能信息社会中长期综合对策》	将大数据及其相关技术界定为智能信息社会的核心要素，并提出具体的发展目标与举措

续表

国家	年份	政策名称	概要
中国	2015	编制实施软件和大数据产业"十三五"规划	大数据产业第一次明确出现在规划中
		《加快推进云计算与大数据标准体系建设》	加快云计算与物联网、移动互联网、现代制造业的融合发展与创新应用，培育新业态、新产业，加快推进云计算与大数据标准体系建设
		《促进大数据发展行动纲要》	第一个真正意义上的大数据发展国家战略，明确提出了我国大数据发展的关键任务，即加快政府数据开放共享、推动产业创新发展、强化网络及数据安全保障
	2017	《大数据产业发展规划（2016-2020）》	明确"十三五"期间的发展目标和重点任务，如强化大数据技术产品研发、深化工业大数据创新应用、促进行业大数据应用发展、大数据标准体系建设等

资料来源：笔者通过公开资料整理所得。

从表4-2可以看到，我国大数据产业起步较晚，直到2015年，我国政府才正式将大数据政策写入政府披露的正式文件，但也可以看到，自2015年以后，我国政府支持大数据发展的政策从数量和频率方面都高于世界主要发达国家，说明我国政府开始将大数据战略视为未来增强国家竞争力的重要途径。

根据国际数据公司（IDC）的监测数据显示，2013年全球大数据储量为4.3ZB（相当于47.24亿个1TB容量的移动硬盘），2014年和2015年全球大数据储量分别为6.6ZB和8.6ZB。近几年全球大数据储量的增速每年都保持在40%的增长率，2016年甚至达到了87.21%的增长率。2016年和2017年全球大数据储量分别为16.1ZB和21.6ZB。2018年全球大数据储量达到33.0ZB，2019年全球大数据储量达到41.0ZB。根据全球知名数据提供商Statista的数据统计，2020年，全球大数据储量约为47.0ZB。在数据储量不断增长和应用驱动创新的推动下，大数据产业将会不断丰富商业模式，构建出多层多样的市场格局，具有广阔的发展空间。根据IDC数据，2020~2024年全球大数据市场规模在五年内约实现

10.4%的复合增长率，预计 2024 年全球大数据市场规模约为 2983 亿美元，据此测算，2020 年全球大数据市场规模约为 1959 亿美元，到 2026 年，全球大数据市场规模将超过 3600 亿美元。根据 IDC《2021 年 V1 全球大数据支出指南》数据，2021 年全球大数据与分析（BDA）解决方案支出规模预计将达到 2157 亿美元，比 2020 年增长 10.1%。

从地域来看，首先美国是最大的市场，2021 年 BDA 支出超过 1100 亿美元；其次是日本和中国，BDA 支出预计分别达到 124 亿美元和 119 亿美元，另一个预计 2021 年 BDA 支出超过 100 亿美元的国家是英国。

虽然我国大数据起步较晚，但党中央、国务院高度重视大数据在推进经济社会发展中的地位和作用。2014 年，大数据首次被写入《政府工作报告》，大数据逐渐成为各级政府关注的热点。2015 年 9 月，国务院发布《促进大数据发展的行动纲要》，大数据正式上升至国家战略层面，党的十九大报告提出要推动大数据与实体经济的深度融合。在 2021 年发布的"十四五"规划中，大数据标准体系的完善成为发展重点。当前，随着 5G、云计算、人工智能等新一代信息技术快速发展，信息技术与传统产业加速融合，数字经济蓬勃发展，数据中心作为各个行业信息系统运行的物理载体，已成为经济社会运行不可或缺的关键基础设施，在数字经济发展中扮演至关重要的角色。数据中心作为大数据产业重要的基础设施，其快速发展最大限度地推动了大数据产业的进步。

2021 年 11 月，工业和信息化部发布《"十四五"大数据产业发展规划》，提出"用数据说话、用数据决策、用数据管理、用数据创新"的大数据思维，在技术创新、产品服务、基础设施、数据安全等大数据产业发展的关键环节进行了部署。同时指出，数据是新时代重要的生产要素，是国家基础性战略资源。大数据产业是以数据生成、采集、存储、加工、分析、服务为主的战略性新兴产业，是激活数据要素潜能的关键支撑，是加快经济社会发展质量变革、效率变革、动力变革的重要引擎；我国要抢抓数字经济发展新机遇，坚定不移实施国家大数据战略，充分发挥大数据产业的引擎作用，以大数据产业的先发优势带动千行百业整体提升，牢牢把握发展主动权。各省市在大数据领域也积极布局，自2015年以来，陆续推出系列大数据产业相关政策（见表4-3）。"十四五"期间，部分省市已经发布大数据相关产业的"十四五"规划。当前，随着5G、云计算、人工智能等新一代信息技术快速发展，信息技术与传统产业加速融合，数字经济蓬勃发展，各省市的大数据政策规划也主要从数字经济的整体发展方向出发。

表4-3　中国大数据产业发展政策

发布时间	发布部门	政策名称	重点内容解读
2015年8月	国务院	《促进大数据发展行动纲要》	建立运行平稳，安全高效的经济运行新机制。充分运用大数据，不断提升信用、财政、金融、税收、农业、统计、进出口、资源环境、产品质量、企业登记监管等领域数据资源的获取和利用能力，丰富经济统计数据来源，实现对经济运行更为准确的监测、分析、预测、预警，提高决策的针对性、科学性和时效性，提升宏观调控以及产业发展，信用体系、市场监管等方面管理效能，保障供需平衡，促进经济平稳运行
2016年1月	国家发展和改革委	《关于组织实施促进大数据发展重大工程的通知》	从破解制约大数据创新发展的突出矛盾和问题出发，重点推进数据资源开放共享，推动大数据基础设施统筹，打破数据资源壁垒，深化数据资源应用，积极培育新兴繁荣的产业发展新业态。各地方、各部门及中央企业要加强统筹研究，提出具有全国性示范效应、产业带动性强的促进大数据发展大工程项目建议
2016年3月	环保部	《生态环境大数据建设总体方案》	实现生态环境综合决策科学化，将大数据作为支撑生态环境管理科学决策的重要手段。实现"用数据决策"。实现生态环境监管精准化，充分运用大数据提高环境监管能力，助力简政放权，健全事中事后监管机制，实现"用数据管理"。实现生态环境公共服务便民化，运用大数据创新政府服务理念和服务方式，实现"用数据服务"
2016年7月	国土资源部	《关于印发促进国土资源大数据应用发展的实施意见》	按照实施国家大数据战略的要求，立足国土资源工作发展的需要，健全国土资源数据资源体系，实现国土资源数据的充分共享和适度开放，深化国土资源大数据的创新应用，不断提高国土资源参与宏观调控、市场监管、社会治理和公共服务的精准性和有效性，促进国土资源大数据应用新业态发展，形成国土资源大数据应用发展新格局

发布时间	发布部门	政策名称	重点内容解读
2016 年 7 月	国家林业局	《关于加快中国林业大数据发展的指导意见》	林业大数据的主要任务是建设林业大数据采集体系、应用体系、开放共享体系和技术体系四大体系；要充分利用大数据技术，建设生态大数据共享开放服务体系项目、京津冀一体化林业数据资源协同共享平台、"一带一路"林业数据资源协同共享平台、长江经济带林业数据资源协同共享平台、生态服务大数据智能决策平台五大示范工程
2016 年 8 月	交通运输部	《关于推进交通运输行业数据开放共享的实施意见》	推动交通运输大数据创新应用。依托行业统一的数据资源开放共享平台，以及物流、运政、海事等专业数据资源共享平台，促进行业数据资源和社会数据资源整合共享，鼓励企业和社会机构创新应用，支持建立促进创新应用的开放式技术平台，提升综合交通出行及物流信息服务能力和品质。引导社会优质资源参与交通旅游服务大数据应用开发，推进交通旅游服务大数据创新应用
2016 年 10 月	农业部	《农业农村大数据试点方案》	方案提出，到 2019 年底，数据共享取得突破。地方各级农业部门内部涉及农业部门之间的数据共享机制初步形成，省级农业数据中心建设取得显著进展，部省联动、数据共享取得突破。大数据应用取得突破。大数据在农业生产经营各环节加快应用，大数据关键共性技术研发、关联分析和挖掘利用取得积极进展。形成一批创新应用成果
2017 年 5 月	水利部	《关于推进水利大数据发展的指导意见》	加强顶层设计和统筹协调，以创新为动力，以需求为导向，以整合为手段，以应用为目标，以安全为保障，加快数据整合共享和有序开放，推进水利业务与信息技术深度融合，深化大数据在水利工作中的创新应用，促进水治理体系和治理能力现代化
2017 年 7 月	国家自然科学基金委	《大数据驱动的管理与决策研究重大研究计划 2017 年度项目指南》	以大数据驱动的管理与决策为研究对象，充分发挥管理、信息、数理、医学等多学科合作研究的优势，着重研究大数据驱动的管理与决策理论范式，大数据资源治理机制与管理，大数据管理与决策价值分析与发现，大数据分析方法与支撑技术，并利用总集成升华平台集成相关研究成果。期望通过本重大研究计划的执行，使我国在大数据驱动的管理与决策研究相关领域跻身国际前列，培养一批跨学科交叉型骨干人才和创新团队，并为国家在相关领域的管理决策和智库提供支持
2017 年 9 月	国家测绘地理信息办公室	《智慧城市时空大数据与云平台建设技术大纲（2017 版）》	推进智慧时空基础设施建设。加快智慧城市时空信息云平台建设试点，指导开展时空大数据及时空信息云平台构建，鼓励其在城市规划、市政建设与管理、国土资源开发利用、生态文明建设以及公众服务中的智能化应用，促进城市科学、高效、可持续发展

续表

发布时间	发布部门	政策名称	重点内容解读
2017 年 9 月	公安部	《关于深入开展"大数据+网上督查"工作的意见》	充分运用大数据、人工智能等科技信息化手段深化网上督察工作，切实履行好新形势下警务督察围绕中心抓落实的职能优势
2017 年 12 月	国家标准化管理委员会	《信息安全技术个人信息安全规范》	规范个人信息控制者在收集、存储、使用、共享、转让、公开披露等信息处理环节中的相关行为，旨在遏制个人信息非法收集、滥用、泄露等乱象，最大限度地保障个人的合法权益和社会公共利益
2018 年 3 月	交通运输部	《关于加快推进交通旅游服务大数据应用试点的通知》	旅游交通精准信息服务：依托市场力量，开展旅游交通特征分析，根据旅游特征、节庆活动安排、交通拥堵规律等情况，开发特色交通旅游增值服务产品，创新运用北斗、大数据分析等技术，实现精准服务。积极推动政府部门与互联网企业间信息双向开放，提供更加丰富、便捷的旅游要素（食、住、行、游、购、娱等）综合信息服务。由青海、四川、江西、贵州、宁夏、山西、浙江重点实施
2018 年 9 月	国家健康委员会	《关于印发国家健康医疗大数据标准、安全和服务管理办法（试行）通知》	加强健康医疗大数据服务管理，促进"互联网+医疗健康"发展，充分发挥健康医疗大数据作为国家重要基础性战略资源的作用
2018 年 10 月	工信部	《关于公布 2018 年大数据产业发展试点示范项目的通知》	在 800 多个申报项目中，曙光申报的面向智能制造的工业大数据示范应用平台、面向城市民生服务的大数据智能平台，被列入 2018 年工信部大数据产业发展试点示范项目名单
2019 年 11 月	工信部	《关于组织开展 2020 年大数据产业发展试点示范项目申报工作的通知》	围绕工业大数据融合应用、民生大数据创新应用、大数据关键技术先导应用、大数据管理能力提升 4 大类 7 个细分方向，遴选一批大数据产业发展试点示范项目，通过试点先行、示范引领，总结推广可复制的经验、做法，推进大数据产业健康有序发展
2020 年 5 月	工信部	《工业和信息化部关于工业大数据发展的指导意见》	统筹建设国家工业大数据平台。建设国家工业互联网大数据中心，会聚工业数据，支撑产业监测分析赋能企业创新发展，提升行业安全运行水平。建立多级联动的国家工业基础大数据库，研制产业链图谱和供应链地图，服务制造业高质量发展

发布时间	发布部门	政策名称	重点内容解读
2020 年 12 月	国家发展和改革委	《关于加快构建全国体化大数据中心协同创新体系的指导意见》	到 2025 年，全国范围内数据中心形成布局合理、绿色集约的基础设施一体化格局。东西部数据中心实现结构性平衡，大型、超大型数据中心运行电能利用效率降到 1.3 以下。数据中心集约化、规模化、绿色化水平显著提高，使用率明显提升。公共云服务体系初步形成，全社会算力获取成本显著降低。政府部门间、政企间数据壁垒进一步打破，数据资源流通活力明显增强。大数据协同应用效果凸显，全国范围内形成一批行业数据大脑、城市数据大脑，全社会算力资源、数据资源向智力资源高效转化的态势基本形成，数据安全保障能力稳步提升
2021 年 3 月	工信部	《工业数据分类分级指南（试行）》	指导企业提升工业数据管理能力，促进工业数据的使用、流动与共享，释放数据潜在价值，赋能制造业高质量发展
2021 年 5 月	国家发展和改革委	《全国一体化大数据中心协同创新 体系算力枢纽实施方案》	以加强统筹、绿色集约、自主创新、安全可靠为基本原则，统筹围绕国家重大区域发展战略，根据能源结构、产业布局、市场发展、气候环境等，在京津冀、长三角、粤港澳大湾区、成渝，以及贵州、内蒙古、甘肃、宁夏等地布局建设全国一体化算力网络国家枢纽节点，发展数据中心集群，引导数据中心集约化、规模化、绿色化发展
2021 年 7 月	国家互联网信息办公室等五部门	《汽车数据安全管理若干规定（试行）》	规范汽车数据处理活动，保护个人、组织的合法权益，维护国家安全和社会公共利益，促进汽车数据合理开发利用
	工信部	《关于加强智能网联汽车生产企业及产品准入管理的意见》	加强汽车数据安全、网络安全、软件升级、功能安全和预期功能安全管理，保证产品质量和生产一致性推动智能网联汽车产业高质量发展。企业应当建立健全汽车数据安全管理制度，依法履行数据安全保护义务：建立数据资产管理台账，实施数据分类分级管理，加强个人信息与重要数据保护。建设数据安全保护技术措施，确保数据持续处于有效保护和合法利用的状态，依法依规落实数据安全风险评估、数据安全事件报告等要求
	国家互联网信息办公室	《关键信息基础设施安全保护条例》	在网络安全等级保护的基础上，采取技术保护措施和其他必要措施，应对网络安全事件，防范网络攻击和违法犯罪活动，保障关键信息基础设施安全稳定运行，维护数据的完整性、保密性和可用性
	最高人民法院	《关于审理使用人脸识别技术处理个人信息相关民事案件适用法律若干问题的规定》	为正确审理使用人脸识别，技术处理个人信息相关民事案件，保护当事人合法权益，促进数字经济健康发展

续表

发布时间	发布部门	政策名称	重点内容解读
2021 年 8 月	国家互联网信息办公室	《互联网信息服务算法推荐管理规定（征求意见稿）》	规范互联网信息服务算法推荐活动，维护国家安全和社会公共利益，保护公民、法人和其他组织的合法权益，促进互联网信息服务健康发展
2021 年 9 月	工信部	《工业和信息化领域数据安全管理办法（试行）（征求意见稿）》	贯彻落实《数据安全法》等法律法规，加快推动工业和信息化领域数据安全管理工作制度化、规范化，提升工业、电信行业数据安全保护能力，防范数据安全风险
	中国人民银行	《征信业务管理办法》	征信机构经营个人征信业务，应当制定采集个人信用信息的方案，并就采集的数据项、信息来源、采集方式、信息主体合法权益保护制度等事项及其变化向中国人民银行报告
2021 年 10 月	国家互联网信息办公室	《数据出境安全评估办法（征求意见稿）》	《办法》规定了数据出境安全评估的范围、条件和程序，为数据出境安全评估工作提供了具体指引
	全国人大常委会	《反垄断法（修正草案）》	增加规定经营者不得滥用数据和算法、技术、资本优势以及平台规则等排除、限制竞争（第三条）；明确规定具有市场支配地位的经营者利用数据和算法技术以及平台规则等设置障碍，对其他经营者进行不合理限制的属于滥用市场支配地位的行为（第九条）
2022 年 3 月	国务院	《政府工作报告》	提出促进数字经济发展：加强数字中国建设整体布局。建设数字信息基础设施，逐步构建全国一体化大数据中心体系，推进 5G 规模化应用，促进产业数字化转型，发展智慧城市、数字乡村

值得注意的是，发达国家在推进大数据发展过程中，除了对技术和相关产业发展给予大力推动外，还比较注重个人信息隐私的保护，这是我国大数据发展过程中较为欠缺的，值得我国在未来大数据发展过程中予以借鉴。

二、大数据技术能力提升政策的国际比较

（一）基础研究与关键技术研发

基础研究的突破往往是推动产业革命的根本力量，也是决定全球产业链和行

业地位的决定性因素,因此各国都将基础研究和关键技术研发作为政策支持的重点。但各国对于基础研究和关键技术研发的重视程度依然存在差异,这与各国对自身经济发展的定位和科技基础有关。美国作为世界科学技术的领导者,无论在任何科技领域都寻求取得领先地位,因此,与其他国家相比,美国在基础研究和关键技术研发领域投入巨大,并结合其他方式共同推进大数据产业的发展,例如,美国大数据战略的制定和实施以国家科学基金会为核心,采取了多项相关政策措施:加州大学伯克利分校等计算机专业较强的院校直接给予大量现金资助,目的是为了整合机器学习、云计算、众包等技术在基础领域的突破。另外对地球研究、生物研究等领域设置基础研究的科研项目,激励基础研究领域的工作开展。美国政府还对国防、民生、社会科学等领域与大数据相关的关键核心给予大力支持。相对来说,其他国家更加注重大数据产业发展对经济带来的直接效益,虽然没有美国政府对基础研究的投入巨大,但也给予了相当重视,英国在《英国数据能力战略》中体现了对高校、科研机构的资金扶持,并由政府牵头搭建企业与高校之间的合作平台,以促进大数据产业应用的发展。

(二)人才培养

对于任何一个快速发展的行业来说,由于技术快速地更迭,人才成为促进行业快速发展最重要的因素,因此科技人才带来的不仅是最新的科学知识,更是持续高效的学习能力。根据就业机构统计,2020 年中国大数据行业人才缺口达到210 万,预计 2025 年前大数据人才需求将保持 30%~40% 的增长,总需求将达到2000 万。目前,各国都将大数据人才的培养放在了重要位置,美国《大数据研究和发展计划》显示:"扩大从事大数据技术开发和应用的人员数量"是其人才培养的主要目标。通过相关科技部门的推动,在研究性大学设立与大数据相关的交叉学科学位项目,为未来培养数据人才做准备。英国则在《英国数据能力战略》中对人才培养做出专门部署:在中学、高校课程中增加与大数据相关的课程、设置交叉学科之间的交流项目、通过科研项目、奖学金等形式激励学界进行大数据方面的研究，以及由政府引导搭建企业与高校之间沟通交流的平台等。澳大利亚则倾向于通过加强政府部门与高校之间的合作培养数据人才，同时将大数据相关课程纳入现行课程体系中。法国政府在人才培养方面显得更加注重现实性，法国的特点是更加注重直接引进大数据人才。

（三）资金保障

任何产业的发展都离不开资金的保障，各国都将资金保障放在推动大数据发展的重要位置。美国在 2013 年就相继投资了两亿多美元支持大数据产业，英、法等国也对本国大数据产业投入了大量资金。仅在 2013 年，英国就投入了 1.89 亿英镑用于支持本国大数据基础研究和节能算法的研究，包括地球观测和医学等与大数据相关交叉领域的研究。同年，英国政府又新增了 6400 万英镑支持大数据课题研发。法国政府于 2013 年投入 1150 万欧元，探索大数据在应用方面的突破。可见，各国对大数据领域的投资都十分重视，但也表现出一定的不同点，主要是由于各国经济发展的目标以及资源优势导致各国对大数据产业的定位不同，例如，美国对基础研究领域投入巨大，且更倾向于投入基础研究领域，而欧洲国家则更关心大数据产业带来的现实收益。

（四）各国技术能力提升政策比较

各国在技术能力提升方面各有侧重（见表4-4）。一方面，各国都比较注重人才培养和资金保障，这是产业快速发展的前提；另一方面，对于基础研究和关键技术研发方面美国将其放在最重要的位置，而欧洲国家则更加注重产业扶持，主要由于欧洲国家对于经济增长的担忧，更加注重大数据发展所带来的现实效益。从这点上来看，我国除了要推动基础研究的开展之外，还可以学习欧洲国家对大数据应用方面的经验。

表4-4　各国技术能力提升政策比较

国家	基础研究	关键技术研发	人才培养	产业扶持	资金保障
美国	⊙	●	●	⊙	

国家	基础研究	关键技术研发	人才培养	产业扶持	资金保障
英国	⊙	⊙	●	●	●
法国	○	○	●	●	●
澳大利亚	○	○	●	⊙	○

注：●表示明确；⊙表示有但较为模糊；○表示未明确。

三、大数据应用与管理政策的国际比较

(一) 产业扶持

相对于传统行业来说，大数据产业还属于新兴行业，大数据领域的中小企业在起步和发展阶段会面临较多困难，因此，适当的产业扶持政策对于大数据产业发展会产生较好的推动力。在这方面，英国和美国投入较大，英国政府通过资金支持、政策引导和提供平台等途径为大数据产业提供扶持；美国政府从提供低息贷款、促进学校课程建设，提供产学研交流平台等方面为大数据发展提供了扶持。总体来说，美国作为世界科技的引领者，在推动科技进步方面具有丰富的经验，并且其致力于在全球范围内获得领先优势，因此，其资金投入和支持力度也是各国中最大，效果较为显著的，值得我国借鉴和学习。

(二) 政府政策执行

在政策制定之后对政策的执行关乎政策效果的好坏，也体现一个国家对于该政策的重视程度。美国政府高度重视大数据的研发和应用，对大数据技术的研发支持力度很大。2012 年 3 月，美国政府就正式启动了"大数据研究和发展"计划，投资 2 亿多美元，由美国国防部、美国能源部、美国国家科学基金等 6 个联邦政府部门共同组织实施"大数据研究和发展"计划，大力推进大数据的收集和开发利用等数字技术研发。法国其大数据政策制定了步骤式的实现方式，并为每一步的实施制定了专门负责的部门。澳大利亚则以节点式的方式为战略实施提供指导。英国政府规定了 11 项政府将采取的行动承诺。

（三）社会民生层面应用

除了促进经济增长以外，大数据技术还为解决民生问题提供了重要的支撑。运用大数据解决社会民生问题日益成为各国政策关注的重点。随着大数据技术的发展，各国分别从政府、商用、民用几个角度探索了大数据在社会事务中的运用，并取得了良好的效果。

在民生服务层面，美、日等国在医疗、教育等领域大力推行大数据应用场景，使传统场景中遇到的一些棘手问题得以解决；在社会服务层面，国际学术组织积极推动讨论大数据与公共服务的契合点，如何更加有效地提升社会服务效率。为企业、高校以及公益组织搭建交流平台，探索大数据在科研、公益中的应用服务。自 2015 年以来，大数据在政府、商用、民用领域的应用得到了政府的高度重视，国内企业积极在医疗、教育、旅游、扶贫以及公共服务等领域探索大数据的应用场景，取得了良好的成果，陆续推出了"政务一体化平台""智慧社区""智慧旅游""天网系统"等应用模式，为后续更深入的应用奠定了一定的基础。

从各国在社会民生方面的应用可以看到，大数据对于提升社会服务效率具有较大的潜力，我国是人口大国，社会民生问题尤为显著，依靠大数据来提高政府、社会组织的服务效率、改善民生，既是历史发展的趋势，也符合我国以民为本的发展方针。

（四）数据隐私安全保护与相关法规

大数据应用的前提和所带来的结果是数据的共享。因此，与传统行业相比，大数据产业发展过程中数据的获取与分享力度是前所未有的，于是就涉及个人隐私问题。将数据过度暴露在公共领域可能造成个人隐私泄露，会给居民和企业发展带来极大的困扰，甚至造成泄露商业机密、造成个人心理创伤等严重的社会后果；但如果过度保护数据的共享权，又会限制大数据产业的发展。因此，如何把握数据开放共享的力度是大数据产业发展需要面临的困境。在这方面，欧美国家在数据隐私方面起步较早。美国是数据开放和共享的先行者，其他国家也在这方面做了大量尝试。本书将相关情况归纳入表4-5。

表4-5　主要发达国家数据开放共享概览

国家	政策名称	制定时间	核心内容
美国	《开放政府指令》	2009年12月	各政府机构要在线发布政府信息，提升政府信息的质量，营造一种开放政府文化并使其制度化，相关机构为开放政府制定可行的政策框架
	《美国信息共享与安全保障国家战略》	2012年	国家安全依赖于正确的时间将正确的信息分享给正确的人。战略旨在确保信息可以在负责、无缝、安全的环境中共享
	《实现政府信息开放和机器可读取总统行政命令》	2013年5月	要求政府数据的默认状态应该是开放的和计算机可读的，增强数据的可获取性和可用性
	《美国开放数据行动计划》	2014年5月	提出应主动承诺开放，并逐步开放数据资源的原则；发布的数据应做到方便公众使用和查找，并根据反馈完善开放的数据；对未发布的数据应开放数据列表，供公众申请开放等
英国	《开放数据白皮书》	2012年6月	政府各部门应增强公共数据可存取性，促进更智慧的数据利用；各部门均需制定更为详细的两年期数据开放策略
	《开放政府联盟：英国国家行动计划（2013~2015年）》	2012年	承诺将制定政府拥有的所有数据集列表；发布地方政府数据透明性法案，要求地方政府开放关键信息和数据；到2015年使英国成为开放政府联盟中透明度最高的国家
	《英国数据能力发展战略规划》	2013年10月	该战略在定义数据能力以及如何提高数据能力方面进行了系统性的研究分析，并提出了举措建议
	《统计资料与数据开放——开发未利用的知识，赋予公民权利，提升政府服务质量》	2014年3月	主要针对"数据能力战略"执行中出现的问题提出相应的政策建议，如通过立法保障数据开放的合法性和强制性、采用"数据双轨制"发布方法、采用"五星级数据开放评测系统"标识数据的可用性和可访问性等
澳大利亚	《开放政府宣言》	2010年7月	加强公众获取政府信息的权利，创新在线方式使政府信息更易于存取和使用，营造一种信息开放的文化环境。修改完善《信息自由法》并建立澳大利亚信息委员会办公室，制定更为详细的信息开放方案
	《开放公共部门信息原则》	2011年5月	信息的默认状态应是可以开放存取的；增强在线与公众的交流；将信息作为核心战略资产进行管理，实现高效信息治理；确保信息被公众及时查找与方便利用；明确公众对信息的再利用权利等

续表

国家	政策名称	制定时间	核心内容
澳大利亚	《信息安全管理指导方针：整合性信息的管理》	2012 年 7 月	为海量数据整合中所涉及的安全风险提供了最佳管理实践指导，为政府数据开放过程中的安全风险防范提供帮助
	《澳大利亚公共服务信息与通信技术战略 2012~2015》	2012 年 10 月	强调应增强政府机构的数据分析能力从而实现更好的服务传递和更科学的决策，并将制定一份大数据战略作为战略执行计划之一
法国	《政府部门公共信息再利用》	2011 年 5 月	配合法国数据开放门户 data. gouv. fr 的运行，规定了政府部门所掌握信息和数据的开放格式和标准、收费、开放数据集的选择以及数据使用许可
	《公共数据开放和共享路线图》	2013 年 2 月	更广泛便捷开放公共数据，促进创新性再利用，为数据开放共享创造文化氛围并改进现有法规框架等
	《政府数据开放手册》	2013 年 9 月	全面指导公共部门对于开放数据政策的理解

资料来源：笔者通过公开资料整理所得。

从表 4-5 中可以看出，数据共享的问题在大数据时代来临之前就已经存在。各国也在相关领域进行了大量尝试，可以看到：各国均在数据开放领域进行了不断的探索，最终形成了以政府为主导的数据开放模式，而数据开放程度则取决于政府的开放程度。我国对于大数据开放尚处于探索阶段，由于我国在文化、经济体制等方面与西方国家具有较大区别，不能照搬西方法律法规，但一些西方国家的优点依然可以加以借鉴。可以预见，我国对于数据开放的探索必然是漫长和曲折的过程。

第三节　对我国大数据战略实施的启示

借鉴国外政府对大数据做出的措施可以得到我国大数据产业发展的两点启示：一是对大数据领域进行整体布局，提升其成为国家战略大力支持，以较快抢占市场，争取获得大数据的先发优势；二是构建配套的政策，包括政策支持、资金保障、产业扶持、人才培养等，对于我国大数据市场刚刚起步，配套设施不够完善的情况，更应该注重这部分的构建发展。为加快推进我国大数据技术应用与产业发展，本书提出以下六项政策建议：

一、调整大数据技术研发投入重心

我国先前对大数据技术的投入重点在产业链前端，例如，数据收集、保管转移，但是我们不能仅关注于前端的研发，也应兼顾大数据技术的产业链后端，例如，数据的预测分析、产品的研发、决策支持。目前我国大数据产业还缺乏深度挖掘数据价值的工具和手段，在很多方面还比较落后，因此政府不仅要加强在大数据技术领域的资金投入，也应重点研发数据处理、分析、存储、分类等关键技术和产品，提前布局机器语言、操作系统等底层应用，形成自主的大数据技术体系，实现数据交互、万物互联的模式。还应激励高校和科研机构推动多学科交叉的科研项目，从课程、学科、学术项目等方面重视大数据人才的培养，并联合企业和社会服务机构打造大数据应用场景。

二、完善数据流通体系

借鉴发达国家对于保障大数据健康发展所制定的法律法规，我国应采用"负面清单"的形式明确不予公开的政府信息范围，处理好政府信息公开法律与其他相关法律的关系。完善大数据交易相应的规则和制度，规范大数据交易市场行为，推动行业自律，从交易平台、交易主体、交易对象等多个方面打造完善、健康、有序的交易产业链条。可以通过分类交易的原则，对数据进行分类处理，实施分类交易，应采取以下两项措施：一是根据交易模式、交易主体等特征进行分类，以发挥数据的优势；二是针对数据的价值实施不同的定价方式，稀缺性、价值高的数据可以实施卖方定价，社会公共价值高的数据实施成本定价。

三、推动大数据在公共服务领域运用

在建设服务型政府的现实国情下，提升政府的公共服务质量和效率是改善民生、优化营商环境的有效路径，而如果能将大数据运用到公共服务领域，不仅会提高建设服务型政府的进度，还会大大促进大数据产业的应用发展。结合我国经济特点和大数据技术的特征，建设具有有限权力的数据共享平台，具体可以政府数据资源网站为基础，以手机终端为突破，以底层操作系统为抓手，在有限共享的前提下实现数据制式统一，达到数据互联的效果，提升社会服务效率，不断改善民生，是公共服务大数据发展的最终目的。

四、以大数据产业助推实体经济发展

（一）以产业结构升级为核心，发展大数据

大数据产业的发展建立在数字产业化和产业数字化的基础上。主要体现在以下两个方面：一是推进数字产业化。大力完善与大数据相关的产品和服务，比如计算机视听觉、智能服务系统、人脸特征识别等。强化自主可控集成电路、操作系统、服务器等的相互适配和协同发展，带动自主软硬件的整体性突破。打造国际先进的网络、计算、感知、存储、安全等自主产业生态。二是推进产业数字化。产业数字化升级是一种以新一代数字科技为支撑，对产业链进行数字化升级、对已有的经济模式进行改造的过程。数字经济可以调整传统的产业结构，达到优化资源配置的作用，最终使产业转型升级成功。数字技术发展迅速，会改善信息不对称的现象，达到高效共享资源的作用，使不同产业之间存在着更少的边界，最后形成和谐的网络化生态经济体系。

（二）以大数据为依托，加快大数据与实体经济融合

推动以大数据、物联网云计算等新一代信息技术与实体经济融合发展，是我国发展实体经济、增强竞争力的主要举措。信息技术、网络技术的不断更新与发

展，使产业间相互融合，打破了产业边界，形成新的产业经济和产业模式。这将会降低实体经济的服务成本，加快大数据与实体经济融合，从而使新兴服务业带动传统产业发展。现在和未来一段时间，数字经济会推动工业和服务业更好地发展，包括信息服务业、高技术服务业等生产性服务业，提高服务业的盈利水平和能力；加快造就数字化、网络化的新型现代服务产业，降低实体经济成本，增加实体经济服务形式，使大数据与广告业、旅游业等现代服务业融合发展；在人力资本服务、共享经济等领域有更好的突破和创新，最终使经济得到高质量发展。

五、完善大数据人才培养体系

未来大数据产业的发展需要很多善于处理数据的人才，运用好大数据的基础是统计学和计算机科学的学习与应用，主要是看数据处理的结果，这是对大数据人才能力的要求。现在是大数据时代，对于数据分析这个技能来说，它在各个领域都尤其重要，因此要培养跨领域、跨行业的数据分析人员。大数据也离不开经济学和管理学，因此，在培养大数据科技人才时，还要培养他们的经济学、管理学等专业素养，使他们成为经济学分析和管理的大数据人才。

六、加快制定相关法律法规

大数据应用的前提和所带来的结果是数据的开放共享。因此，与传统行业相比，大数据产业发展过程中数据的获取与分享力度是前所未有的，于是就涉及个人隐私问题。将数据过度暴露在公共领域可能造成个人隐私泄露，会给居民和企业发展带来极大的困扰，甚至造成泄露商业机密、造成个人心理创伤等严重的社会后果；但如果过度保护数据的共享权，又会限制大数据产业的发展。因此，如何把握数据共享的力度是大数据产业发展需要面临的困境。我国现行法律中已有行政法规和规章涉及个人信息保护的问题，但是大部分都没有系统化和体系化，需要完善相关法律法规的制定。

本章小结

本章介绍了国外尤其是发达国家实施大数据战略的情况及对我国实施大数据战略的启示和借鉴意义。第一，梳理并总结了美国、英国、法国、澳大利亚、日本等国家发展大数据战略情况。第二，在此基础上从政策措施、产业扶持、社会民生、数据隐私安全、人才培养、资金保障等方面进行比较分析。第三，指出国外尤其是发达国家推进大数据国家战略对我国的启示和借鉴，具体包括调整大数据技术研发投入重心、促进数据资源交易、在公共服务领域运用大数据、以大数据产业助推实体经济发展、完善大数据人才培养体系、加快制定相关法律法规等方面。这些启示对构建我国大数据战略体系具有重要的启发和借鉴。

第五章　国家大数据（贵州）
综合试验区的实践总结

2016 年 2 月，在国家发展和改革委员会、工业和信息化部和中央互联网信息办公室支持及明确批复下，我国在贵州建设了首个国家大数据综合试验区。综合试验区立足大数据这个核心产业，开展数据收集整理、共享挖掘、流通聚集、全球发展等方向的综合性试验，以 3~5 年为期进行实践和探索，积极为国家大数据战略积累经验，提供鲜活素材。经过 5 年左右的发展，国家大数据（贵州）综合试验区建设取得了较为显著的成效。及时总结综合试验区建设实践经验，对促进我国大数据发展和构建我国大数据战略体系具有重要作用。

第一节　大数据在政府治理、改善民生和促进经济方面的创新应用

大数据能在贵州这块神奇的土地上生根发芽并且茁壮成长，离不开政府和各级领导的高瞻远瞩和全力支持。全国大数据的第一个试验区于贵州扎根，为大数据的全方位发展提供了信心、开辟了道路，提供了经验，为贵州打造了一张新时代下的亮丽名片，更为贵州脱贫攻坚事业、后发赶超、实现同步小康开辟了新道路。基于大数据产业，贵州省将实现第一、二、三产业的协同发展，助力贵州实现弯道超车。

一、政府治理体系和治理能力提升的有力工具——政务大数据

贵州省政府敏锐意识到互联网时代管理方式正发生深刻的变化，基于人手一部的智能手机，贵州省政府和大数据公司联合开发了一系列提升政府管理能力的应用程序。通过政府治理数据的共享开发，发挥全社会的智慧使社会治理更加合理高效，提升人民群众的幸福感。

（一）创新大数据应用模式，从管理—决策—民生三个方面提升政府治理能力

贵州在实现大数据社会治理、大数据民生服务及大数据服务国计民生方面，涌现了数据铁笼、大数据精准扶贫支撑平台、网上办事大厅、医疗健康云、精准扶贫云、通村村农村出行服务平台等一批在全国取得良好效果的应用平台，促进了社会治理能力和民生服务水平的提升。一方面，贵州省级政府数据的开放共享及服务平台数字化程度在数据上高居全国前三，并且获得了国务院、中共中央网络安全和信息化委员会办公室（以下简称《中央网信办》）及国家发展和改革委的表扬。另一方面，"云上贵州"政务系统将省—市—县三级政府部门的数据实现了全覆盖和融合处理，这在国内尚属首次。"云上贵州"一体化建设模式被国家发展和改革委、国家信息中心在全国推广，成为国家电子政务云数据中心南方节点。

（二）推进大数据与精准扶贫的深度融合，助力脱贫攻坚战

贵州通过建设"扶贫云"实施了精准扶贫大数据应用示范工程，基于云上贵州平台实现了200多个扶贫相关部门的数据共享交换，为贵州的脱贫攻坚事业提供了数据支撑。2017年12月8日中央政治局集体在学习时，将贵州"精准扶贫云"作为典型案例进行了详细介绍，这既是对贵州脱贫攻坚事业的肯定，也是对大数据产业发展的真实写照。2020年9月7日，贵州省扶贫基金会与乡创云股

份有限公司举行战略合作签约暨贵州扶贫大数据平台建设项目、贵州扶贫直播电商基地揭牌仪式，这标志着贵州数字化、信息化扶贫工作正式迈向新的台阶。据了解，贵州扶贫直播电商基地是贵州首家公益直播基地，以扶贫为核心、以直播为手段，以助农为目的，以线上销售和网络平台为途径，创造"直播+助农+电商"全新产线，通过精细化与专业化运营，进一步提升贵州农村产业革命成果，构建产销对接机制，引导社会各界了解、购买贵州特色优质农产品，促进农产品的销售，帮助贫困户实现以农脱贫，进一步助力脱贫攻坚。

（三）利用大数据预测模型提升自然灾害预警能力

大数据预测模型能避免传统灾害预测模型中存在的分散监测与多头管理、技术垄断与延迟报送、人力物力资源投入不足以及受灾居民缺乏有关灾害防御知识等不良因素的影响，从而提升自然灾害监测预报预警能力。在地质灾害隐患防控方面，贵州省各级政府依托北斗自动化建设站强化汛期地质灾害监测预警，有力支撑保障地质灾害地区群众生命财产安全。云上北斗公司加快贵州省地质灾害防治指挥平台项目建设，推动实现从数据汇聚、数据管理、动态监测、预警预报、指挥调度、综合防治等全过程信息化、智能化和标准化管理。创新应用及智慧化服务方面，欧比特公司开展农业产业结构调整玉米调减监测、自然资源变化环境影响监测、林业资源监测、水环境生态监测、农产品种植监测等典型应用，逐步形成卫星数据应用"一张图"（一体）、地理信息及测绘管网、人工智能及智慧城市"一体两翼"的发展格局。下一步，贵州充分发挥大数据发展优势，通过推动数据共享、强化应用服务、探索融合发展。

（四）搭建"云上贵州"平台，推进政务数据资源开放共享

贵州省各级政府在大数据体制机制、数据整合共享、数据融合应用等方面探索积累了一批可复制、可推广的典型经验，在全国率先设立了架构合理、职权明确的大数据发展管理部门，颁布了完善的法律法规，为大数据安全发展提供坚实的保障。率先建立了国内首家能够实现省级政府数据集中管理、公开、共享的大

数据平台——"云上贵州"，成立了国内第一个大数据交易所等，得到了中央和业界的充分认可，获批建设了一批国家级试点、试验、示范，成为全国大数据创新型试点最多的省份之一。云上贵州不仅实现了三级政府部门政务数据的全覆盖，还实现了多源异构数据的融合处理分析，这将大幅提高省级政府的统筹管理能力。贵州省级政府数据的开放共享及服务平台数字化程度不仅在数据上高居全国前三，并且获得了国务院、中央网信办及国家发展和改革委的肯定。

党的二十大报告提出加快建设网络强国、数字中国。近日，国务院办公厅印发《全国一体化政务大数据体系建设指南》（以下简称《指南》），这是深入贯彻落实习近平总书记关于网络强国的重要思想，加快数字中国建设的重要举措。《指南》构建了全国一体化政务大数据体系总体架构，为着力解决政务数据体系建设中的问题提供了系统方案，为如何充分发挥政务数据在提升政府履职能力、支撑数字政府建设以及推进国家治理体系和治理能力现代化的重要作用指明了方向。

《指南》在实施层面要求各地区各部门政务数据平台协同发展，通过推动配套法规政策建设、加强政务数据管理工作和加大建设运行支持力度，提升全国一体化政务大数据体系业务侧的应用成效，提高企业群众办事的满意度。在运营层面，注重专业数据人才队伍建设，提升关键少数领导干部群体的数字素养，培养数字思维，夯实数字技能，补齐数据运营过程中"木桶效应"的短板，结合数据应用场景，明确政务数据运营规则和主体责任，建立专业化、规范化的数据运营管理队伍。在落实层面，要求各地区各部门以全国一体化政务大数据管理和应用评价评估体系为标准，加强政务数据管理与应用，将数据的使用、流通、效能情况与政府绩效关联，激发各地区各部门主观能动性，加强监督管理责任，保证数据完整性、安全性。在创新层面，鼓励各地区各部门开展制度创新、模式创新、应用创新，实现业务流程再造和优化升级，通过试点先行的方式，深度探索政务数据在重点领域的应用，结合新技术深度挖掘数据价值，避免数据违规使用、伦理和隐私泄露等问题。

二、让数据多跑路，让群众少跑腿——贵州民生大数据成效显著

人民群众的满意与否是检验政府治理能力的黄金指标，政府部门根据群众反应较为强烈的问题联合大数据互联网公司，开发了一批保障和改善民生的应用软件，使大数据在政务服务、交通、医疗、精准扶贫等领域取得显著成效，人民群众获得感明显提升，让贵州大数据产业切实造福贵州人民。

（一）打造新型智慧城市，提升群众幸福感

聚焦城市发展的"难点"、群众生活的"堵点"，贵州省在智慧城市建设上不断探索，以大数据、人工智能等新型技术为内核，开发全新的便民利民手段，让人民群众享受到技术发展带来的便利，将大数据发展带来的成果融入到生活的方方面面，助力城市建设发展更加智能精细，推动群众生活品质不断提升。2020年8月，贵阳市南明区人民政府与深圳市腾讯计算机系统有限公司和贵州优特云科技有限公司在贵阳签署了战略合作框架协议。本次签约旨在把南明区打造成为新型智慧城市典范，构建腾讯云生态示范基地。根据协议，今后几年内签约三方将重点在多个领域开展合作，在南明区建设自主知识产权、行业领先、运行稳定的超算中心；提升南明数字产业聚集区整体智能化，打造南明数字产业智慧园区；探究构筑南明区全要素数字化的社会治理，提高社会精细化治理的水平；建设南明智慧商圈，立足打造中高端消费引领区；建设文化旅游数字化平台；打造南明智慧民生服务创新示范应用，助力"三感"社区建设；并在智慧城市管理人才培养展开合作。签约各方表示，将在战略合作框架内，发挥各自优势，围绕数字化基础设施建设、新型智慧城市建设、工业互联网、云计算、人工智能、区块链等领域，在技术开发、项目合作、平台建设、融合应用、生态打造、方案输出等方面，通过资源整合，展开全方位合作。

（二）大数据+医疗模式让群众看病更简单

贵州医疗健康大数据的开放共享，进一步推进了卫生行业大数据的充分开发利用，促进卫生行业改革、现代化和智能化，为卫生健康行业在新时代开辟了道路。利用互联网服务平台，让人民群众在家就能实现在线预约挂号，自身健康管理，医生远程问诊和在线自助缴费等服务，切实解决看病难的顽疾。随着人民群众生活水平的日益提高，人民群众对高水平医疗的需求愈发强烈。在加快推进"中国数谷"建设的征程中，我们应瞄准人民群众的现实需求，有效化解社会服务难点痛点问题，以"大数据+"拉近社会服务与公众之间的距离，在服务人民的同时拉近老百姓的距离感，让数字化的便捷惠及每一个角落。

（三）"大数据+智慧监管"守护群众舌尖上的安全

舌尖上的安全一直是人民群众关注的重点问题，也是保障民生福祉的基本要求。贵州省托智慧大平台，积极探索"大数据+食品安全"监管新机制。2014 年以来，贵州依托"食品安全云"平台，以食品安全为着力点开展了广泛的食品安全研究。首先，通过企业云平台，收集了大量的企业生产信息，为企业的正常安全生产提供了良好的指导作用。其次，以物联网、区块链等信息技术为支撑，建立了产品鉴定和溯源云平台，为食品安全提供了坚实的保障。最后，将食品安全平台下沉至农产品产地，实现非标准形态商品的全天候监控。

（四）大数据+家庭服务业，构建安全省心服务平台

贵州省发挥大数据优势，用大数据研究服务创新，并开展精准的服务人群特征分析，通过不同消费群体的信息采集，提供精准的个性化服务。2020 年 11 月 10 日，由贵阳市高新区企业云上贵州多彩宝打造的"贵州省家庭服务业综合服务管理平台"（以下简称"家庭服务平台"）正式上线并启动服务，手机下载多彩宝 App 点击首页"家庭保洁"栏即可预约服务。据介绍，家庭服务平台现已接入甲醛检测、家电维修清洗、搬家服务、专业洗衣等 13 项精细化服务，入驻 20 余家家庭服务行业企业，利用"互联网+家庭服务业"融合发展的理念，帮助

传统家庭服务业企业顺应时势变化，通过用户线上移动支付—平台监督—企业线下提供服务的"三位一体"营销系统，实现用户线上随时订购，线下商家及时服务，服务平台全程监控，让用户下单更放心，商家服务更用心。目前，家庭服务平台还与贵州省家庭服务业协会签订了战略合作协议，共同推进贵州省家庭服务业标准化、系统化、规范化、信息化建设。据统计，云上贵州多彩宝是贵州政务服务网移动端唯一门户，多彩宝 App 下载量超过 4800 万，实名注册用户达 1300 多万。

当前中国智慧城市建设正呈现快速发展的态势，各类智慧城市应用已取得显著成效。例如，在线挂号、扫码就诊、自助缴费缓解了百姓就医难的问题，电子交警、潮汐分流、智能停车等大大缓解了城市交通拥堵，实时公交、刷码乘车也极大方便了百姓出行，健康码和大数据行程卡在新冠疫情防控中发挥了巨大作用。同时，智慧城市建设中也暴露出一些"智慧失灵"问题。在面对突发应急状况，如暴雨、洪灾、新冠疫情时，部分智慧城市系统表现不尽如人意；健康码系统的崩溃，城市排水系统的瘫痪等。究其原因，智慧城市项目成为各种冰冷智慧系统堆砌的"形象工程"，并没有立足应用，优化系统逻辑。很多城市"重建设、轻考核"，对智慧应用的成效和运营，特别是突发紧急场景下的测试评估不到位。智慧城市建设只关注了技术，却忽略了"技术"与"人"的互动交流、忽略了建设后的运营效果评估与应急态势管理。智慧城市发展到今天，以民为本保障老百姓的福祉、以用为本体现公共属性、注重配合发挥协同价值，这三个维度的问题已经到了亟待解决的时候。智慧城市建设不仅要有"智慧"，更要有"温度"。智慧城市下半场，需要我们从技术"面子"转向民生"里子"，让市民真正感受到在科技支撑下城市生活的安全和温暖。因此，我们要积极探寻和不断丰富以民为本、成效导向、统筹集约、协同创新的新型智慧城市发展模式，提升百姓的科技获得感。以人为本是新型智慧城市建设的立足点和着力点，只有更多地关注民生，才能推进新型智慧城市高质量发展，避免突发事件或应急状态下的智慧失灵。以惠民为中心建设善治之城，充分考虑百姓需求，以居民切身需要为导向来设计和构建智慧应用系统。尊重社会发展水平和地域历史文化，兼顾线上与线下结合等服务方式。同时提升包容性，关照老弱病残群体，不仅要实现城市公共服务的物理无障碍，更要实现信息无障碍，打造有温度的智慧城市。以问题为导向解决百姓之关切，问题导向本质上是问题价值导向，要根据不同城市的不同实际情况，深入调研，找到急需解决的与百姓相关的问题。问题的价值决定工作的价值，选择做什么非常关键，大而全更多展现的是形象工程，却不是百姓真正需要的；少而精更能确保智慧城市发展稳步前行。创新拓展应用场景，以应用场景创新设计为抓手，以成功案例为基础，建设城市应用场景库，并根据实践不断更新完善。瞄准城市发展实际需求和紧要问题，开放社会经济高价值的场景，着力打造平等竞争的市场环境，鼓励民间资本参与智能社区、智慧停车等盈利能力强的应用场景设计和建设。防患未然补齐应急短板，全面系统梳理公共卫生等应急事件相关的风险因子，加强智慧城市应用建设后的安全和效能评估与应急管理预案，建立多点多渠道的监测系统。提升数据分析处理的能力，打造智能化的预警预测系统，通过 AI 仿真模拟提前预判突发事件的演变态势，提供基于数据的辅助决策，提升城市的协同联防联控能力，提高公众应急防护意识和能力。推进城乡公共服务均等化，以新一代信息技术为手段，以高质量生活服务为纽带，重点围绕公共教育、劳动就业、医疗卫生、养老服务、公共安全、食药安全、应急保障、残疾人和特殊群体关爱等基本民生领域，为城乡接合部及乡村百姓提供优质数字化服务。同时加强数字普惠，推进城乡百姓在网络接入、数字技能、数字权利等方面普惠均等。加强数据共享和垂直协同，遵循公正、公平、便民的原则，科学合理开放与百姓生产生活息息相关的数据，加强对数据资源的治理，界定数据所有权、采集权、使用权、增值权和分配权，加强数据安全合规监管，完善数据分级分类利用规则。尤其注重面向基层，提供适用、安全的数据资源服务。探索新型智慧城市治理新模式，坚持政府引导、企业主体、市场化运作、全社会参与的多元共治模式，为多元主体参与新型智慧城市治理提供实践平台。与此同时，充分发挥民主党派与专业社会团体的作用，为高效推动新型智慧城市建设贡献各方智慧。

三、大数据滋润实体经济，开出更美的经济之花

实体经济是国家经济长期稳定健康发展的基石。贵州省政府实施的"万企融合"大行动，发放"云使用券"助推"企业上云"。2016~2019 年共打造 347 个融合典型示范项目，涌现了贵州工业云、航天电器、贵阳海信等国家级融合试点示范项目，振华电子、满帮、盘江精煤等入选工信部"企业上云"典型案例，成为全国入选最多省份之一。贵州实体经济大数据化水平正由开始阶段向中期阶段高速迈进。另外，贵州省 88 个区县所有规模以上企业开展融合发展水平评估，"对症下药"，根据各个地区、行业的不同，具体分析，"一企一策""一地一策""一业一策"，分别把脉问诊，精准施策，得到工信部高度认可，正在作为国家评估标准培育。当前，大数据与数字经济正在成为重组全球要素资源、重塑全球经济结构、改变全球竞争格局的关键力量，是加快经济社会发展质量变革、效率变革、动力变革的重要引擎。工业和信息化部信息技术发展司副司长杨蔚玲表示，"十四五"时期是中国工业经济向数字经济迈进的关键期，充分发挥数据要素潜能作用至关重要。长期以来贵州省积极实施国家大数据战略，全面推进大数据与实体经济深度融合。根据中国信通院最新发布的数字经济发展白皮书显示，2021 年贵州数字经济增速 20.6%、增速连续七年位居全国第一。贵州省大数据发展管理局局长景亚萍介绍，贵州大力开展"百企引领"，培育大数据电子信息产业成为千亿级产业，尤其软件和信息技术服务业产业规模从"十三五"时期的全国第 26 位跃升至第 16 位，产业增速自 2021 年 8 月以来连续 12 个月位居全国第一。通过深入实施"万企融合"，2018 年以来累计打造融合标杆项目 409 个、示范项目 4326 个，带动 9217 户企业开展融合，核心应用"上云"企业超过 25000 家，贵州省大数据与实体经济深度融合指数达到 42.5，比 2017 年提升了 8.7 个百分点，三次产业融合进程整体迈入中级阶段。

（一）大数据助推农业发展

随着人民群众生活水平的提高，对食品的要求越来越高，从以前的吃得饱到现在的吃得好，反映了人民群众对食品安全的高度关心。而贵州虽然是特色农产品大省，但在食品安全上却一直略有短板，借助大数据产业将为贵州的农产品安全建设工作提供有力支撑，促进贵州农业经济更好发展。首先，借助大数据和人工智能技术将实现种植和加工过程的全产业链精细化管理，为产品安全提供了最基本的前提保障。其次，基于农业云平台将实现农产品销售渠道的安全可追溯，这从根本上打消了消费者的疑虑。最后，基于大数据平台搭建网格化销售网络，确保运输和销售环节的合理合规，保证农产品不因运输、存储和销售环节的不当操作造成品质下降。

1. 推进农业生产的精细化管理

抢抓脱贫攻坚机遇，在新时代以大数据、人工智能、现代传感器、物联网技术为手段，建立能够实现实时监控、智能决策、自动处理的现代化农业体系，搭建农业云平台，助力农民加快脱贫步伐，完善农产品数据库建设，推进现代农业发展进程，推动精细化、高质量、高产量农业的发展脚步，进一步推进农业改革，实现农业向新时代、智能化、大数据化的跨进。农业生产的精细化管理不仅能提高农民收入，更能减少浪费，促进绿色发展。

2. 确保农产品质量安全的可追溯

特色农产品是贵州的一大优势产业，将大数据产业和农业融合发展不仅能促进大数据发展，更能为从事农业产业的农民提供增收的机会。促进农业和大数据融合，实现农产品生产全流程数据化，可控可视化，建立可查询产品信息，有质量保障，流程透明，责任可追究的农产生产销售体系。以农产品全产业链质量可追溯为核心着力点，立足具有贵州特色的农副产品，如绿色蔬菜、茶叶、家禽等，将全部数据上传至云平台进行线上收集整理分析，促进农业产业规范化发展，并逐步将此模式推广至全国。

3. 数据推进农产品市场销售网络化

过去的交通不便极大地阻碍了贵州农产品的销售及推广，好东西都被困在大山里面的难题在大数据时代迎来了转机。2020 年 9 月 7 日，贵州省扶贫基金会与乡创云股份有限公司举行战略合作签约暨贵州扶贫大数据平台建设项目、贵州扶贫直播电商基地揭牌仪式，这标志着贵州数字化、信息化扶贫工作正式迈向新的台阶。贵州扶贫直播电商基地是贵州首家公益直播基地，以扶贫为核心、以直播为手段，以助农为目的，以线上销售和网络平台为途径，创造"直播+助农+电商"全新产线，通过精细化与专业化运营，进一步提升贵州农村产业革命成果，构建产销对接机制，引导社会各界了解、购买贵州特色优质农产品，解决农产品销售问题，让贫困群众增收，精准脱贫不返贫，进一步助力脱贫攻坚。

（二）大数据服务工业发展

1. 推进智能化生产

贵州省重点开展"万企融合"行动，以点带面在全省开展大数据和实体经济的融合创新式发展。进一步加快生产制造的智能化、数据化、高精度化，实现重点生产线和生产部门全数控化、智能化、实时反馈，推进大数据、人工智能及物联网在生产制造方面的应用，推进实体经济的升级改造，实现实体经济向又快又好的方向进步。实体经济的智能化改造将对经济的良性发展产生深远影响，将大幅提升企业的管理水平，为省内企业的发展提供有利帮助。

2. 推进网络化协同制造

大数据环境下推进制造业的网络化协同发展是促进经济发展的新模式，贵州基于大数据优势着重发展以互联网为基础的智能制造模式，推动研发生产设计服务运营等多方面相互关联。贵州移动与贵州电网有限责任公司联手搭建黔东南州西江区域 5G 边缘计算平台；与贵州磷化集团联合打造"互联网+协同制造 5G 虚拟企业专网融合项目"，选取贵阳开磷化肥有限集团、贵州天福化工有限责任集团、贵州开磷集团矿肥有限责任集团等 3 个厂区开展试点运作。

3. 推进产品个性化定制

贵州针对与国计民生密切相关且具有优势的酒类、食品、服装等民生产业开展了信息化改造服务，基于贵州大数据互联网技术和云平台实现了产品的全生命周期管理和个性化柔性定制服务，为消费者提供更多个性化服务，促进企业的差异化发展。贵州兴达兴建材公司以大数据、物联网、人工智能等技术应用为手段建成了砼智造工业互联网平台，集成了商砼定制、生产控制、智能物流、施工服务等功能于一体的工业 App 系统，构建了智能化生态体系，实现了原材料、生产、运输、施工全过程实时数据采集、监测、分析和综合集成应用，为商砼智能制造、大规模个性化定制及供应链协同制定了一站式解决方案，对传统产业的数据开发利用模式进行了创新。

4. 推进传统行业服务化转型升级

作为国家级大数据综合试验区，贵州已经形成基本完备的数据产业链，在催生数据融合新业态方面具有一定优势。贵州发挥省内第二产业较为发达的优势，充分发挥大数据产业在工业智能升级中的领头羊作用，大力发展符合贵州实际状况、具备贵州特色的优势数字产业，推动省内制造业加快转型升级的步伐，助力贵州经济又好又快地发展。例如，在疫情防控期间，一方面，中航电梯责任有限公司（以下简称公司）针对疫情防控要求，创新性地开发了无接触扫码乘坐电梯功能，受到了消费者的一致好评。凭借制造业和大数据技术的融合发展，公司已经成为国产电梯领域的一匹黑马。公司依托工业互联网技术，实现了全产业链无人化操作，为省内企业的智能化改造做出了有益探索。另一方面，公司还基于深度学习技术实现了生产设备的智能故障诊断和寿命预测，为公司的每一台产品都建立了全生命周期档案。通过上述努力，中航电梯公司产值逐年上升。

5. 二三产业融合发展助力贵州经济继续腾飞

贵州大力提高互联网工业化网络设施建设的传输速度、可靠性、覆盖率，进一步推动工业网络提速降费。强化工业云平台建设，为企业的智能化改造提供坚实的平台基础。另外，发挥省内头部企业的带头示范作用，搭建上下游产业紧密结合的工业互联网平台。以工业云平台为基础，促进企业原材料、交通运输、人力资源等成本的有效降低，发挥产业集群效应，让省内相关产业公司做大做强。2018 年，带领工业企业实现深度大数据化的数量达 900 户；在重点行业有 50%的份额实现工具的研发设计数字化，有 35%的关键工序实现数控化；煤矿的智能数据化改造达 50%。截至 2020 年，实现工业企业深度大数据化的数量达 3000户；在重点行业有 74%的份额实现研发工具数字化，在关键工序有 58%的份额实现数控化；所有煤矿完成智能化改造升级；通过政府的合理引导和企业的积极配合，贵州省已经初步形成了功能完善的工业互联网平台，为制造业提供了完善合理的研发、制造、销售渠道，促进了省内的产学研融合发展。到 2020 年，贵州省实现 6000 家以上的企业实现深度大数据改造。

（三）大数据促进服务业发展

贵州省拥有丰富的旅游资源，但是早期也面临小、散、弱的困境，借助旅游云平台将极大地整合省内的旅游资源，使省内旅游产业融合发展，这将为做大做强贵州旅游产业提供强劲动力。贵州山地较多交通不便，这就导致物流成本居高不下，不仅导致企业运营成本较高也会提高民众的生活成本，借助大数据技术将实现运输能力的整合调用，实现资源的最大化利用，这将有力降低物流成本，促进企业更好更快发展。最后，服务业的快速发展将反哺一二产业，促进贵州农业和工业的良性发展，让贵州省经济再上一个台阶。

1. 打造大数据+旅游服务全链条的深度应用

以建设国家大数据综合试验区为契机，贵州省全面探索了旅游云平台的建设工作，尝试构建以大数据实现对旅游需求信息，旅游供给信息，旅游地信息一站式综合调控及推荐的旅游服务平台，推动旅游业态、旅游服务和旅游产品的创新升级，贵州省旅游产业智慧新格局正在形成。贵州省以旅游产业为抓手，促进运输、咨询、电商等第三产业服务业快速发展，并根据旅游产业集群涉及的人员管控、应急服务、远程视频监控、商品线上线下交易、大容量实时通信等应用实现产业的融合发展。另外，基于采集到的大量数据实现消费者行为习惯的精准分析，为提升服务水平提供有力参考。贵州省依托旅游云平台探索旅游业全产业链的深度融合发展，实现一个平台全省通用，不仅降低了旅游企业的管理成本，更是为消费者在省内的旅游提供了极大便利。通过大数据和旅游业的融合发展，将助力贵州这个旅游资源异常丰富的省份实现更好的发展，也将反哺贵州的脱贫攻坚事业。

2. 依托大数据，发展智慧物流业

针对物流行业成本高且效率低的弊端，贵州省建立了"物流云"平台，为省内物流企业降低成本，提升运营效率提供了巨大帮助。另外，通过推动智能化、数据化、可视化的物资调度和运输，提高物资的流通速度，降低空仓率，提高货物周转率，进一步实现对货物，仓储最大化利用，建立高效智能的物流体系。贵州省与京东等国内电商物流巨头开展深度合作，在贵阳市建立仓储物流中心，不仅有效降低了相关企业的物流成本，更是带动了人民群众的就业。

第二节　大数据中心建设

数字经济时代，大数据带来的诸多便利得益于被誉为"万能粮仓"的数据中心。数据中心算力越强，大数据价值越能得到发挥。国家发展和改革委等四部门近日发布的《关于加快构建全国一体化大数据中心协同创新体系的指导意见》（以下简称《意见》）提出，加强全国一体化大数据中心顶层设计。专家表示，大数据中心是促进"新基建"高质量发展的重要部分，《意见》对深化政企协同、行业协同、区域协同以及全面支撑各行业数字化升级和产业数字化转型具有重要意义。如今很多人开始这样一天的生活：在开车上班时，查看手机地图避开拥堵路线；在坐公交车前，先查询公交车路线、站点距离、实时路况等信息；在约朋友吃饭前，先团购火锅；在付款时，使用手机支付……"高大上"的大数据正时刻改变人们习惯，让生活更便捷。大数据在各行业的"长袖善舞"，背后是数据中心强大的存储、处理能力。中国信息通信研究院发布的《数据中心白皮书（2020 年）》显示，截至 2019 年底，中国在用数据中心机架总规模达到 315 万架，近 5 年年均增速超过 30%。以腾讯公司位于广东清远的云计算数据中心为例，8 栋机房能容纳超过 100 万台服务器，可存储、处理该公司所有的业务数据。在国家大力发展"新基建"的浪潮下，数据中心建设成为重点。《中共中央关于制定国民经济和社会发展第十四个五年规划和二〇三五年远景目标的建议》提出，系统布局新型基础设施，加快 5G、工业互联网、大数据中心等建设。国家发展改革委等四部门发布的《关于加快构建全国一体化大数据中心协同创新体系的指导意见》提出，通过五大体系加强全国一体化大数据中心顶层设计，具体包括形成数据中心集约化、规模化、绿色化发展的"数网"；加强跨部门、跨区域、跨层级的数据流通与治理，打造数字供应链的"数链"；深化大数据在社会治理与公共服务、金融、能源、交通、商贸、工业制造、教育、医疗等领域协同创新，繁荣各行业数据智能应用的"数脑"等。

因地制宜进行数据中心规划布局十分必要。中国信息通信研究院产业与规划研究所大数据与数字经济研究部主任工程师王青认为，对于存在较大需求缺口的北上广深等城市，可支持建设支撑 5G、人工智能、工业互联网等新技术发展的数据中心；对于中西部能源富集地区，可利用自身能源充足、气候适宜的优势条件建设承接东部地区的大型、超大型数据中心，这样有利于促进区域供应匹配、降低运维成本。基于适合建造数据中心的天时地利优势，贵州省广泛招商引资开展数据资源中心落地工程，大力引进国内外相关企业在贵州生根发芽。在未来三年，加快信息基础设施建设，突破建设瓶颈，将贵州省建设成为全国大数据重点中心，世界银行前行长金镛到贵州考察时，称赞贵州省是"世界的大数据中心"。数据中心的建设将为提升贵州省综合实力提供有力支持，首先，数据中心是高端产业的典型代表，将提升贵州经济中高端产业的发展；其次，数据中心的维护需要大量高水平人才，这将促进贵州教育事业的蓬勃发展；最后，数据中心对电量和周围配套产业的需求将助力贵州省上下游产业的协同发展。

一、打造贵安新区的新名片——中国南方数据中心示范基地

贵州落地了移动、联通、电信、腾讯、手机龙头生产商、大型劳动密集型产业等一批具有重大影响力企业的数据中心、灾备中心。当下有 22 个达到规模级以上在建数据中心，超过 12 万台服务器在贵州省投入运营。提出数据中心绿色化发展的新理念，将全省数据中心的 PUE 平均值大幅降低至 1.56，这一指标大幅低于全国数据中心 PUE 平均值 4.3 个百分点，其中富士康集团在贵安新区设立的数据中心更是成为全国唯一获得全球最高等级认证的绿色数据中心建筑。第一批国家绿色数据中心名单中有 6 家来自贵州省，数量高居全国第二。

二、推进 5G 基站建设

贵州省通信管理局与贵州省大数据管理局从争取政策、进展督促、专班落地等多方面推进 5G 工作，按下 5G 基站建设"快进键"。在政策方面，推动全面免费开放各类社会公共资源、5G 建设财政资金补贴、降低贵州省 5G 基站用电成本政策措施、商业楼宇及住宅小区支持 5G 网络建设、建筑物信息基础设施建设规范等扶持支持政策落地落实。同时，建立 5G 疑难问题解决及通报机制、开展 5G 大战 90 天督导检查、实施 5G 推进情况周动态跟踪督促等。

三、创建国家关键信息节点

贵阳·贵安国际互联网数据专用通道的获批建成，大幅提高了贵阳市在全国信息存储交换，国际通信网络的地位和国际通信网络性能，使全省互联网带宽实现了飞跃式的提升。相关头部企业的入驻将为国家级信息节点的建设提供有力支持，贵阳市和贵安新区筑巢引凤，吸引了大量互联网公司来贵安新区落地设厂，

为贵州省的大数据产业发展奠定了良好的基础。

四、大数据基础设施迈入全国第二方阵

在 2016~2019 年中，贵州省在信息基础建设方面的投资高达 642 亿元，通过政府公共投资的大规模增加，不仅带动了就业，更提高了农村宽带网络的速度，助力农村电商经济的快速发展。目前，30 户以上自然村 4G 网络覆盖率达到 94%，通信光缆由 2016 年的 64 万千米增长至 2019 年 113 万千米，固定家庭宽带下载速率处于西部领先水平。促进了 5G 等前沿技术的应用，国家发展和改革委员会指定贵阳为第一批 5G 试点城市。贵州省基础信息建设实现了质的飞跃，从国内落后水平跃至国内中游水平（见表 5-1）。

表 5-1　数据中心整合利用试验完成情况

主要任务		推进情况	是否完成
建设南方数据中心	统筹数据中心布局	搭建了中国南方数据中心示范基地，形成了以省会为核心，以地方为补充的数据中心布局	完成
	推进数据中心整合	贵州省投入运营及在建的规模以上数据中心达到 22 个，数据中心容量超过 26 万标准机架，服务器承载能力达到 180 万台	完成
	推进国家绿色数据中心试点	贵州省数据中心 PUE 平均值降至 1.56，比全国平均值低 4.3%；六家数据中心为全国第一批绿色数据中心，居全国第二	完成
	优化数据中心服务	建成贵州苹果数据中心，使全国用户 iCloud 服务得到了保障。初步建成国家电子政务云中心体系南方节点，已具备向国家部委提供云资源服务的能力。保障了国家政府及企业的数据中心服务	完成
推进数据资源集聚	促进全国数据资源集聚	教育部、公安部、国家旅游局、国家质检总局、中国科学院、国家工商总局以及苹果、华为、腾讯等多家全球性企业和国家计算落户贵州	完成
	推动国际数据资源集聚	中国（贵州）"数字丝路"跨境数据枢纽港加快建设，苹果公司等跨国企业数据资源、华为全球数据中心、腾讯全球核心数据中心等落地建设	完成

续表

主要任务		推进情况	是否完成
打造南方宽带网络枢纽	加快关键网络基础设施建设	建成贵阳·贵安国家级互联网骨干直联点、根镜像服务器和国家顶级域名节点，获批建设贵阳·贵安国际互联网数据专用通道，出省带宽达到12000Gbps	完成
	加快推进城乡高速宽带网络覆盖	30户以上自然村4G网络覆盖率达到94%，提前完成国家目标，固定家庭宽带下载速率处于西部领先水平	完成
	加快推进宽带资费下降	2018年，综合资费水平同比下降36.8%；移动流量资费同比下降64.88%；固定宽带资费同比下降36.37%，提前完成下降30%的目标。2019年资费水平进一步降低	完成
推动数据存储和云计算协同发展	引进云计算服务龙头企业	累计引进培育20余家云计算与数据增值服务企业，云计算创新能力大幅提升，形成了数据中心和云计算协同发展的良好生态环境	完成

资料来源：笔者通过公开资料整理所得。

第三节　数据资源开放共享

以信息技术和互联网为代表的新技术的快速发展，不仅深刻改变着经济社会的生活，也深刻影响着政府管理的运行。积极迎接和应对数字化带来的机遇和挑战，有目的有意识地推动数字政府建设，成为时代课题。近日，国务院发布了《关于加强数字政府建设的指导意见》（以下简称《意见》），在阐明数字政府建设的重大意义并确立建设的指导思想、主要目标和基本原则的基础上，对建设数字政府进行了全面部署，彰显了建设数字政府的决心。数据是数字化建设的基本要素，已成为国家基础性战略资源，而政府是最大的信息数据生产、收集、使用和发布者，在数据汇聚融合、共享开放、有序流动和开发利用中作用重大，因而《意见》明确把构建开放共享的数据资源体系作为我国数字政府建设的重要任务来抓。强化数据汇聚整合。将分散的数据汇聚、整合和归集，形成一体化的数据体系，是实现共享、流动、开放和利用的基础，是实现数据价值和作用最大化的基本要求。强化数据的会聚整合，包括数据会合度的"量"和"质"两个基本方面。"量"是指汇聚整合数据和信息的广度和覆盖面，要求将数据和信息"一网打尽"，保证政务数据及与之相关的公共数据和社会数据的足够涵盖性，尽可能将相关的数据会聚整合在一起。"质"是指所会聚整合的数据和信息的有效性，目标指向于高质量和高水准的数据，它不仅要求数据真实、准确、完整和及时，而且要求对数据的分类、分级是科学、精细和精准的。《意见》将政务数据的会聚整合作为重点，要求在"质"和"量"两方面下功夫，具体体现为数据库的建设和管理。要求建立健全数据质量管理机制，完善数据治理标准规范，制定数据分类分级标准，从而为多元、庞杂、类别不同的数据进行条理化和归集奠定基础。从数据类别上分析，《意见》把政务数据分为基础数据库、业务资源数据库和相关专题库三大类别，把构建标准统一、布局合理、管理协同、安全可靠的全国一体化政务大数据体系作为目标。与此同时，《意见》要求加强对政务数据、公共数据和社会数据的统筹管理，全面提升数据共享服务、资源汇聚、安全保障等一体化水平。保证各类数据和个人信息安全。数据的开发利用与数据安全并行不悖，安全可控是建设开放共享的数据资源体系的一项重要要求，必须筑牢数字政府建设安全防线。就涉及的信息和数据类别而言，安全不仅包括国家秘密和工作秘密，而且也包括商业秘密、个人隐私和个人信息，两者皆不可或缺。要实现数据安全，需要在明确行政机关的安全管理责任的基础上，确立更为科学、合法、合理的安全制度，提升安全保障能力。

一、大力推动数据资源聚集共融

依托大数据技术积累，贵州省在全国率先搭建了"统筹标准、统筹存储、统筹共享、统筹安全"的云服务平台。该平台统筹会聚分散的政府数据。搭建了政府数据开放平台，成为 5 个国家公共信息资源开放试点省份之一，在贵州省各级政府部门和企事业单位的共同努力下，贵州省数据采集共享数量和部门单位开放数量均居全国首位。

二、大幅提升数据共享开放水平

建成省级数据共享开放平台，实现了省级平台与国家级数据平台的交换共享，可激活数据集率先开放至省级政府级别，政府数据资源目录完全开放共享至省市县政府，累计共享数据项 22 万余项，开放高质量数据集 2000 余个。《中国地方政府数据开放报告》说明，2017 年、2018 年，贵州省的政府部门数据开放数量居全国首位，并成为国家政务信息系统整合开放试点省份。

三、实现省市县所有政务信息系统互联互通

省市县的政务信息壁垒一直严重限制了政府公务的处理，也间接造成了人民群众的办事难效应，降低了政府在人民群众心中的形象。为了提升政府的工作效率，贵州省在全国创新性地搭建了政府数据管理共享平台——"云上贵州"，一举成为全国唯一实现省市县所有政务信息系统互联互通省份，上云结构化数据量从 2015 年的 10TB 增长到 2019 年 1726TB。贵州省的云上办公模式一经推出就被国家发改委等部门在全国范围内推广应用。

四、探索数据共享交换调度机制

依托"云上贵州"平台，出发整合各部门资源，探索设置数据专员、调度专员和监督专员，成立数据资源调度中心，成立数据使用部门提需求、数据归属部门做响应、数据共享管理部门保流转的调度机制，加快推进数据共享和业务协同推进，实现了数据统筹调度管理和统一管控，推动了政务数据资源的开放共享。在全国率先探索交通、农业领域政务数据"全网搜索"。

五、建立数据安全保障体系

贵州省政府各级领导敏锐地意识到安全是数据共享开放的前提，只有在保障数据安全的前提下才能实现数据的有序流通，为经济发展做出巨大贡献。因此，首先，贵州省政府做好顶层设计，出台了一系列法律法规来保证大数据时代的数据安全，这为安全体系的建立提供了坚实的法律依据。其次，做好人才储备工作，大数据时代人才是第一位的，只有拥有大量的专业人才才能为数据安全建设提供坚实的技术基础。

（一）让数据在安全的河道中自由地流淌——从顶层设计确保数据安全

2020 年 9 月 23~25 日，贵州省第十三届人民代表大会常务委员会第十九次会议在贵阳举行，会议顺利通过了《贵州省政府数据共享开放条例》（以下简称《条例》），《条例》共七章四十五条，从政府数据集中、数据公开、数据分享、集中管理和法律责任等方面对贵州省政府数据分享公开事项做了进一步明确。《条例》规定，政府公共数据的共享传播必须是以正当用途和合法目的为前提的。《条例》还规定，政府数据共享开放实行目录管理。当有组织或个人需要使用政府共享数据时，应通过相关部门指定平台提出申请。《条例》对个人或组织通过政府部门共享的数据以合法合理的方式，在工业、农业和服务业等领域对数据开发利用，将数据转化为实际经济效益，培育出新产业、新模式和新增长点，将政府共享数据的经济效益和社会价值最大化。《条例》规定，组织和个人需按照相关要求在合法的领域使用及开发政府共享的数据，不得私自出售或改变使用范围，如果个人或组织违反本条例规定，那么县级以上人民政府的相关主管部门有权责令整改，并没收违法所得。

（二）数据管理、运行和使用安全的重要保障——人才培养

2020 年 9 月 2 日，2020 年贵州省职业技能大赛——"网信杯"网络安全技

能竞赛在贵阳市落幕（见表5-2）。本次大赛活动分为网络安全知识线上学习竞答和网络安全专业技能竞赛两部分，活动全程采取公平公正、择优选拔、广泛动员等原则，旨在提升贵州省内各单位网络安全技能水平，增强群众网络安全意识，筑牢网络安全防线。网络安全知识线上学习竞答部分已于8月3～14日在"新长征·贵州工会云"App上进行，贵州省22万多名干部群众参与竞答，为普及宣传网络安全知识发挥了积极作用。网络安全专业技能竞赛部分则在7～9月举办，来自贵州省各地区、各部门的94支代表队和327名选手就网络安全专业技能展开比拼、交流。此次竞赛为贵州省从事网络安全的技术人员提供了一个竞技交流，相互促进，展现自我的平台。通过竞赛，参赛选手展示了良好的竞赛风貌和高超的竞技水平，为贵州提升网络安全技能水平，筑牢网络安全防线，增强网络安全攻防能力及贵州省大数据战略和网信事业发展提供强有力的人才保障和技能支撑。

表5-2　数据资源聚集共融试验任务完成情况

主要任务		推进情况	是否完成
建设"云上贵州"系统平台	完善"云上贵州"系统平台技术架构	已建成联通、电信、移动、广电4个节点，服务器装机能力达到2591台，拥有10.4万虚拟CPU核和209TB内存的计算能力、2.2万虚拟CPU核44.7TB的数据库服务能力以及超过22PB的存储容量，云上贵州系统平台实现了"一云统揽"新体系	完成
	基于"云上贵州"平台实现多源异构数据的共享交换，完成与国家平台的互联互通	建立了人口、法人等四大基础数据库，建成贵州省统一标准的政务数据共享和交换平台，并被国务院主要部门在全国范围推广应用	完成
	市（州）需基本完成在"云上贵州"系统平台上搭建市州级分平台，"云上贵州"系统平台建设至第二节点	"云上贵州"系统平台第二节点持续扩容优化，第三节点、第四节点建成投用	完成
	加快打破"数据孤岛"和部门壁垒	建立互换开发调度中心和机制，数据互换交流常态化开展	完成

	主要任务	推进情况	是否完成
加快集中管理政府数据及公共数据资源的进程	加快推进贵州省各级政府的政务数据接入"云上贵州"政务系统	贵州省三级政府部门全部应用系统和数据已转移至"云上贵州"平台,实现真正的网络通、应用通、数据通。云上贵州系统平台上云数据量从2015年的10TB增长到2019年的1923TB	完成
	加快"云上贵州"平台对事业单位、国企等公共数据资源的吸收进程	"贵州工业云"及"云上贵州"等平台已承载了信息中心及其他事业单位和航天、电子等领域的国有企业系统	完成
开展政府政务数据资源库开放共享工作	建立详细的政府数据资源目录	截止到2019年,贵州省数据共享交换平台已上架数据资源目录13339项,信息项227230项,上架数据资源7908个	完成
	基于相关规定对政府数据实行不同级别的管理	政府部门已出台《贵州省政务数据资源管理暂行办法》来明确政府数据的安全等级和管理办法	完成
	搭建大容量数据共享交换平台	截止到2019年,累计实现数据交换2500万余次,数据总容量达到72TB	完成
构建云上贵州平台底层数据库	对主要数据种类和自然环境、经济指标等领域建立完善合理的底层数据资源库	建成能够涵盖全省的人口、公司、自然资源和空间地理、宏观经济基础数据库,并持续优化提升	完成
实施政府数据开放工程	建设数据开放平台	实现政府应用软件API接口的直接访问和数据调用	完成
	安全有序开放政府数据	根据贵州省相关法律法规,实现了政府部门数据的常态化访问	完成
	安全有序开放其他公共数据	建立了政府和社会互动的大数据采集形成机制,主动开放社会公共数据	完成
	探索政府数据和社会数据融合创新	已形成了云上贵州多彩宝App、交通App等一批政府数据和社会数据融合创新成果	完成
做好顶层设计,制定完善的共享开放制度	制定政府数据资源管理办法	征求多方意见后出台了《贵州省政务数据资源管理暂行办法》	完成
	建立政府数据资产登记制度	出台了《贵州省政府数据资产管理登记暂行办法》	完成
	搭建全面合理的政府数据资源审计制度	2016年启动《政府数据资产登记和审计制度》的课题研究	完成
	完善建立合理规范的政府数据安全监督制度	建立了相应的安全监督管理机制	完成

续表

主要任务		推进情况	是否完成
建立健全数据安全保障体系	建立健全信息系统平台安全技术防护体系	围绕平台安全基础设施、安全技术防护、安全管理制度、安全应急处置、安全合规建设、安全标准规范、应用安全云防护等建设了全面系统的安全体系，每年组织对平台安全进行评估	完成
	建立健全数据安全管理体系	成立贵州省大数据安全领导小组，组建贵州大数据及网络安全专家委员会，建立大数据网络安全专家智库，形成大数据安全保护"1+1+3+N"总体思路和"八大体系"建设架构	完成

资料来源：笔者通过公开资料整理所得。

第四节　数据资源的交易与流通

数据作为新型生产要素，是数字化、网络化、智能化的基础，已快速融入生产、分配、流通、消费和社会服务管理等各个环节。大数据产业是激活数据要素潜能的关键支撑，是加快经济社会发展质量变革、效率变革、动力变革的重要引擎。党的十八大以来，党中央高度重视大数据产业和数字经济发展。2015 年 11 月，党的十八届五中全会提出实施国家大数据战略。2019 年 10 月，党的十九届四中全会首次从国家发展战略高度，将"数据"定位为新型生产要素。2015 年 9 月和 2021 年 11 月先后出台《促进大数据发展行动纲要》和《"十四五"大数据产业发展规划》。自 2017 年 6 月、2021 年 9 月和 2021 年 11 月起分别施行《中华人民共和国网络安全法》《中华人民共和国数据安全法》和《中华人民共和国个人信息保护法》，积极探索推进数据要素市场化，加快构建以数据为关键要素的数字经济，取得了积极进展。在数据价值的形成过程中，数据流通扮演着极为重要的角色。相较于近 40% 的数据增长规模、不断拓展的数据应用场景，实际的数据利用增长率目前还仅为 5.4%。数据资源在流通和利用中面临着"数据确权"等诸多现实困境：如数据要素流转无序，区域性限制大；数据要素定价机制不完善；数据要素监管机制和手段不完备等，数据产品"不能流通、不可流通、不易流通"等问题始终难以突破。为此，需要从加快推动数据分类分级确权、数据流转交易、数据安全治理等方面促进数据资源的有序流通和创新利用。划清所有权的"边界"、权责明确，数据才能共享流通。在理论上，应该先明确不同属性、不同种类数据的所有权，在"明确所有权"基础上，数据的使用权、交易权等才可进一步推进。然而实践操作起来很可能举步维艰，尤其从法律层面确认财产权意义上的数据权益，要破除的障碍是系统性、长期性的。针对这些"确权悖论"，"上海做法"是明确在合法合规获取数据的前提下，企业对数据要素进行的实质性加工、创造性劳动，均可被视为有数据收益的权益；"北京创新"体现在数据交易所采取数据登记、为数据产品颁发"数据资产凭证"等前置性举措。同时，中央全面深化改革委员会明确要求："推进公共数据、企业数据、个人数据分类分级确权授权使用，建立数据资源持有权、数据加工使用权、数据产品经营权等分置的产权运行机制。"鉴于当前政务数据等公共数据采集中遇到的新难题：数据海量、结构多元、易构信息比重大、信息很难简单归类、数据分类分级操作难等，一些权威、专业的建议是前置性区分个人信息和公共数据，进而在管理层面以"谁投入、谁贡献、谁受益"的总体原则来处理数据分类分级。同时，在一些城市的新基建相关规划中，也可以看到运用区块链技术来降低数据确权难度的举措。

2022 年 5 月 26 日的 2022 数博会开幕式上，国家信息中心大数据发展部主任于施洋在"数据流通交易与市场培育论坛"表示，各地发展数据交易市场的热情空前高涨。目前已有 20 个省市区提出建设数据交易中心交易所或者交易中心，发展速度特别快，其中，北京、上海、深圳和贵阳都提出要建设国家级的，甚至是世界级的数据交易所。而如何安全、合规、高效地开发和利用数据的价值，则是数据要素市场的核心命题，也成为数博会的热议话题。中国电子信息产业集团有限公司党组成员、副总经理陆志鹏表示，在对 20 多家数据交易中心和交易所进行调研后，发现数据要素市场化的三个现状：一是原始数据无法规模化交易；

二是原始数据的安全和流通之间的矛盾无法调和；三是数据要素市场化要实现原始数据和应用的"解耦"。

一、大力发展数据资源流通与交易服务市场

基于市场经济规律开展数据流通和实验平台建设，探索开辟数据资源流通的新通道。通过大数据流通交易平台建设，培育相关市场主体，促进了贵州省的经济发展。2015 年 4 月，在贵阳市成立全国第一个大数据交易所——贵阳大数据交易所，并在北京、上海、广东等 12 个省区市设立大数据交易服务分中心，与芝加哥商品交易所建立合作关系，交易框架协议金额突破 3 亿元。苹果公司在贵州省考察后决定将 iCloud 数据处理中心从爱尔兰转移到贵州省。"数据宝"获得 30 个国家部委级授权数据加工资质，成功入选工信部首届全国新型信息消费大赛决赛。贵阳市成为全国第二批金融科技试点城市。

二、不断完善数据交易制度体系

推进大数据交易制度进一步完善，提升数据交易服务水平，开创了我国大数据交易新局面。贵阳大数据交易所采用自主研发的系统为依托，推出"数+12"战略，打造数据确权、数据区块链、数据监管、数据认证、数据标准、数据工厂、数据资产、数据定价、数据安全、数据创业、数据指数、数据开源 12 个大数据平台。多项国家标准的制定都有贵阳大数据交易所的参与，贵阳大数据交易所还被授予了"大数据交易标准试点基地"。同时，创建了沈昌祥院士工作站、数据资产安全应用研究中心、城市数字引擎、数据星河生态圈暨跨区域、跨行业数据融合共享应用生态圈等 10 个共享共建平台，合力驱动全国数据要素有序流通，深入释放数据红利。

三、快速推进数据资产化、金融化

让大数据流通起来并产生经济价值是数据资源资产化与金融化的核心，这取

决于企业自身的技术研发和模式创新。通过"贵州金融大脑"的推广，普惠金融科技联合实验室的成立，贵阳数据投行的构建，数据投融资平台的建立，促进支持了众筹金融交易的增长。目前已有多家电子支付公司、金融公司和信息公司入驻贵州金融城（见表5-3）。

表5-3　数据流通与交易试验任务完成情况

主要任务		推进情况	是否完成
数据自由流通与服务平台搭建	建设贵阳大数据交易所	建成贵阳大数据交易所，并在全国大数据发展较为先进的省份和地区建立了大数据交易服务中心，实现交易额1亿元的突破，交易框架协议金额达到3亿元的突破，并逐渐发展为全国有影响力的大数据交易机构	完成
	培育一批大数据资源流通与交易服务企业	培育了贵阳大数据交易所、贵阳众筹交易所、数据堂、资产运营管理平台"数据宝"、贵阳数据投行公司等企业	完成
培养大数据资源流通与交易市场主体	培育贵阳大数据交易所会员	目前贵阳大数据交易所的注册会员已经超过了3000家	完成
	建立大数据资源流通与交易联盟	全国大数据交易商（贵阳）联盟在贵阳成立并完成贵州大数据流通交易委员会的筹办工作	完成
	培育数据资源的众创主体	在交通App、人工智能创业大赛等方面，通过数据资源培养众创主体	完成
开发大数据资源流通产品	加快政府数据开放和利用	已经建立贵州数据开放平台和贵阳数据开放平台	完成
	丰富数据交易产品	贵阳大数据交易所可交易数据产品突破4000个，基本形成了较为成熟的数据产品体系与交易模式	完成
	推进数据资产化、金融化	设立贵阳数据投行，建立数据投融资平台	完成

资料来源：笔者通过公开资料整理所得。

第五节　大数据交流合作

2022年7月6日，"走进大数据国家工程研究中心，共享数智科技成果"

2022生态合作伙伴交流会在贵阳国家高新区举行，贵州多家高新技术科创企业参会。

一、数博会已成为贵州省大数据产业对外合作交流的坚实平台

为了更好地加强大数据领域交流合作，同时向全世界展示贵州的大数据产业取得的巨大成果，贵州举全省之力打造了大数据产业国际博览会，推动了大数据向更高水平发展，让贵州在全国大数据产业的中心位置更加牢固。在各级政府领导的英明领导和大力支持下，贵阳市在2015年举办了全国首个大数据博览会暨中国国际大数据产业博览会——贵阳"数博会"，在国内外引起广泛关注，为实现世界各国大数据发展机遇共享化、为各国合作提供支撑。

二、持续推进大数据国内外合作交流

大数据产业作为一个高技术行业需要全国乃至全球研究者共同努力才能使其蓬勃发展，因此，一方面，需要多与国内外同行进行沟通交流，这样才能掌握行业最新的技术现状和业界的最新需求；另一方面，通过和国内外相关企业的合作交流，也能让贵州的大数据产业对外输出，让贵州大数据名片更加亮丽。

（一）创建中国（遵义）跨境电子商务综合试验区

立足地方产业特色，借助大数据高对接效率和强统筹能力，革新电子商务服务模式，助力产销对接，将跨境电子商务的价值创造推向新的高峰。2020年9月24日，贵州省政府发布《中国（遵义）跨境电子商务综合试验区实施方案》。跨境电子商务综合试验区将按照"1（遵义综保区）+1（新舟机场航空口岸）+1（黔北物流新城）+N（遵义各省级以上开发区）"的产业布局，综合促进传统产业的电商化信息化，争取在2~5年内，实现综合试验区跨越式发展。

（二）西部首届区块链赋能产业发展峰会在贵阳举行

促进大数据交易制度体系的完善，共生发展大数据和区块链技术，促进数据安全和数据透明的进一步发展。2020 年 10 月 10 日，峰会在贵阳成功召开，本次峰会围绕"无界金融，链成价值"，600 余位业界专家学者参加。与会专家围绕 5G 时代区块链赋能数字经济的相关主题，结合国内外众多区块链前沿技术创新及应用成果，提出促进大数据、区块链等发展的对策建议，对加快推进贵州大数据发展具有一定的借鉴意义。

（三）大数据产业国际交流合作快速发展

持续推进大数据国内外交流合作试验，推动了贵州更高水平对外开放，促进了大数据国际国内交流合作。贵州面向美国、印度、白俄罗斯、泰国、马来西亚等国家开展大数据交流合作和招商，将 IBM、苹果、印孚瑟斯等国际巨头的重大项目落户贵州，万众瞩目的苹果公司 iCloud 业务（大中华区）在经过调试后正式在云上贵州公司运营，为其他国际公司与国内进行大数据产业合作提供了典范。推动满帮、白山云、数联铭品等企业开拓国际市场。满帮开发俄语、越南语等多语种车货匹配 App，搭建跨境物流信息化平台，助力"一带一路"地区贸易互通。

（四）大数据人才国际交流合作迈出重要步伐

突破时间和区域限制，搭建大数据国际化人才培养平台，建立既符合国际标准的培养体系，又满足人才个性化培养的学习空间（见表 5-4）。探索"智力收割机"模式，在印度设立"云上贵州（班加罗尔）大数据协同创新中心"、在俄罗斯设立"贵阳高新（莫斯科）创新中心"、在美国硅谷设立"贵州大数据（伯克利）创新研究中心"，引进国外优秀技术和人力资源，吸引国际领先厂商等到贵州合作培养人才。

表5-4　大数据国内外交流合作试验任务完成情况

主要任务		推进情况	是否完成
打造"数博会"等会展交流平台	吸引全球大数据领先企业和领军人物参与	"数博会"每年吸引60余个国家政要、2万余名企业家代表参会	完成
推进国际合作框架体系内的大数据合作交流	开展国际大数据合作	连续到美国硅谷、印度班加罗尔、白俄罗斯、马来西亚、泰国等地举办贵州大数据发展推介会，建立了多个大数据国际合作公共服务平台	完成
加强大数据产业国际交流合作	推动数据资源的国际流通，支持企业参与全球市场竞争	与苹果公司建立数据资源运营合作；满帮集团、白山云等企业服务俄罗斯、"一带一路"沿线国家	完成
推进大数据人才国际交流合作	引进海外大数据高端人才	通过在美国硅谷、印度班加罗尔等地打造"智力收割机"，实施"百人领军人才"行动，发展壮大企业等，引进了一大批海外大数据领域专业人才落地。例如，贵州独角兽企业-货车帮2017年从美国宾夕法尼亚大学沃顿商学院引进3名高端人才	完成
数字"一带一路"探索建设	启动建设数字"一带一路"	建设数字丝路跨境数据枢纽港，满帮集团、白山云等企业服务"一带一路"沿线国家	完成

资料来源：笔者通过公开资料整理所得。

第六节　创新体制机制，让大数据在贵州大地上欣欣向荣

要想实现大数据产业的持续繁荣发展就必须要进行持续的体制机制创新，政府要持续探索如何更好地为企业服务，只有这样才能实现政府和企业的合作共赢。贵州省在这方面积累了丰富的经验，并成为全国体制机制创新最活跃的省份之一，这将极大地促进贵州大数据相关产业的健康发展。

一、提高政治站位，集全省之力促进大数据产业发展

贵州省委省政府充分发挥领头羊作用，起到了带头示范的作用，将大数据作

为全省重点发展的龙头产业，提高了大数据产业的政治地位，这为大数据产业的发展提供了巨大的发展动力。首先，贵州省党、委政府高度重视，省委省政府主要领导每半年听取一次大数据与实体经济融合发展的汇报，并根据发展情况及时做出指示；其次，省委省政府会定期组织相关专家到企业进行调研走访，急企业之所急，为企业切实排忧解难；最后，省委将抓产业发展的典型案例，为贵州省大数据产业的发展提供榜样，助力贵州省经济更好更快地发展。

二、转变管理思路，多部门协作共同促进大数据产业创新性发展

2016 年 10 月，贵州在全国率先成立厅级大数据管理机构——贵州省大数据发展管理局，2016 年 11 月，全国首个国家大数据工程实验室落户贵州。2017 年 2 月，贵州省政府印发了《贵州省数字经济发展规划（2017–2020 年）》（黔数据领办〔2017〕2 号），这是全国第一个省级数字经济发展规划。同年 3 月，发布《关于推动数字经济加快发展的意见》（黔党发〔2017〕7 号）。这两个文件初步明确了贵州数字经济发展的指导思想、基本原则和主要任务，提出了较为具体的保障措施，为数字经济健康快速发展指明了方向。

三、强化优惠措施引导，打造包容创新的试验田环境

任何企业尤其是资金链脆弱的小微企业的前期发展都比较困难，资金压力比较大，因此政府部门的优惠措施至关重要，只有政府出台一系列优惠措施加以扶持，才能让企业存活下来。政府需要意识到企业不仅需要资金支持更需要全方位的配套措施，包括土地、税收、市场、金融等的帮扶，因此政府应深入了解企业需求，快速出台相关优惠政策，为企业营造良好的发展环境。

四、持续推进大数据制度创新试验，形成了协同高效的组织推进体制机制

着力构建组织有力、责任明确、协同推进的大数据发展组织领导架构，成立了由省长任组长、各地级市政府和省直部门一把手为成员的国家大数据（贵州）综合试验区建设领导小组，在省、市（州）成立大数据管理局，在县级政府成立大数据发展管理部门（见表5-5）。先后设立贵州省大数据产业发展中心、云上贵州大数据集团、省大数据产业发展研究院等部门，形成了有领导小组、有政府机构、有技术团队、有平台公司、有研究智库的大数据发展综合管理机制，为贵州大数据发展提供了强有力的组织保障，让大数据产业在贵州落地、生根、开花、结果。

表5-5　大数据制度创新试验完成情况

	主要任务	推进情况	是否完成
关键共性标准建立	开展公共大数据关键性标准研究	获批建设全国首个国家技术标准创新基地（贵州大数据），主导或参与制定175项相关标准	完成
	建立大数据市场交易标准体系	参与四项国家大数据交易标准制定，并推出"黄果树指数"（以下简称"指数"），该"指数"为全世界第一个数据商品交易指数	完成
	探索建立大数据统计监测指标体系	2019年"大数据产业统计核算体系研究——以贵州为例"课题入选全国统计科学研究重大项目	完成
	探索建立大数据发展指数	基于数博会取得的成果，每年发布《大数据蓝皮书：中国大数据发展报告》，为大数据的发展提供指导性意见	完成
	建立标准试验验证与符合性测试评估体系	出台了《贵州省大数据标准试验验证与符合性测试评估体系框架》	完成
体制机制创新	推进大数据发展管理体制改革，健全组织结构，配强领导力量	形成了有领导小组、有政府机构、有技术团队、有平台公司、有研究智库的发展管理机制，省、市两级成立了大数据发展管理机构，所有区县成立和明确了大数据发展管理部门，省直各部门职责中明确大数据发展应用相关职责	完成

续表

主要任务		推进情况	是否完成
体制机制创新	提出新型政府信息化运作模式，实现数据的集约化管理	实行省、市、县三级云长制，建立了数据调度机制和实体调度中心，云上贵州"一朵云"实现统揽省、市、县三级所有政府部门信息系统和数据	完成
	建立国家大数据（贵州）综合试验区建设全程监督和考评机制	建立大数据发展评价体系和绩效考核体系，实现评价指标的标准化	完成
	制定公共数据资源管理办法	印发了三项数据资源管理制度	完成
	基于大数据产业现状，建立完善合理的公共数据资产登记制度	贵州省政府出台了《贵州省政府数据资产管理登记暂行办法》来完善公共数据资产登记管理规章制度	完成
	开展个人信息和隐私保护立法	完成了立法前期研究，由于受制于立法权限、数据权属等方面限制，暂未启动立法进程	完成
	为数据安全编制法律网	颁布了两项数据安全管理条例：《贵州省大数据安全保障条例》和《贵阳市大数据安全管理条例》	完成
	适时开展《贵州省大数据发展应用促进条例》执法评估	2017年7~9月对《贵州省大数据发展应用促进条例》开展了执法检查	完成

资料来源：笔者通过公开资料整理所得。

　　总的来看，国家大数据综合试验区的创建将对贵州省的社会经济发展产生深刻且长远的影响。主要体现在以下三个方面：一是由省委领导统筹全局，推进贵州大数据发展战略和综合试验区建设工作，在推动全省经济增长、加快政务数据共享开放、助推民生应用和政府治理、数据中心建设、大数据体制机制创新等方面取得了突出成绩。二是大数据与实体经济融合发展，数字经济增速连年位居全国前列，为贵州经济社会高质量发展注入强劲力量。三是大数据产业的蓬勃发展有力提升了贵州第一、二、三产业的发展水平：农业大数据实现了产品产销对接网络覆盖全省所有县区，有效助力黔货出山、助推消费扶贫；工业智能化改造工程在全省如火如荼地开展，通过招商引资，全球多家500强企业在贵州均有重大项目落地；数字化基础设施加快建设，贵州正成为全国光网信息高速公路的核心枢纽。贵州作为全国最早提出发展大数据的省份之一，具有发展大数据产业的先天优势，更是全国大数据产业发展的样板省份。2020 年颁布的《贵州省政府数据共享开放条例》不仅将为贵州大数据产业的发展插上腾飞的翅膀，更将辐射全国，为我国的大数据产业提供新的发展动力。

本章小结

　　"党的二十大报告，高屋建瓴、思想深邃、站位高远、视野宏阔，充满着理论说服力、思想穿透力、政治凝聚力、时代感召力，是团结动员全党全国各族人民全面建设社会主义现代化国家、全面推进中华民族伟大复兴的政治宣言和行动纲领。"贵阳市大数据发展管理局党委书记、局长张雪蓉说，党的二十大吹响了新的"集结号"、发出了新的"动员令"，贵阳贵安大数据系统将深刻把握新时代新征程的使命任务，衷心拥护"两个确立"、忠诚践行"两个维护"，坚持学在深处、讲在前列、干在实处，坚定不移推进数字活市，奋力在实施数字经济战略上抢新机，为谱写新时代"强省会"新篇章贡献新的更大力量。

　　张雪蓉表示，党的二十大报告提出坚持把发展经济的着力点放在实体经济上，推进新型工业化，加快建设制造强国、质量强国、航天强国、交通强国、网络强国、数字中国。这为抓好当前和今后一个时期的数字经济发展指明了方向、提供了遵循。接下来，将深刻领会、牢牢把握党的二十大精神的丰富内涵和核心要义，把党的创新理论的政治伟力、思想伟力、实践伟力贯穿到落实数字经济发展"一二三四"思路中，奋力在实施数字经济战略上抢新机。

　　本章总结概括了我国首个国家大数据综合试验区——贵州在探索国家大数据战略方面的具体做法，主要包括以下六个方面：一是大数据在政府治理（政用）、改善民生（民用）和促进经济发展（商用）等创新应用；二是打造国家南方数据中心；三是推动数据资源开放共享；四是促进数据资源的交易与流通；五是加强大数据对外合作交流；六是创新大数据发展体制机制。贵州省立足于自身优势，积极在数据共享开放、丰富政府治理手段、推动经济向数字化转型、更好服务于社会民生、数据流通聚集等方面先行先试，为国家大数据战略构建和实施提供贵州经验。总的来看，贵州省经验可以概括为"344533"，即回答三个问题——数据从哪里来？数据放在哪里？数据谁来用？阐述四个理念——数据是资源、应用是核心、产业是目的、安全是保障；建设四个中心——国家级大数据内容中心、服务中心、产业中心和创新中心；打造五个层级产业生态体系——大数据"基础设施层、系统平台层、云应用平台层、增值服务层、配套端产品层"；发展三大业态——大数据"核心业态、关联业态和衍生业态"，最终实现三个目的——以大数据提升政府治理能力、以大数据推动转型升级和以大数据服务改善民生。国家大数据（贵州）综合试验区的发展经验为构建我国大数据国家战略体系提供了坚实的实践借鉴。

第六章　国家大数据战略体系构建

针对我国大数据发展存在的问题，总结国家大数据（贵州）综合试验区建设过程中积累的成功经验，充分借鉴国外尤其是美欧日韩等发达国家实施大数据战略的经验，本章提出国家大数据战略体系构建的总体思路，系统阐述如何构建国家大数据战略体系。

第一节　国家大数据战略体系构建的总体思路

结合国家大数据（贵州）综合试验区创建实践中形成的发展思路，提出国家大数据战略体系构建的总体思路即"344533"：回答数据从哪里来、数据放在哪里、数据谁来用三个问题；阐述数据是资源、应用是核心、产业是目的、安全是保障四个理念；建设国家级大数据产业中心、内容中心、服务中心和创新中心四个中心；打造大数据"基础设施层、系统平台层、云应用平台层、增值服务层、配套端产品层"五个层级产业生态体系；发展大数据"核心业态、关联业态和衍生业态"三大业态；最终实现以大数据提升政府治理能力（政用）、以大数据推动转型升级（商用）和以大数据服务改善民生（民用）三个目的。

一、回答"三个问题"

（一）数据从哪里来

数据可以通过在全国层面建设一批云计算数据中心，连接各省的地方数据中心，会聚国际国内数据资源。各省可以从省内建设和省外引入两个方面同时展开。一方面，各省可以建设"云上"系统平台，提供并完善相关信息基础设施建设，促进省内数据资源加速集聚，形成规模与示范效应；另一方面，加大引进省外数据资源，吸引国家部委、行业协会、大型企业的数据库落户本省省会城市，加强数字基础设施建设，完善相关配套设施，加快优质数据资源向本省省会集聚。

（二）数据放在哪里

为了落实大数据发展战略，2016年2月起，国家陆续批准设立八个国家级大数据综合试验区，加强对数据资源的管理、挖掘与应用，引导大数据服务地方实体经济发展。各省开展信息基础设施建设行动计划，要加大数据中心建设。同时，各省要加大财政资金支持力度，加快构建并形成完善的信息基础设施体系，举全省之力建设成信息交换枢纽和信息储存中心，完善数据储存的相关配套设施建设。

（三）数据谁来用

大数据应用主要分为商用、政用、民用三个方面。在商用方面，大数据降低企业交易成本，帮助企业获得完整的市场信息，优化资源配置，促进实体经济发展；在政用方面，大数据用数字化的方式完整地剖析整个社会全貌，促进国家治理目标的现代化，促进实现智慧治理；在民用方面，大数据技术帮助实现预测疾病、预防疾病、精确医疗救助以及驱动医学教育模式改革，帮助实现智慧经济、智慧治理、舆情监测，助力支撑农业生产智能化、助力精确零售行业市场定位，助力实现智慧物流、降低物流成本。一方面，各省要促进大数据的场景应用，启动各种"云上"工程建设，地方政府带头使用大数据服务和产品，积极培育大数据产品的应用场景，扩大大数据服务的范围；另一方面，要根据实际情况，成立大数据交易所，对数据资产进行定价和交易，不断进行数据交换，进而培育出更加宽泛的应用场景。同时，通过开展大数据商业模式大赛等形式，发现和培育相关的大数据商业模式。

二、坚持"四个理念"

始终坚持将数据是资源、应用是核心、产业是目的、安全是保障等四个理念放在首位。

（1）数据是资源。当今时代，信息技术在居民日常生活中得到广泛应用，从而产生海量数据。大数据具有来源广泛、格式多样、应用价值高等特点，作为一种资源应当得到有效搜集、储存与应用。大数据的价值包含两点：一是能够提供尽可能多的详尽信息；二是在此基础之上能够对信息进行有效处理，压缩流程、节省时间、提高效率。大数据技术的全面性、精确性、即时性，使其能够整合多种资源，提升整体上的数据分析能力，从而推动大数据开放共享，深度挖掘其中所蕴含的价值。大数据的价值在于可提供尽可能多的详尽信息并对信息进行有效处理。通过全面、精确、即时的大数据技术，提升整体数据分析能力，推动大数据开放共享，促进资源整合，发现其中所蕴含的价值。大数据带来的科技革命和经济革命，将极大地影响经济社会发展。以数据流引领技术流、人才流、资金流、物资流，推动生产要素的集约化整合、协作化开发、高效化利用、网络化共享，可形成新的资源配置模式，改变传统的生产方式和经济运行机制，提升经济运行效率和水平。

（2）应用是核心。大数据价值创造的关键在于大数据的应用。随着大数据技术飞速发展，大数据应用已经融入各行各业。大数据产业正快速发展成为新一代信息技术和服务业态，即对数量巨大、来源分散、格式多样的数据进行采集、存储和关联分析，并从中发现新知识、创造新价值、提升新能力。我国大数据应用技术的发展将涉及机器学习、多学科融合、大规模应用开源技术等领域。在大数据众多应用场景中，其中主要通过应用大数据技术提升政府治理水平，并提供多元化大数据产品，以满足人们对多样化的数据产品需求。大数据的广泛应用将带动技术研发创新、管理方式变革、商业模式重建和产业价值链重构，提供大数据解决方案，提升生产智能化、经营网络化、管理高效化、服务便捷化能力和水平。

（3）产业是目的。大数据是计算机科学、现代信息技术、通信技术快速发展的产物，属于信息服务业。大数据的产业化发展既离不开现代数据科学技术的支撑，也需要相应的硬件设施的跟进配套，例如，产业集群构建、产业园区建设。而产业集群的构建需要整合大数据技术产品研发、工业大数据、行业大数据、大数据产业主体、大数据安全保障、大数据产业服务体系，最终形成一个强大的大数据应用平台。产业园区建设需要土地、产业、资金、人力等方面的大力支持。

（4）安全是保障。在发展大数据技术，提升大数据服务水平的同时，数据安全概念也应得到足够的重视。在数据采集、数据管理、数据分析、数据交易、数据共享等环节，应该建立起行之有效的安排保障制度。安全是大数据发展的前提。风起于青萍之末，任何一点微小的疏忽都会造成难以挽回的后果，所以从一开始就要把数据安全牢记心中，目前大数据在治国理政、现代经济体系运行和民生应用方面的影响日益加深。但是，数据泄露事件偶尔会发生，给公民人身和财产安全带来了严重威胁。在这种形势之下，一定要严把数据安全关，从上到下树立起数据安全意识。强化大数据安全保障，加快构建贯穿基础网络、数据中心、云平台、数据、应用等一体协同安全保障体系，能够提高大数据安全可靠水平。基础网络、数据中心、云服务平台等要严格落实网络安全法律法规和政策标准要求，开展通信网络安全防护工作，同步规划、同步建设和同步运行网络安全设施，提升应对高级威胁攻击能力。此外，可以加快研究完善海量数据会聚融合的风险识别与防护技术、数据脱敏技术、数据安全合规性评估认证、数据加密保护机制及相关技术监测手段等，加强上云应用的安全防护，保障业务在线安全运行，增强大数据的安全保障基础。

三、建成"四个中心"

随着大数据的发展，我国要逐步建成"四个中心"：产业中心、内容中心、服务中心、创新中心。

（1）建设大数据产业中心。围绕数字产业化和产业数字化，加快培育大数据产业，引导大数据产业链上下游企业加速集聚，促进大数据领域的大、中、小企业融通发展。积极发展数字经济新形态，积极推动大数据与实体经济深度融合发展，促进大数据与农业深度融合，推进大数据与工业融合创新发展，推进大数据与服务业深度融合。

（2）建设大数据内容中心。加快公共数据、行业数据集聚。我国各省（市、区）情况特殊，部分省（区、市）山地多、基层很多地方基础设施建设还不到位，要进一步建设通信运营商基站，完善相关配套基础设施，吸引一大批国内外知名企业的数据中心在本省集聚。另外，各省（区、市）要建设"云上"系统平台，实现省市县三级公共数据集聚、共享与开放。

（3）建设大数据服务中心。通过大数据降低交易成本，优化资源配置，服务实体经济发展。通过数字化的方式完整地剖析整个社会全貌，促进国家治理目标的现代化，提升政府治理水平。各省（区、市）要加强大数据产品和服务创新，建设大数据应用服务平台，为政府、企业和居民提供便捷全面的大数据服务。构建一体化算力服务体系。加快建立完善云资源接入和一体化调度机制，以云服务方式提供算力资源，降低算力使用成本和门槛。支持建设高水平云服务平台，进一步提升资源调度能力。支持政企合作，打造集成基础算力资源和公共数据开发利用环境的公共算力服务，面向政府、企业和公众提供低成本、广覆盖、可靠安全的算力服务。支持企业发挥市场化主体作用,创新技术模式和服务体验,打造集成专业算力资源和行业数据开发利用环境的行业算力服务,支撑行业数字化转型和新业态新模式培育。优化算力资源需求结构。以应用为导向,充分发挥云集约调度优势,引导各行业合理使用算力资源,提升基础设施利用效能。对于需后台加工存储、对网络时延要求不高的业务,支持向能源丰富、气候适宜地区的数据中心集群调度;对于面向高频次业务调用、对网络时延要求极高的业务,支持向城市级高性能、边缘数据中心调度;对于其他算力需求,支持向本区域内数据中心集群调度。

(4)建设大数据创新中心。推动数据资源在实体经济、数据治理、人工智能等重点领域的典型试点应用。推进大数据地方标准、团体标准、行业标准的研究制定、示范验证和应用推广,积极参与数字领域国际规则和标准制定。大力建设大数据新型研发机构,加大研发投入,强化核心技术攻关,在基础软件、数据安全等领域实现技术突破,推动人工智能、5G、物联网、区块链、量子信息等新型技术的应用落地,着力将大数据、计算机和信息技术等领域的技术创新打上中国大数据的烙印。提升政务大数据综合治理能力。围绕国家重大战略布局,推动开展大数据综合应用。依托全国一体化政务服务平台和国家"互联网+监管"系统,深化政务服务和监管大数据分析应用。支持各部门利用行业和监管数据,建设面向公共卫生、自然灾害等重大突发事件处置的"数据靶场",定期开展"数据演习",为重大突发事件期间开展决策研判和调度指挥提供数据支撑。加强大数据公共服务支撑。聚焦大数据应用共性需求,鼓励构建集成自然语言处理、视频图像解析、数据可视化、语音智能问答、多语言机器翻译、数据挖掘分析等功能的大数据通用算法模型和控件库,提供规范统一的大数据服务支持。推动行业数字化转型升级。支持打造"行业数据大脑",推动大数据在各行业领域的融合应用。引导支持各行业上云用云,丰富云上应用供给,加快数字化转型步伐。推动以大数据、云服务促进新业态新模式发展,支持企业线上线下业务融合,培育数据驱动型企业。推进工业大数据平台建设。支持工业互联网大数据中心标准建设，加强工业互联网数据会聚、共享和创新应用，赋能制造业高质量发展。鼓励构建重点产业、重大工程数据库，为工业发展态势监测分析和预警预判提供数据支撑。加快城市大数据创新应用。支持打造"城市数据大脑"，健全政府社会协同共治机制，加快形成统一规范、互联互通、安全可靠的城市数据供应链，面向城市治理、公共服务、产业发展等提供数据支撑。加快构建城市级大数据综合应用平台，打通城市数据感知、分析、决策和执行环节，促进提升城市治理水平和服务能力。

四、打造"五个层级产业生态体系"

重点打造大数据"基础设施层、系统平台层、云应用平台层、增值服务层、配套端产品层"五个层级产业生态体系。

（1）基础设施层。通过加快信息基础设施建设，着力构建完善的信息基础设施体系，形成地区数据中心，完善相关配套基础设施，进一步吸引和集聚一批优质互联网和通信企业的数据中心。大力推进信息基础设施建设，加大国家级互联网骨干直联点建设力度，加大城镇和乡村光纤网络建设，推进城乡高速宽带网络覆盖，加强各省之间的互联网带宽有效连接。

（2）系统平台层。加快建设基础资源平台、交换共享平台、核心工具、基础数据库、备份灾备系统和数据安全体系，实现地区之间与国家平台之间互联互通。扩大数据承载量、覆盖面和开放度，加快解决网络基础设施建设，降低网络延迟和数据丢包现象。重点建设"云上"系统平台，统筹各级部门及所辖地方政府应用系统上云，促进数据共建、数据互通、数据分享，并培养和吸引一批关键技术支撑企业群。

（3）云应用平台层。在完善基础设施层的基础上，利用政府大数据示范应用带动产业发展，加强云计算平台、产业软件云服务、行业应用模板、运营维护等推广应用，加快工业、农业、服务业等行业云应用平台发展，推进大数据等新一代信息技术在实体经济中的应用，提升大数据服务实体经济的水平。

（4）增值服务层。引导和支持数据挖掘和分析应用，培养增值服务企业群，将大数据综合试验区的数据资源优势转化为大数据技术服务优势，利用大数据资源和技术开展数据分析等增值业务。要在大数据企业入驻支持、融资支持、运营补贴、市场培育奖励、创新支持等方面给予极大政策支持，吸引并集聚一大批大数据服务企业开展增值业务。

（5）配套端产品层。培养和扶持相关配套产业和企业，加快发展智能端产品。围绕大数据应用，积极发展智能电子产品、可穿戴设备、传感设备等配套"端产品"制造业，带动整个电子信息制造业发展，拓宽产业幅。加快发展智能设备、导航设备、信息安全终端机等产品。

五、发展"三类业态"

大数据产业的三大业态包含核心业态、关联业态和衍生业态。

（1）大数据核心业态是指围绕数据收集、数据存储、数据清洗、数据加工、数据交易、数据分析挖掘和可视化等方面所形成的产业业态。大数据核心业态为整个大数据产业链提供支撑，代表着大数据的创新性和带动性。大数据核心业态包括大数据的采集、加工、存储、分析、交易、安全、服务和云平台建设运营。当前核心业态的重点是发展存储业态，形成数据内容聚集，同时抓好大数据交易、安全、云平台和教育培训。

（2）大数据关联业态主要包括与大数据产业链上下游与大数据核心业态紧密联系的电子信息产业，包括智能终端、集成电路、电子商务等业态。

（3）大数据衍生业态是大数据、互联网+在各行业、各领域的融合应用所产生的业态，是大数据与传统经济融合发展的产物，是核心业态和关联业态的市场和服务对象。衍生业态包括智慧农业、智能制造、智慧教育、智慧旅游、智能交通等不同业态。

六、实现"三个目的"

实现以大数据提升政府治理能力。伴随信息化、网络化的迅速发展,海量数据的产生必将增加政府治理难度,政府部门迫切需要变革服务方式与革新治理措施,运用大数据技术参与政府治理变得尤为重要。运用大数据技术支持多维度政府治理,探索新型政府治理模式,助力政府智慧决策,提升政府安全监管能力,从而全面提升政府治理能力。

实现以大数据推动转型升级。首先,大数据相关产业诸如数据分析挖掘、计算机视听觉、生物特征识别、智能手机、智能穿戴、电子商务、智能决策控制等新兴产业具有高成长性,大数据相关产业发展能够促进经济增长。其次,大数据推动工业实现转型升级。积极部署和发展工业互联网,能有效推动工业企业全流程和全产业链智能化改造,助推工业向智能化生产、网络化协同、个性化定制、服务化延伸融合升级。再次,加快发展平台型服务业、智慧型服务业、智慧健康、智慧医疗、智慧养老等服务业新业态,推动大数据与服务业融合发展,将成为新的重要经济增长点。最后,加快发展大数据等新一代信息技术与农业生产全面结合的新型农业,也将成为新的重要经济增长点。

实现以大数据服务改善民生。运用大数据技术保证和改善民生,主要体现在以下三个方面:一是将人民群众的满意度和获得感作为衡量网络信息技术发展的重要标准,善于获取人民群众的网信服务需求,以提升大数据服务改善民生的水平;二是长期切实有效推进创新驱动战略,加强对大数据技术基础研究的财政资金投资,注重对大数据专门人才的培养,大力扶持大数据技术服务实体企业,为大数据战略的实施提供可靠的安全保障;三是加强对数据安全的保障,既要遵循数据开放和数据共享原则,又要加强对数据资源与消费者个人隐私的保障力度。只有在保障数据安全的基础上,才能促进大数据产业可持续发展,解决大数据产业发展的后顾之忧。

第二节　国家大数据战略体系构建的基本原则

构建大数据国家战略体系是一项复杂的、系统性的开创性工程，所构建的战略体系需要全面客观反映我国当前大数据产业的发展现状，契合和顺应我国大数据产业发展趋势，引导大数据产业快速、稳定和健康发展。总体来讲，国家大数据战略体系构建要遵循以下四个总体原则：一是统筹规划，协同推进。坚持发展与安全并重，统筹数据中心、云服务、数据流通与治理、数据应用、数据安全等关键环节，协同设计大数据中心体系总体架构和发展路径。二是科学求实，因地制宜。充分结合各部门、各行业、各地区实际，根据国际发展趋势，尊重产业和技术发展规律，科学论证，精准施策。三是需求牵引，适度超前。以市场实际需求决定数据中心和服务资源供给。着眼引领全球云计算、大数据、人工智能、区块链发展的长远目标，适度超前布局，预留发展空间。四是改革创新，完善生态。正确处理政府和市场关系，破除制约大数据中心协同创新体系发展的政策瓶颈，着力营造适应大数据发展的创新生态，发挥企业主体作用，引导市场有序发展。在这四个总体原则基础上，本节提出构建国家大数据体系所应遵循的七个具体原则，即规划性原则、开放性原则、智能性原则、价值性原则、安全性原则、先进性原则和保障性原则。

一、规划性原则

在构建国家大数据战略体系时，所制定的不同领域的战略体系之间要具有合理的逻辑关系，在反映各行业大数据发展现状与趋势的特征、现状的同时，还需要反映每个行业大数据发展趋势之间的内在联系，形成既相互区别，又相互联系的有机整体。因此，当构建国家大数据战略体系时，应体现出规划性，统筹考虑大数据产业的发展规律及其与其他产业的关联。规划性原则主要体现为三个方面：一是在大数据战略目标的设置上。首先，政府组织制定并推行国家大数据战略，各相关企事业单位按照规划要求，对自身大数据业务发展制订翔实的发展计划。其次，对大数据核心技术基础研究与专门大数据人才培养的财政资金支持，培育大数据产业发展的后备力量。最后，根据大数据的发展方向，完善大数据产业的基础设施建设，形成大数据产业集群，充分发挥规模示范效应。二是大数据战略布局的项目应有明确的方向和具体的名单。例如，美国、英国、澳大利亚等国的大数据战略均有明确的布局，并公之于众。三是大数据战略的实施应具有完备的保障措施。例如，各级政府组织成立专业的大数据产业管理与监督机构，因地制宜地制订并实施符合当地特点的大数据产业发展计划；设立大数据专项基金，提升大数据技术的研发力度，提高大数据专业人才薪酬待遇。

二、开放性原则

大数据已成为重要的国家战略资源，正在深刻地影响着时代发展的进程。政府机构要尽快确立数据开放基本原则，带头开放公共领域的行政记录等公共数据，鼓励推动企业等民间机构开放其在生产经营、网络交易等过程中形成的海量电子化数据。大数据正在不断融入社会经济发展中，促进经济社会创新发展。积极开发利用这一战略资源，需要实现大数据的高度开放。大数据开放旨在政府与企业之间建立起一种数据开放共享机制，最终形成共享互利、包容发展的大数据发展体系，促进社会各主体既能充分挖掘和收集数据，又能做到数据共享，达到既能为决策者提供决策参考，又能为企业和个人提供大数据产品服务的目的，促进数据资源在社会各行业间的充分流动。在数据开放共享方面，西方发达国家已经走在前列。例如，2009 年美国政府建立开放数据网站，标志着美国成为世界上首个实现政府数据开放的国家。此后，大数据开放进程在全球得到越来越多的国家响应。2013 年，法国制订计划并承诺积极开发政府数据。英国则着重开放交通运输等公共数据库。

三、智能性原则

随着信息技术的快速发展与普及，智能化趋势已经在政府公务、企业生产经营活动和个人日常生活中逐渐显现。在制定国家大数据发展战略时，应该引导大数据技术推动政府服务和企业发展向智能化方向转型，助力智能政务发展和企业智能管理，以提升政府服务水平，降低企业经营成本，提升人民生活质量。在智能化的落实方面，德国等发达国家提供了众多可供参考的案例。2010 年以来，德国、韩国和日本分别颁布"数字德国 2015"战略计划、"智慧首尔 2015"计划和"电子政务开放数据战略草案"，分别为智能工业制造、智慧城市建设和信息共享社会建设提供政策支持。应提前筹划大数据发展的智能化、智慧化发展战略，以满足未来城市社会经济发展的新需求。

四、价值性原则

随着信息技术的快速发展、互联网的迅速普及，政府公务、企业生产经营和个人日常生活产生海量数据。这些数据呈现爆发式增长，对人类的社会经济活动产生深刻影响。当前，世界各国都将大数据发展作为促进经济社会发展的重要动能，谋划布局大数据技术研发、数据开放共享、计算机专业人才培育等。在构建国家大数据战略体系时，应重视大数据的价值性原则，推动大数据技术产业创新发展，运用大数据促进保障和改善民生。英国经济与商业研究中心（CERB）曾专门统计核算 2012~2017 年大数据对英国经济增长带来的影响。2011~2017 年，英国的企事业单位的数据资产翻了一番，达到 407 亿英镑，大数据所创造的社会财富达到 240 亿英镑。该报告的预测显示，利用大数据可以更加准确有效了解消费者需求，据此企业能提供更高质量的产品与服务。同时，将大数据应用到就业领域，可以创造更多的就业机会。将大数据应用到医疗领域，有助于减少诈骗行为，节约成本。此外，大数据应用还未普及到人类生产生活的各个方面，大数据带来的价值仍可得到进一步挖掘。

五、安全性原则

大数据安全不仅事关国家和公民的安全，也是"大安全"概念的重要组成部分，国家大数据战略的保障可以通过"大安全"的理念和行动来实现。目前，大数据安全已经上升为国家安全的重要组成部分。同时，大数据产业的发展也需要加强对数据资源的保护以及安全预警。具体而言，首先，应从监管政策与法律法规入手，构建完善的顶层制度设计。从数据资源的确权、开放到流通，到最后交易的相关制度的制定应放在首要位置，从而达到完善数据产能保护制度的目的；其次，对数字版权等五个方面的保护力度亟待加强，不仅有助于大数据技术的研究与发展，更关乎国家的稳定与人民的利益；最后，在国际数据治理领域加大研究力度，根据中国大数据发展经验，提出国际数据治理的中国方案。美国白宫在大数据报告中指出，在大数据发展进程中，政府不仅应该引导大数据技术服务社会经济发展，也要密切关注由大数据技术可能带来的隐私问题，保护公民的隐私权。数据开放和数据共享是发展大数据的必然要求，而数据安全管理则是数据开放和数据共享的重要前提条件。

六、先进性原则

中国的移动支付作为网络购物的交易方式，推进了共享经济等新业态数字经济的快速发展，已领先全球多国。当前的首要任务是集全国优势资源对大数据关键技术进行攻关克服，着力构建出完善的大数据产业与价值链、生态系统。加大对信息基础设施的投入力度，将政务资源和社会资源统筹规划，进一步完善基础信息等建设以及相关配套设施建设，进而形成日益完善的网络空间。在满足国家重大需求的条件下，我国应当以国民经济发展为前提，充分发挥独特的制度和市场优势，全面提倡并促进大数据发展行动的进展，为大数据产业发展营造良好的政策氛围。要始终坚持开放共享和市场主导的原则，通过数据的渠道来促进产学研深度融合的力度，打造以数据驱动为导向的创新发展模式和体系，培养造就一批基于大数据挖掘和分析的科技型企业和团队。

七、保障性原则

大数据稳定、安全的发展涉及数据资产地位的确立、数据的管理体制、数据共享和开放、保障数据安全和隐私保护等方面，涉及每一个政府层面，也涉及一个或多个行业或领域，甚至涉及国家层面，需要相关的法律法规和制度来保障。

首先，国家大数据战略的高效与迅速实施也离不开国家财政的支持。例如，2012 年，美国政府拨款专项资金 2 亿美元用于数据储存、分析和收集等核心技术的基础研究，并着力培养一批专门大数据人才。欧盟则实施《欧盟开放数据战略》，以加强大数据技术研发、大数据网站建设和相关基础设施建设，据此提升对企业和大众的数据服务水平。并通过构建"泛欧门户"以集聚不同欧盟成员国和欧洲其他机构，促进数据共享。政府通过财政支持大数据相关的基础研究和专门人才培养，一方面凭借大数据提高政府管理水平，另一方面以大数据带动产业转型升级。

其次，大数据战略体系的构建需要政府完善工作协同机制。各地区、各部门要提高认识，加强跨地区、跨部门、跨层级协同联动。依托促进大数据发展部际联席会议制度，国家发展改革委、工业和信息化部、中央网信办会同有关部门建立一体化大数据中心协同创新体系工作机制，充分发挥专家决策咨询的作用。

最后，构建大数据战略体系要抓好任务落实。各地区、各部门要结合实际，坚持小切口大带动，在大数据机制管理、产业布局、技术创新、安全评估、标准制定、应用协同等方面积极探索，积累和推广先进经验。鼓励各地区创新相关配套政策，制定符合自身特点的一体化大数据中心建设规划和创新实施方案，并加快推进落实。

第三节　国家大数据战略体系构建

大数据作为基础战略资源，在各个领域均受到相当程度的重视与发展。一方面，国家大数据战略体系能够引导重大需求领域的关键科技布局；另一方面，为社会经济活动提供决策依据，提升各个行业部门的运行效率。构建国家大数据战略是符合我国国情的发展战略，对我国经济社会创新发展具有重要作用。因此，我国应遵循规划性原则、开放性原则、智能性原则、价值性原则、安全性原则、先进性原则和保障性原则等七个原则，构建国家大数据战略体系（见图6-1）。我国的国家大数据战略体系包含数据资源搜集储存体系、数据资源开放共享体系、数据资源流通体系、数据资源应用体系、数据安全保障体系、数据分析技术支撑体系。应采取以下六项措施：一是加强全国一体化大数据中心顶层设计，优化数据中心基础设施建设布局，加快实现数据中心集约化、规模化、绿色化发展，建立数据资源搜集储存体系，形成"数聚"体系。二是加快建立完善云资源接入和一体化调度机制，降低算力使用成本和门槛，推动大数据在各个行业和领域的共享，建立数据资源开放共享体系，形成"数享"体系。三是加强跨部门、跨区域、跨层级的数据流通与治理，打造数字供应链，建立数据资源流通体系，形成"数链"体系。四是深化大数据在社会治理与公共服务、金融、能源、交通、商贸、工业制造、教育、医疗、文化旅游、农业、科研、空间、生物等领域协同创新，繁荣各行业数据智能应用，建立数据资源应用体系，形成"数脑"体系。五是加快提升大数据安全水平，强化对算力和数据资源的安全防护，建立数据安全保障体系，形成"数盾"体系。六是积极开发大数据分析技术，为大数据分析和决策咨询提供技术支持，建立数据分析技术支撑体系，形成"数技"体系。

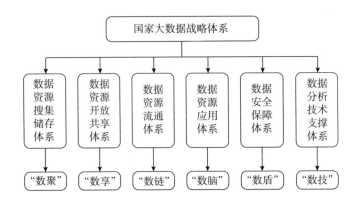

图 6-1　国家大数据战略体系

资料来源：笔者通过公开资料整理所得。

一、数据资源搜集储存体系

大数据是一种运用计算机技术采集、处理、存储、分析和应用的海量、多元化的信息资产。大数据的收集与存储，是整个大数据发展的第一步，也是最基础的一个步骤。因此，大数据资源搜集储存体系构建尤为重要。数据资源搜集储存需要全国一体化大数据中心顶层设计，提前规划各省各地区的数据节点，构建数据资源搜集储存体系，优化数据中心基础设施建设布局，建立完善云资源接入和一体化调度机制，形成"数聚"体系。传统的数据中心与储存体系无论在性能、效率还是安全等方面已经远远不能满足大数据产业发展与新兴数据应用的相关需求，数据中心业务亟须创建全国一体化大数据中心来支撑发展。全国一体化大数据中心除了需要具备传统数据搜集存储的高可靠、高冗余和绿色节能之外，还需要发展具备模块化、自动化、虚拟化等一系列特征。目前和未来我国大数据搜集储存体系架构可以逐步构建基于嵌入式架构的储存体系、基于计算机系统架构的储存体系和基于云技术的储存体系。

（一）基于嵌入式架构的搜集储存体系

嵌入式架构储存体系，是指嵌入式系统与嵌入式硬件配合相应的软件系统完成的储存架构，其特点是结构相对简单、设备造价较低、应用度较广，主要面向没有大型的储存数据机房的应用场合，如超市、店铺、小型企业和部分行业的基本管理单元。构建嵌入式架构的储存体系，存储容量相对较小的数据，可以满足用户体验度、系统功能集成度和对数据质量的较高要求，能够在市场层面得到最广泛的应用，能满足小型企业对数据的相关要求，并且在应用成本上相对较低。

（二）基于计算机系统架构的搜集储存体系

目前此种架构体系技术最为成熟，应用较为广泛。其特点是具备快捷可拓展性、软硬件平台通用、海量数据可共享，在封闭式储存体系中应用较多。其用户主要是大型企业、县级或地级市数据系统等。构建基于计算机系统架构的搜集储存体系对于在以太网上的大数据量并发读写提出了较大的挑战，对于个体企业数据的储存与应用较为方便高效。但随着大数据的不断发展，数据共享，数据安全等方面对数据搜集储存体系提出了更高的要求，该储存体系的缺陷也逐步凸显。

（三）基于云技术的搜集储存体系

与上述两种储存体系不同，云搜集储存不仅是一个硬件，也是一个由网络储存设备、服务器、软硬件、接入网络、用户访问接口和客户端应用程序等多个部分构成的复杂机构体系。该体系以搜集储存设备为核心，通过应用软件对外提供数据储存和业务服务。云技术搜集储存体系一般分为搜集储存层、基础管理层、应用接口层和访问层。搜集储存层是云技术储存体系的底层，首先搜集大量数据，其次将数据储存起来。基础管理层是云技术搜集储存体系的核心所在，其功能是通过相应算法协调各个储存设备协调完成储存任务、为数据添加加密算法保护数据安全、容灾备份算法为数据储存提供保障。应用接口层可根据用户不同的需求进行相应的开发，根据不同的数据需要调用不同的数据接口。访问层是指云授权用户通过应用接口登录储存或获取相应的数据信息。随着大数据产业的不断发展，云技术搜集储存体系会受到越来越重要的应用与发展。然而云搜集储存除上述优点外，在平台整合、业务流程梳理、数据深度分析与储存成本方面还将面临较大挑战，对大型储存系统和构建云储存的商业模型产生迫切需求。云技术搜集储存体系的发展也对宽带网络、5G 技术、应用储存技术、数据压缩技术、虚拟化等技术的发展提出了更高的要求。各省（市、区）要根据规划性、先进性等原则的要求，基于自身大数据发展情况，提前规划数据搜集储存布局，构建适合于本地区大数据发展水平的数据搜集储存体系。同时，数据资源搜集储存需要非常强的技术手段，需要大量计算机、网络、通信等领域的专业人才，各省各地区要培养一批专门大数据人才，为构建数据资源搜集储存体系提供人才保障。

二、数据资源开放共享体系

在大数据时代，越来越多的经济发展、企业管理、科技创新、决策分析和政策制定都需要基于大数据的分析和利用。因此，数据资源的共享开放程度、资源共享体系的完善程度直接决定各个部门对数据资源的应用效率。完善数据资源共享体系有利于规范格式繁多的数据资源，便于数据分析使用者更好地认知理解，为相关领域学者交流提供极大便利，帮助科研工作者更高效、成本更低地获取数据创新资源，多角度深入挖掘利用大数据资源，探索数据资源潜在价值，开展学科间的交叉研究，形成"数享"体系。我国数据资源开放共享体系构建包括以下三个方面：

（一）搭建国家主导的数据资源开放共享组织模式

我国大数据资源共享首先由国家主导推进，建设一个全国层面的大数据平台。由国家批复的八大大数据综合试验区要积极搭建大数据共享开放平台，推动各地高校以及科研院所搭建各具特色的数据共享开放网站。加大中国科学院科学数据库、中国知识基础设施工程、中国工程科技知识中心等数据共享开放程度，不断加大数据共享开放程度，推动不同层面的大数据体系的稳步完善，实现国家大数据平台全面建设。

（二）建立统一的行业性标准规范

大数据涉及行业领域众多、数据类型烦琐、数据格式多种多样，如果不能形成一套标准的行业规范体系，将极大降低数据资源价值，增加数据信息的分析难度。对大数据信息制定行业性标准、推动整个大数据共享开放工作具有十分重要的意义。重视大数据共享标准规范体系的建设，逐步意识到标准化信息的重要性，并推出一定的标准化规范，围绕大数据的汇聚、整理、保存、共享等环节展开一系列行业性标准化工作。成立大数据标准工作组，制定《个人信息安全规范》《大数据服务安全能力要求》《大数据安全管理指南》等一系列数据规范文件，不断完善数据管理能力成熟度评估模型（DCMM），为我国数据管理体系建设、企业数据管理能力提升提供了标准化支撑。弥补目前大多数行业或单位所采用的数据规范仍只适用本单位或本行业的缺陷，积极推进国家层面的大数据行业标准，采用国家统一制定的相关标准逐步实现数据资源共享开放，降低数据共享成本，提升数据共享效率，充分发挥大数据资源的价值。

（三）不断创新数据服务技术和软件工具

大数据时代的数据和信息量巨大，用户对大数据信息质量和实效性的要求较高。常用的数据服务技术和软件工具有数据库、操作系统、应用系统、Web 网站、软件工具等。各省各地要成立部门开发相关技术和软件工具，提升软件开发能力和数据资源管理水平，开发架构类似的数据信息管理软件与系统，进而建设全国统一的大数据共享平台，及时更新数据信息，提升数据的时效性、价值度以及不同行业与部门之间的信息共享程度，提高数据资源共享开放服务的效率，降低建设、服务和维护的成本。各省（市、区）要根据开放性原则，在国家主导的数据资源共享开放的模式下，建立政府数据、事业单位数据、金融数据、企业数据和个人数据之间开放共享的有效机制，形成一个激励相容、利益共享的机制体系，实现大数据的收集存储、有效挖掘、分析决策、广泛应用，真正促进信息的流动。

三、数据资源流通体系

数据资源的流通是完整的大数据产业链结构中的重要一环，是打通产业链的关键环节。数据经过搜集、加工、清洗和储存之后，通过交易市场提供给应用方，是连接大数据产生和大数据应用的桥梁。因此，要加强跨部门、跨区域、跨层级的数据流通与治理，打造数字供应链，推动数据资源的交易和流通，形成"数链"体系。

（一）培育数据要素市场

紧抓国家数据要素市场培育战略机遇，发挥数据作为一种生产要素的生产能力，探索数据价值发现与价值变现的路径，推进公共数据资源开放流通试点，加速数据由资源化向资产化和资本化转变升级，着力打造国家数据要素市场战略核心节点，为数字经济发展提供强大的要素支撑。以便于为政府、企业和各类市场主体提供数据抽取、数据清洗、数据编目、数据转换、纸质档案数字化、数据快递等服务。探索数据资源确权路径，明确数据权利类型，确定数据权利主体。进一步地，拓展数据资产管理和融通等新型模式，积极运用新技术新手段，如区块链、安全多方计算、联邦机器学习等，更好地建设数据资产流通管理和运营平台。建立数据质量评估和分级分类体系，健全线上、线下多渠道数据资源询价定价机制，构建覆盖数据评估、数据交易等全环节的数据价值变现体系。

（二）优化数据资源流通环境

建立完善跨部门、跨区域的数据资源流通应用机制，为数据要素流通奠定基础。充分发挥各省（市、区）数据中心集约化、绿色化、规模化的优势，在数据节点之间建立高速数据传输网络，支持开展全国性算力资源调度，形成全国算力枢纽体系，降低算力使用成本和门槛，吸引政府数据、公共数据、社会数据等各类数据资源流通。完善数据流通共性支撑平台，利用区块链技术，开展数据授权存证、数据溯源和数据完整性检验，保证数据不可篡改、流通全程可追溯，规范数据流通行为，优化数据跨部门、跨区域、跨层级流通环境。在数据资源流通初期，构建包含数据、算力和算法的新型要素流通体系。加快大数据产业生态聚集发展，促进数据加工分析、软硬件研发制造以便建立数据资源流通产业基础体系。

（三）建立多层级多种类的数据交易市场和服务市场

拓展数据资产管理新型模式，积极运用新技术新手段，加大数据资产流通管理和运营平台的建设力度。建立数据质量评估和分级分类体系，构建覆盖数据评估、数据交易等全环节的数据价值变现体系。为政府部门和各类市场主体提供数据价值评估、数据存贷、数据交易中介等专业化服务，有效释放数据信息，促进数据要素市场发展。借鉴国家大数据（贵州）综合试验区的实践经验，建立大数据交易所和数据交易中心，统一规划数据标准、数据确权、数据定价等关键环节，降低数据流通壁垒，推动大数据的广泛交互、深度整合、便利交换、快速交易，不断发展数据交易市场；同时，拓宽数据交易品种，如数据商品、数据服务、算法、商业数据衍生品等；加快数据资产的评估、大数据的征信、大数据的质押、大数据的融资等配套业态，健全大数据交易产品体系。

（四）着力推动数据广泛流通

从技术、市场和法律等多个层面推动数据要素高效有序流通。在技术层面，利用文本挖掘、多方安全计算、可视化分析、人工智能、区块链等技术，确保数据来源广泛、专事专用、可用不可见，确保数据所有权让渡后不泄露隐私，保障数据流通后的信息安全。通过多种渠道搜集互联网、社交媒体、计算机科学、电子商务等领域数据，不断推动政府和市场主体的数据规范流通。在市场层面，推动大数据交易市场规范发展，发挥市场机制资源配置作用，提供数据的基础性专业服务，促进数据有效流转和高效配置，加快数据要素市场的融通发展。在法律层面，在促进数据要素市场发展和数据流通的同时，不能忽略相关法律法规的建设。加强数据权属立法研究，建立大数据领域的知识产权保护制度。完善数据安全立法，细化数据安全责任制度。强化信息安全基础设施建设规划立法，强化数据流通监测预警与应急处置制度体系建设。

四、数据资源应用体系

大数据的价值不在于数据本身，而在于数据在各种场景应用中能够对经济社会发展产生巨大的推动作用。要从企业和企业、企业和政府、行业和行业不同的组合体系中建立并完善全社会大数据应用的生态，深化大数据在社会治理与公共服务、工业制造、医疗、文化旅游、农业等政用、商用和民用等领域协同创新，繁荣各行业数据智能应用，形成"数脑"体系。

（一）政用

随着大数据时代的到来，将大数据应用于国家政府部门，应采取以下四项措施：一是探索城市物理空间和数字空间同步规划、同步建设，推进交通、物流、能源等融合基础设施改造升级，初步构建数字孪生城市底座，强化数字政府和数字社会建设，夯实政府数字化治理基础。二是持续推进城市数据中台建设，整合政府数据共享交换平台、第三方数据平台等服务能力，聚焦市场监管、经济运行、社会综合治理、公共安全、公共卫生等重点领域，持续推进"互联网+服务""互联网+监管"改革，深化公共数据创新应用。三是推动大数据与基层治理、治安防控、应急管理等社会治理深入融合，建设数字城市运营中心，探索建设数据要素驱动的数字政府和数字社会系统，提升政府治理能力，提高国家治理现代化水平与治理能力水平，提升公共服务供给效能。四是通过大数据平台整合公民信息资源，开通线上办理业务，尤其是跨地区的政务服务功能，推动城市运行数据化，扩大信息资源的收集、整合，完善政务系统的数字化升级，搭建政务平台向社会开放共享相关大数据资源，使数据资源可以更高效地被利用。

（二）商用

大数据商用将改变传统的生产方式，对传统的产业进行转型，提高企业的效率。主要应采取以下五项措施：一是广泛推动大数据与实体经济深度融合。促进大数据在制造业中的广泛应用，实现智能制造，提出典型场景工业互联网应用融合的解决方案。加快大数据与农业、物流、旅游、商贸、建筑等行业深度融合，推动产业结构转型升级。二是推动大数据和云服务在企业经营管理中的深度应用。利用大数据，发展远程办公、线上服务、预警监测、数据分析等新产品和新模式。采取多种措施鼓励云服务商推出价格优惠的云产品和云服务，推动企业业务、技术与数据融合，促进生产经营管理方式变革。三是收集用户购买行为数据、偏好数据和交易数据，采用文本挖掘、机器学习和聚类算法等大数据技术进行建模，对用户群体进行画像，进行可视化分析，实现个性化推荐。四是借助大数据分析技术，分析用户群特征，对每个群体量体裁衣，实现精准营销。五是结合大数据分析技术和机器学习算法进行欺诈行为路径的分析和预测，对欺诈行为有效识别，进行有效的预警监测。

（三）民用

大数据正在改变着人们未来的生活方式，要升级大数据民生服务应用，缩短时间、简化流程、降低成本、提升管理效能，推动公共服务便捷化。应采取以下四项措施：一是培育民用大数据新产品新业态新模式。扩大民生领域公共数据资源有序共享、开放、开发，在养老、灵活就业、社会救助等领域打造平台生态，创新平台业务，在共享出行、团购、共享住宿等领域开展公共服务智能化升级和模式创新，培育壮大数字经济民生新业态新模式，推进"互联网+""大数据+""区块链+"等民生领域普及应用，大力培育面向社会民生的平台经济、共享经济。二是构建智能交通服务体系。加强交通管理，实时报告道路状况，发现超速车辆、套牌车辆等违法车辆，以减少拥堵，提高出行质量；提高公共安全，实时追踪行驶车辆，监控车辆违法行为，建立黑名单，提前报警和警告。三是建立精准医疗服务体系。围绕医生、患者、药品、医院、疾病、其他医疗从业者、医患关系管理等多维度进行数据分析挖掘，优化医生决策，优化医患管理，挖掘罕见疾病处理方法，优化医疗业务流程等，提高医疗服务水平。四是打造全域旅游大数据服务体系。提高旅客"食、住、行、游、购、娱"等旅游信息资源和博物馆、文物、图书馆、文化馆、非遗等文化旅游信息资源大数据搜集、处理和监测分析能力；整合各地区旅游资源，实现旅游与文化、体育和广电等相关产业的深度融合，形成文化旅游数据资产；构建全域旅游产业监测体系基础，充分利用大数据平台、大数据技术和可视化技术，帮助管理部门掌握核心要素接待规模、市场评论、供给水平，科学制定分流措施、调度决策和产品发展辅导，推动文旅产业安全有序发展。

五、数据安全保障体系

大数据产业的平稳健康发展，其数据安全性是基本保障。大数据越来越多地应用于能源、健康、制造业、交通等领域，数据资源越来越体现出其重要价值。然而，近年来，网络技术的发展使网络安全成为非常值得关注的问题，数据安全事件越来越受到相关部门的重视，网络信息披露形成了巨大的产业链，数据保护迫在眉睫。因此，要提升大数据安全水平，强化对算力和数据资源的安全防护，形成"数盾"体系。

（一）明确数据安全主体责任

大数据安全责任按照谁所有谁负责、谁持有谁负责、谁管理谁负责、谁使用谁负责、谁采集谁负责的原则确定。大数据安全相关部门应加快对数据安全的相关指导准则进行立法和完善工作，对大数据资源的收集、存储、使用具有严格的规章制度，并保障数据在各个环节中的安全主体责任。同时，社会公共服务部门需要加强网络大数据的安全宣传，保护数据资源的安全性，提高用户对网络数据平台使用的安全意识，对网络数据进行监管与掌控，减少大数据资源违法违规应用，杜绝应用过程中所导致的个人信息泄露。各级人民政府和有关部门根据国家数据安全风险评估、报告、信息共享、监测预警机制要求，明确数据安全责任，加强对从业人员和社会公众的数据安全宣传教育，并建立健全全流程数据安全管理制度，明确数据采集、传输、存储、使用、共享、开放等各环节保障数据安全的范围边界、责任主体和具体要求，采取相应的技术措施，保障数据安全。

（二）加强数据利用和共享合作环节的数据安全监管

政府部门要加强大数据资源的利用监督与管理，对大数据资源制定安全规章制度，要求企业、部门以及公民遵守规章制度，在共享过程中维护良好的数据资源使用环境。加强对互联网企业强化网络数据安全管理，对存在大数据安全隐患的问题进行督查，消除数据资源安全隐患带来的数据资源泄露的问题。对于泄露大数据资源的部门、企业或者个人，需明确相关的数据安全义务与责任，重视对大数据资源泄露后相关事项的处罚力度。政府相关部门要加强对数据安全事件的行政执法，依法依规严惩相关企业的违法行为。

第一，明确监管主体。监管主体既包括公权力机构，又包括社会组织。大数据安全监管需要多层级的监管体系。随着社会的发展，政府职能转变，国家与社会逐渐分离，出现行政权力社会化趋势，越来越多的非政府组织开始承担公共服务职能，开始承接政府转移、下放的公共行政任务，行业协会商会、网络平台等社会中介组织的自我监管占据日益重要的地位，社会治理呈现多中心趋势。行业自治、平台自我监管、社会中立机构和媒体的监督等有助于弥补行政监管的不足，辅助克服政府失灵和市场失灵。目前而言，应采用狭义的监管主体，将监管界定为政府机构以维护市场经济秩序为目的，依据《中华人民共和国数据安全法》等法律规范、标准对从事大数据相关业务活动主体的经济活动进行监督、检查、干预和控制的活动。

第二，监管的范围不仅局限于市场经济活动，还包括政府监管活动、非经济活动。数据安全监管的范围应限于微观层面的经济活动及其产生的社会问题。政府监管的范围不能漫无边际，大数据安全监管不同于政府对社会基本秩序的管理，要对数据的产生、开放、流通、交易、共享等各个环节进行全方位的实时监管。

第三，监管方式并非仅限于法律手段。长期以来，我国行政监管实践中往往采取"事前审批、事后处罚"的监管模式，在一定时期内取得了成效。但是这种强制手段在数据安全管理中可能会失败。互联网、大数据时代的到来，单一的命令控制监管方式已无法适应数字时代日益复杂的行政事务。近年来，变革监管方式，重视其他治理手段的作用。对数据交易中泄露风险的控制，政府部门不能随时监测到数据泄露，有赖于发挥市场主体的自律机制。采用协商性、合作性、激励性监管等机制，有利于减少行政争议，推动企业建立内部合规机制。我国应采用广义的监管方式进行数据安全监管。

（三）提高技术手段对大数据安全的保障能力

技术是对大数据资源安全保障的强有力手段，应从数据的收集、存储以及使用的生命周期和所需的各个流程角度去考虑，将大数据安全保障的解决方案贯彻到数据处理的各个环节之中。对数据资源进行收集时，应通过技术手段进行分类分级；对数据资源进行存储时，将不同的数据尤其是敏感的特殊数据要采取不同的措施，如脱敏处理和特殊保护等。在数据资源的使用过程中，使用新型技术手段对数据进行挖掘与应用，真正确保数据信息的可信性和安全性。

六、数据分析技术支撑体系

大数据分析技术支撑体系规模繁杂庞大，包括大数据采集与预处理、大数据存储与管理、数据基础平台和数据可视化等。构架完善的大数据分析技术支撑体系要层层递进，形成"数技"体系，以快速、有效地对大数据进行深入分析，为决策者提供参考。

（一）大数据采集与预处理

数据采集与预处理是大数据分析技术支撑体系的基石。大数据采集渠道主要有互联网系统、日志采集系统、Web 信息系统、科学实验系统、网上交流平台等。对于不同来源的数据集，数据存在异构性，需要不同的结构和模式存放，如文件、XML 树、关系表等。对于多个异构的数据集，要进行数据预处理或整合整理。将来自不同数据集的数据进行整理、清洗、加工、转换后，可以获得一个新的数据集，为后续查询和分析处理提供统一的数据视图。可以采用异构数据库集成技术、直方图、散点图、相关分析、管制图法、聚类法、分箱法和 DeepWeb 集成技术等技术和方法清洗、转换和预处理数据。

（二）大数据存储与管理

大数据通常包含结构化数据、半结构化数据和非结构化数据。大数据主要是以半结构化数据和非结构化数据为主，结构化数据为辅。面对大数据的应用需求，传统数据库在技术与功能上无法很好地满足大数据的应用需求。目前，大数据技术人员一般利用 oldSQL、NoSQL 和 NewSQL 数据库存储与管理大数据。但是，针对不同类型的大数据，要运用不同的技术进行存储与管理。一般来讲，通常有以下三种技术：第一种技术主要处理大规模的结构化数据。对于大规模的结构化大数据，通过列存储或行列混合存储以及粗粒度索引等技术，结合大规模平行处理（MPP）架构高效的分布式计算模式，实现对 PB 量级数据的存储和管理。第二种技术主要处理半结构化和非结构化数据。基于 Hadoop 开源体系的系统平台更擅长处理半结构化和非结构化数据。通过对 Hadoop 生态体系的技术扩展和封装，实现对半结构化和非结构化数据的存储和管理。第三种技术主要处理结构化和非结构化混合的大数据。采用 MPP 并行数据库集群与 Hadoop 集群的混合来实现对百 PB 量级、EB 量级数据的存储和管理。这种混合模式在大数据存储和管理中使用非常广泛，是未来发展的一种趋势。大数据的管理具体包含以下七个方面：

第一，数据形成管理。数据形成管理是将数据转化为数据的过程，主要是参照数据全景视图，依据数据化管理细则，通过一系列的数据核查、识别、加工等手段使数据具备属性，具备可评估的价值，并通过化率评价，持续改进完善的过程。

第二，数据需求管理。数据需求管理是在数据中心运行维护过程中，对业务提出的新的需求，通过全景视图的优化设计，细化业务数据整改要求的系列管理活动，实现以数据驱动业务。数据驱动业务通常包括以下四个方面：①构建业务指标体系。业务指标体系是指数据和业务的桥梁。基于业务目标将业务活动指标化，并标注业务活动之间的直接、间接关系。②筑建数据资源体系。数据资源体系是用数据驱动业务的基石。统合各业务单位的数据，依据业务指标体系组织形成面向服务的数据资源。③创建监测评价体系。监测评价体系是用数据驱动业务的途径。通过各项业务活动的监测点、评价项，发现异常情况并及时调整业务工作。④新建决策服务体系。决策服务体系是用数据驱动业务的目标。依据数据资源和监测评价结果，制定组织决策并贯彻落实到具体业务工作中去。

第三，数据溯源管理。数据溯源作业是对每一个按照数据管理要求选定的数据，由业务部门负责召集业务专家讨论，确定该数据形成的全过程业务模型，并在遵循数据过程规范化原则下，由信息系统建设厂商进行节点标准化描述工作，整理每一个标准化节点的初始数据输入、处理过程、存储过程和传输过程等信息，并使用溯源支撑工具将溯源信息进行维护，为溯源图查询和后续的数据核查服务。

第四，数据全生命周期管理。数据生命周期管理是在业务数据需求管理的引导下，围绕各个业务管理主题，针对数据生命周期的各个环节，提出相应的管理策略和原则，用于保证业务数据需求落实情况的持续与稳定。关键环节有以下四个：①策略的制定。应用系统建设大多以单一业务视角展开，为避免重复建设，需要从数据和系统方面更广泛的角度开展全局视角数据规划，统一制定数据全生命周期策略。②环节的划分。数据生命周期规划通常包括数据的创建、流转、变更、停用等阶段。③过程的监督。是对系统建设相关的需求管理、系统建设、运维、改造等活动进行指导，保证数据标准在各阶段能遵守和落实。④标准化管理的遵从。在整个生命周期过程中，都需要考虑数据问题、数据标准和数据安全三个方面的影响和需求，并要求在整个周期过程中得到落实。

第五，数据标准管理。数据标准管理包括数据标准制定、数据标准执行和数据标准管理考评。①数据标准的制定和维护。定义并制定数据实体标准、数据项标准、参考数据标准和指标标准等各类数据标准，并随着数据需求的变化进行持续维护修订；定义数据标准与数据源的映射关系；定义数据标准的认责。②数据标准执行。数据标准在数据创建、传输、存储和使用过程中的应用，以及在系统生命周期内的应用，是根据数据标准进行信息化建设的实用化过程。③数据标准管理的考评。对数据标准的建立、执行和维护过程的考评，建立考评制度，评价各系统对数据标准的遵从情况。

第六，数据问题管理。数据问题管理是依据数据在数据生命周期的各个阶段的特性，建立数据问题控制机制，及时发现数据问题，不断改善数据质量，从而提升数据的可用性，实现数据更大的商业价值。①数据问题发现机制设计。根据业务要求制定和明确数据问题发现机制，主要包括制定数据质量标准、业务规则设计及常态化稽核机制设计。②开展数据问题分析。开展数据问题的日常监控，以及不定期的数据问题稽核工作，发现数据问题，定位并分析问题，形成数据问题分析报告，指导数据问题整改。③数据问题整改。根据数据问题考评和日常工作中发现的数据问题，制定数据问题解决方案，实施相应措施。④数据问题回归验证。对完成整改的数据问题进行结果验证。

第七，数据应用管理。数据应用管理是数据价值体现的过程，主要包括估值、业务共享管理、业务监督管理、分析应用管理等，支撑大数据应用，催生新业务。

（三）数据基础平台

大数据基础平台能够实现数据在一个统一的平台上进行集成、处理、计算、统计、分析和管理。许多数据资源不能够有效地利用起来，利用效率低。出现这种现象的原因有两个：一是数据的零散性，各部门的大数据平台服务器对数据未能实现有效的衔接，系统的数据不具有连贯性；二是各部门没有统一的规章与规范，使各部门按照自己的理解与习惯的相关知识整理自己部门的大数据资源。数据基础平台的建立可以更好地收集、储存、开放共享数据资源，对大数据进行分析，灵活组合满足数据分析需求。数据基础平台包含三种功能：一是利用表单填报、表格填报、网上填报等方式对数据进行采集与补录，支持建设基础的大数据平台；二是规范使用大数据，建立数据存储中心、监控数据的质量，统一业务的口径；三是快捷方便地统计和分析大数据，更好地满足用户的多种需求。

（四）数据可视化

数据基础平台建立后，需对数据包进行可视化处理。由于大数据资源非常多且不可直接观测，因此需要进行数据与报表的可视化处理。可视化报表可以分为三类：第一类为基础查询类的报表，这类报表是由最基础的大数据资源汇编而成；第二类为管理层分析报表，这类是基础数据报表通过整理与加工得到的；第三类为主体分析报表，这类的报表价具有综合性，是由基础报表与管理层分析报表综合而成的，是前两者的升华与归纳。可视化处理是对大数据资源的使用过程中体系数据资源的重要一环，因此，需高度重视对大数据资源的可视化处理，利用业务报表、智能图像、模型归纳和自定义查询等模块实现可视化应用。目前，已经提出了多种可视化方法。这些方法根据其可视化的原理不同可以划分为基于几何的技术、面向像素技术、基于图标的技术、基于层次的可视化技术、其他的可视化技术等。

第一，基于几何的技术。基于几何的可视化技术包括 Scatter Plots、Landscapes、Projection Pursuit、Parallel Coordinates 等，是以几何画法或几何投影的方式来表示数据库中的数据。平行坐标法是最早提出的以二维形式表示 n 维数据的可视化技术之一。它的基本思想是将 n 维数据属性空间通过 n 条等距离的平行轴映射到二维平面上，每条轴线代表一个属性维，轴线上的取值范围从对应属性的最小值到最大值均匀分布。这样，每个数据项都可以根据其属性值用一条折线段在 n 条平行轴上表示出来。

第二，面向像素技术。面向像素技术是由德国慕尼黑大学的研究人员提出的，并且开发了 VisDB 可视化系统。面向像素技术的基本思想是将每一个数据项的数据值对应于一个带颜色的屏幕像素，对于不同的数据属性以不同的窗口分别表示。面向像素技术的特点在于能在屏幕中尽可能多地显示出相关的数据项，对于高分辨率的显示器来说，可显示多达 106 数量级的数据。面向像素的可视化方法包含独立于查询的方法和基于查询的方法两种。独立于查询的方法将数据库中的数据依从左到右（从上到下）的次序一行一行（一列一列）地排列显示出来，数据值的变化范围同事先固定好的颜色变化范围相对应；基于查询的方法是根据数据值同所查询的要求的符合程度来匹配不同的颜色。针对每一个数据项的值（a1，a2，…，an）及查询要求（q1，q2，…，qn）通过一个距离函数 distances（d1，d2，…，dn）计算每个属性值与查询要求的匹配值，得到每个数据的一个总的距离值 dn+1 以反映数据项与查询要求之间的匹配程度，总的距离值 dn+1 越小越是用户所希望看到的数据。查询的数据结果按 dn+1 的值由小到大从屏幕的中央螺旋地向四周展开。这样不仅能看到所查询的数据，而且对于数据从近似匹配到不匹配的走势也能直观地表现。

第三，基于图标的技术。基于图标技术的基本思想是用一个简单图标的各个部分来表示 n 维数据属性。基于图标的可视化技术包括 Chernoff‐face，Shape Coding，Stick Figures 等，这种技术适用于某些维值在二维平面上具有良好展开属性的数据集。

第四，基于层次的可视化技术。基于层次的可视化技术主要针对数据库系统中具有层次结构的数据信息，例如，人事组织、文件目录、人口调查数据等。它的基本思想是将 n 维数据空间划分为若干子空间，对这些子空间仍以层次结构的方式组织并以图形表示出来。基于层次的技术包括 Dimensional Stacking、Treemap、ConeTrees 等方法。树图（Treemap）是其中的一种代表技术。树图根据数据的层次结构将屏幕空间划分成一个个矩形子空间，子空间大小由结点大小决定。树图层次则依据由根结点到叶结点的顺序，水平和垂直依次转换，开始将空间水平划分，下一层将得到的子空间垂直划分，再下一层又水平划分，依此类推。对于每一个划分的矩形可以进行相应的颜色匹配或必要的说明。

第五，其他的可视化技术。数据可视化还有很多其他的技术和方法。DVET（Data Visualization Environment Tool）系统利用了虚拟现实技术展示数据空间和空间上的点（数据）。HD-Eye 算法结合了数据挖掘技术，先将数据分簇，再对感兴趣的簇可视化。Table Lens 系统仍然以表的形式表现数据，但是以图示代替了表中的数字，并且给出观察的视点，易于用户选择和操纵数据表中的区域。X Gobi 系统强调动态和交互技术，用户能同时以不同的可视化方法处理相同的数据。另外，更多新的方法和技术，如 3D 技术、基于图形技术等也正在被研究和开发。

本章小结

本章结合前面几章的论述，针对我国大数据发展存在的问题，积极借鉴国外尤其是发达国家实施大数据国家战略的经验启示，紧密结合国家大数字（贵州）综合试验区建设的实践经验，系统提出了构建国家大数据战略体系的总体思路、基本原则和体系构成。

第一，提出国家大数据战略体系构建的"344533"总体思路，即回答数据从哪里来、数据放在哪里、数据谁来用三个问题；阐述数据是资源、应用是核心、产业是目的、安全是保障四个理念；建设国家级大数据产业中心、内容中心、服务中心和创新中心四个中心；打造大数据"基础设施层、系统平台层、云应用平台层、增值服务层、配套端产品层"五个层级产业生态体系；发展大数据"核心业态、关联业态和衍生业态"三大业态；最终达到以大数据提升政府治理能力（政用）、以大数据推动转型升级（商用）和以大数据服务改善民生（民用）三个目的。

第二，提出构建国家大数据体系应遵循的规划性原则、开放性原则、智能性原则、价值性原则、安全性原则、先进性原则和保障性原则七个原则。

第三，从数据资源搜集储存体系、数据资源开放共享体系、数据资源流通体系、数据资源应用体系、数据安全保障体系、数据分析技术支撑体系六个方面提出如何构建我国国家大数据战略体系。

在大数据技术中蕴含着丰富的数据信息资源，它们的科学有效应用能够切实为企业带来巨大的经济产值，产生更多经济收益。因此，要利用好信息资源，就要进一步开放数据、研究大数据技术。信息资源的有效应用离不开先进的数据技术和信息化思维，网络技术人员应当将传统信息资源开发管理方法与大数据技术有机地结合起来，通过将不同数据集进行重组和整合，发挥数据集所不具有的新功能，从而为企业创造出更多的价值。而掌握了数据资源处理技术的企业，在未来还能够通过将数据使用权进行出租或者转让等方式获取巨大的经济收益。大数据技术的发展不仅能够将网络计算中心、移动网络技术和物联网、云计算等新型尖端网络技术充分地融合成一体，促进不同科学技术的交叉融合，同时还能够促进多学科的交叉融合，充分发挥出交叉学科和边缘学科在新时代的新功能与效用。大数据技术的长足进步与发展既要求工程技术人员要立足于信息科学，通过对大数据技术中的信息获取、储存、处理等各方面的具体技术进行创新发展，也要将大数据技术与企业管理手段结合起来，从企业经营管理的角度研究分析现代化企业在生产经营管理活动中大数据技术的参与度及其可能带来的影响。在一些需要处理和应用到大量数据的信息部门，一方面，企业要着力提高大数据技术的应用水平；另一方面，要及时引起跨学科人才，充分发挥多科学与交叉性学科在本部门中的参与度。科学技术的使用主体归根结底是人，虽然在大数据技术支撑的网络信息环境下，信息数据的及时流通与整合能够满足人类生产生活的所有信息需求，能够为人的科学决策提供有效指导，但大数据技术终究无法代替人脑，这就要求大数据技术在发展过程中要坚持以人为本的基本原则，重视人的地位，将人的生产活动与网络大数据虚拟关系结合起来，在密切人与人之间的交流的同时，充分发挥每一个独立个体的个性和特长。毫不夸张地说，当前网络信息化时代已经是大数据的时代，在大量的数据信息中，人们能够通过正确利用这些巨量数据而方便自己的生活，提高生活质量。与此同时，大数据技术在推广与应用过程中仍然存在诸多需要技术人员去解决与克服的问题，这就要求我们应当正视大数据技术的作用与意义。国家大数据战略的构建，将会促进大数据产业的飞速发展，激发大数据技术的创新应用，推动社会活动的发展变革，为中国式现代化建设发挥其应有的作用。

第七章　政策建议

第一节　完善政策法规保障

一、充分发挥政府引导作用

当今世界正经历百年未有之大变局，数字化转型将重新定义生产力和生产关系，通过培养掌握新型生产技能的劳动者，使用新型生产工具，加工处理新型生产要素，防范新型安全风险，提升生产力和生产效率，潜移默化地改变着人们的生产方式和生活方式，创造新的社会价值和经济价值。大数据不仅是一种技术，更是一种思维、模式和方法。数据资源已成为重要的国家战略资源，数据资源开发利用能力体现着一个国家的经济实力、科技实力和综合国力，对国家战略、发展和安全具有重要意义。通过重构数据生产关系来推动政府数据治理和培育数据要素市场，是当前一个重大课题，也是备受业界广泛关注的热点话题。要加强有为政府的建设，发挥好"看得见的手"作用。政府部门应该在政策、制度、机制、法律、法规及环境等方面抓紧开展工作，充分发挥政府的主导作用，建立健全数据治理的框架体系和规则秩序，理顺并设置数据管理的体制机制、数据开放共享的策略机制，研究制定数据治理的规则标准、数据安全及隐私保护的法律法规等，打造好数据治理的有为政府。国家有关部门应制定和完善大数据产业、大数据资源以及数据安全等方面的规章制度。完善大数据相关制度，有效地发挥政府的监督管理作用，不仅可以防止企业对数据的滥用，而且可以对个人的信息等资源进行保护。完善相关制度，有效地发挥政府作用是促进法律体系完善的重要措施，通过法律的监管保障大数据产业的健康发展，加强大数据资源的安全性。

二、构建促进大数据发展法律法规体系

大数据法律法规体系是为了对相关部门推进大数据产业，促进数字经济发展的职责体现，也是为了对企业合理使用大数据资源，确保个人信息资源安全的重要准则。大数据资源以共享为目的，规范公共数据的收集与使用。合理的共享与应用，必须构建大数据资源应用的制度法规体系，严格确定大数据法规体系的边界，规定使用范围、流程以及方法。严格把控企业对大数据资源的使用，提高大数据资源的使用率，同时保障数据安全，保护国家利益与个人利益不受损害。在大数据综合试点试验区首先推进大数据制度法规体系的实施，在不同领域进行数据共享开放，严格监管数据安全和数据应用共性标准。从大数据平台的建设大数据资源在政用、商用以及民用的使用中，可以得知大数据平台的发展亟须立法，需要符合大数据产业自身特点的法律法规体系。只有立法才能保障大数据产业快速发展，防止大数据资源的信息泄露等严重的问题发生，立法具有一定的威慑力，依法执行也是我国依法治国的根本体现。因此，要加快构建促进大数据发展的法律法规体系，推动大数据又好又快地发展。

三、创新数据资源监管模式

在不同的领域进行大数据产业的试点，例如，对市场进行监管、进行健康医疗、对环境的治理、治安的保护、增加就业、促进工业制造发展等。通过在不同的领域开展大数据产业的试点工作，从点到面，依次带动大数据产业发展。创新大数据的监管模式对大数据产业的发展具有促进作用，在不同的情况下，要分情

况而定，创新大数据资源监管模式也是由于市场的千变万化，资源监管模式需要同市场相适应。因此，灵活进行资源监管模式的创新是必要的。在进行监管时不仅要进行事中监管，还需要对事后进行监管，以保证大数据资源创新监管模式的合理与有效性。

四、建立大数据统计指标体系

为更加全面深入研究大数据和推进大数据发展，需要加快建立健全大数据相关统计指标，包括大数据的产业产值、产业规模、产业质量、产业政策、产业环境、产业投资热度、行业分布、企业数量、企业纳税情况、企业效益情况、企业创新能力、就业人数、薪资水平等。大数据统计指标体系的建立在政府服务上打造了"云上服务"，服务便利与快捷，尤其对于企业与个人而言，可以做到在家就可以把事情办完、办好。"云上政府服务"降低了成本，节省了时间，而且可以清晰地记录全过程，也做到了线上办理时对工作人员的全面监督，责任监察。同时，还运用大数据资源可以查找违法乱纪人员，为公安等部门的抓捕与监察工作带来极大的便利，提高效率且节省了人力与物力资源。

第二节　推进大数据产业发展

一、提升大数据支柱性产业竞争力

重点围绕人工智能、5G、物联网、云计算、区块链等新一代信息技术布局云计算、大数据，积极探索数字经济新领域，培育和发展新的产业集群。

第一，加快推进大数据产业集群发展。鼓励扶持具有较好发展前景的大数据企业加快发展，积极培育大数据"独角兽""小巨人"企业以及专注细分市场的"单项冠军"。积极支持有条件的电子信息产业园、软件信息服务产业园、数据中心基地等共建大数据产业协调发展基地，引导大数据产业链上下游企业加速集聚，促进大数据领域的大、中、小企业融通发展，进一步优化大数据产业布局。

第二，加快推进新一代人工智能发展。积极发展计算机视听觉、生物特征识别、智能决策控制等产品和服务。重点研发面向农业、工业、物流、金融、健康医疗、电子商务等领域的人工智能应用技术。逐步推进大数据与人工智能的智慧应用，积极研发生产智能机器人、智能运载工具、智能终端等产品，促进智慧交通、智慧旅游、智慧教育、智慧医疗等领域协同发展，构建智能制造产业集群。

第三，着力发展智能终端、芯片和新型电子材料等数字化研发制造业。不断加大芯片及智能产品的技术创新和技术研发，推动其产业化，大力促进智能手机、智能穿戴、智能家电等数字产品的广泛深度应用，积极发展计算机软件开发、管理信息系统、集成电路设计。

第四，加快推动云计算、物联网等数字经济相关产业发展。依托各省（市、区）的数据中心，搭建集基础设施即服务（IaaS）、平台即服务（PaaS）、软件即服务（SaaS）三位一体的综合型云计算公共平台，提升云计算服务能力，面向政府、企业、个人和社会提供云计算服务，推动传感器、仪器仪表、多类条码、多媒体采集等物联网智能感知技术和设备应用。

二、推动大数据与实体经济深度融合发展

我国大数据发展速度非常快，深度融入到实体中，将会产生巨大的经济效益，要积极推动大数据与农业、工业和服务业中的实体经济部门深度融合，发展数字经济新形态。

第一，推进大数据与农业深度融合。促进大数据等新一代信息技术与农业生产全面融合，建立健全农田地理信息系统。加快推进农业质量追溯全程化，运用大数据打通农产品生产、加工、流通等整个流程，形成完善的来源可追溯、去向可查证、责任可追究的安全信息追溯闭环。加快推进农业市场销售网络化，积极培育农村电商主体，构建农产品冷链物流、信息流、资金流的网络化运营体系。

完善农业数字化经营方式，构建完善的农村电商服务体系，为农业生产经营管理提供优质服务。

第二，推进大数据与工业深度融合。积极部署和推广工业互联网，促进重点领域智能制造单元、智能生产线、数字车间、数字工厂等建设，推动工业企业全流程和全产业链智能化发展。加快发展网络化协同制造，发展协同研发、众包设计、供应链协同、云制造等网络化协同制造模式，推动生产制造、质量控制和运营管理全面互联。加快发展个性化定制，鼓励企业运用大数据充分整合市场信息和客户个性化需求，挖掘细分需求，开展个性化定制服务。加快发展服务型制造，鼓励传统企业推进研发设计、信息咨询、仓储物流、电商销售等服务功能的商业化剥离，从产品制造型企业向制造服务型企业转变。推动工业向智能化生产、网络化协同、个性化定制、服务化延伸融合升级，推动"中国制造"向"中国智造"转型升级。

第三，推进大数据与服务业深度融合。加快发展平台型服务业，建立健全旅游、物流、信息咨询、商品交易等领域平台经济，融合各领域综合管控系统、流量监控预警系统、应急指挥调度系统、视频监控系统、电商平台、微信平台、手机 App 等应用系统为一体，将数据资源整合转化为新型融合服务产品。加快发展智慧型服务业，培育智慧物流、信息服务、智慧工业设计等智慧生产性服务业，持续壮大智慧健康、智慧医疗、智慧养老等智慧生活性服务业。加快发展共享型服务业，推动共享经济产品服务体系创新、平台创新和协同式生活方式创新，成为新的重要增长点。

三、推进数据资源价值化

加快完善数据权属，研究制定公平、开放、透明的数据交易规则。构建合理的数据资产价值评估模式和体系，加快发现数据的内在价值。加快推进数据资源化，支持企业建设大数据平台，加快多源异构数据的融合和会聚。通过"全面采集、高效互通和高质量会聚"，形成完整而贯通、高质量的数据链，推动数据资源化。加快推进数据资产化，从供需双向发力，共同推动数据全面深度应用，加快数据资产化进程。在需求端，组织开展大数据应用试点示范、大数据竞赛等手段，引导企业加快数据在全流程中的应用，培育数据驱动的新模式、新业态。加快数据社会治理中的应用，以大数据为手段支撑政府精准施策、精准管理。在供给端，推动产学研加快合作，突破大数据关键共性技术，支持发展数据产品和服务体系，培育大数据解决方案供应商、向中小企业开放数据服务能力，降低企业数据应用的成本投入和专业壁垒。

第三节　促进数据开放共享

实现数据资源开放共享是大数据发展的重要前提条件，要加快建立统一的数据门户网站，梳理和编制数据资源目录，处理好数据共享与数据安全的关系，加快促进数据资源开放共享。

一、建设统一的数据门户网站

大数据时代，数据对于公共服务的优化和社会效益的提升来说，都具有不可替代的影响力。对比中国、美国的发展情况，美国大数据相关工作开展得较为快速且完善，大数据带来的经济效益涉及多个重点领域，并且呈现高速增长的趋势，现阶段已实现的价值额为 2 万亿美元。我国数据开放工作的开展相对较迟，近年来得到党中央和各级政府的重视。2015 年国务院提出《促进大数据发展行动纲要》（以下简称《纲要》），在开放前提下加强安全和隐私保护，在数据开放的思路上增量先行，提出在 2018 年底前建成国家统一的数据开放平台。《纲要》对数据开放的相关管理制度做了原则性规定，包括要建立大数据采集机制，制定政府数据共享开放目录，里面提出优先开放的一些领域。以政府数据为重点，搭建全国统一的数据资源共享开放平台，以省级为单位统一接入国家平台，不断完善系统平台技术架构，加快打破"数据孤岛"和部门壁垒，加快建立宏观经济、人口、法人单位、自然资源和空间地理等基础数据库，推进数据资源开放共享。

二、梳理和编制数据资源目录

政府部门与企业应知晓自己已掌握哪些数据资源，在不同业务的应用系统中需进行数据资源的整合，系统化归纳。进行梳理与编制数据资源目录的原因是由于大数据资源最初是由不同的部门搜集，由于不同的部门在搜集的过程中仅仅是对数据进行采集，且并未考虑到对外开放，因此初期的数据收集不能成为大数据资源开放共享的数据，数据的质量和规范上存在一定的问题，不能满足大数据资源开放共享的条件和要求。初期的数据在完整性、准确性、可用性等方面都还存在很多问题，而且不同部门的采集的数据之间还经常存在不匹配、互相打架的问题。一系列的问题表明，在进行大数据资源的共享与开放的前提下，需要去对各部门的数据资源进行梳理与归纳目录，以便为大数据资源开放做准备。

三、制定和发布资源共享开放的政策文件

对于大数据资源的开放与共享，需要制定和发布数据归集、共享、开放及管理活动相关政策文件。政府部门要负责组织、协调、管理和监督数据资源共享开放工作，指导数据资源共享平台和数据资源开放平台的建设、运行和管理。然而数据资源众多，牵涉国家安全、社会稳定以及个人隐私，数据资源共享开放富有挑战性。由于各级政府部门、事业单位和企业的体制机制、专业人才、资金技术等方面都存在较大差距，因此必须制定和发布数据资源共享开放的政策文件。

四、处理好政府数据共享与安全的问题

数据开放是一把"双刃剑"，在带来公正与高效的同时也必然带有巨大的不

确定性。数据公开会涉及诸如国家机密、个人隐私与信息安全等问题。数据脱敏对于维护数据公开下的政府与公众安全至关重要。实际上，世界上很多国家已经有了比较成熟的模式，作为该领域的后起者，中国可以进行参照与借鉴。在此基础上，政府数据开放的范围和规模，也是一个应该交由公众讨论的议题，对于数据开放，如果不明确开放的领域和规模，那么势必会阻碍政府工作的进一步开展，也不可能做到开放性与安全性的兼容。

五、政府建立数据共享机制

支持数据共享研究，支持更加适合公共服务的数据共享，建立数据共享保障机制，实现对开放和共享的政府大数据资源的综合运营和管理。当前，我国需要一套严格的标准规范，明确数据开放的边界、原则和安全性评估等重要因素。在拥有一套比较成熟的宏观战略设计基础上，制订实施政府数据开放的细则与计划，明确实施的步骤与主体，将建设重点落在跨部门合作与共享机制实现上。门户网站是公众、企业以及相关部门获取政府开放数据的主要途径，对于政府部门来说，有必要不断地加强和完善门户网站。此外，在建设政府部门间联动机制的同时，要加强政府与第三方机构的合作，提升数据资源共享与开发的水平。

第四节　统筹大数据与国家安全

数据作为新的生产要素正持续激发市场新动能，与此同时数据安全问题日渐凸显。数据安全是保障国家安全的重要组成部分，要坚持统筹发展和安全，在充分利用数据推动数字经济发展的同时，高度关注数据主权、数据出口、数据隐私等安全问题。

一、大数据与政治安全

国家安全以政治安全为根本，只有维护好政治安全，才能切实保障人民安全。新一代信息技术的普及和加速应用给我国政治安全带来新的挑战。推动大数据应用与技术创新，加强我国新时期的政治安全体系建设，发挥基于大数据政治安全的实时效用。要利用大数据及时防控西方"颜色革命"等意识形态的蓄意渗透，加快推进大数据建设工程，增强社会主义意识形态的吸引力，维护社会主义政治安全和政权稳定。利用大数据做好网络舆情监控工作，加强要害数据的监管，规避敏感数据的无序使用，增强意识形态工作者的数据安全意识，保障大数据安全体系建设。同时，发挥大数据反恐的重要作用，加强对暴恐事件的信源溯查、舆情分析和情报综合分析工作，提高对暴恐组织行动的预警能力，为反恐部门提供准确、有力的动态线索，便于政府对暴恐事件及时采取措施，进行有效预防、跟踪和解决，最大限度地降低危害。

二、大数据与国土安全

国土安全是国家安全的支撑底线，中国领土广阔，资源丰富，邻国众多，周边环境错综复杂，为我国国土安全形势带来巨大挑战。国土资源云适应了信息化发展要求，但眼下国土资源的数据安全仍缺乏有效管理手段。我国关键信息基础设施被渗透现象较为严重，网络国防建设亟须加强，国防高新技术研发创新能力有待提高。下一步，要加快构建我国网络国防体系，推进我国网络空间的威慑能力建设，保卫我国的网络边疆安全。推进我国金融、电信、交通、能源等关系国计民生的关键信息基础设施建设，推进我国国防信息化建设。将大数据技术与其他高端技术融合研制高精装备，夺取未来装备发展的新高地，进一步加强我国海防、边防、空防和网络防御的国防力量。

三、大数据与经济安全

经济安全与经济秩序的健康发展，既是实现国家安全的物质基础，也是国家利益、人民利益的基本前提。要运用大数据技术打破信息不对称，构建先进风险计量模型，提升经济金融风险识别能力和计量水平，为经济金融稳定提供预警支持。运用大数据技术支持互联网金融产业产品和服务创新，构建国家金融大数据交易平台，规范第三方支付和征信的评估，对入市交易的数据资产进行合法性和真实性审查，从源头上降低侵犯隐私权、发布虚假信息等数据风险，提高数据安全性。运用大数据技术识别高风险客户，预防、控制、打击各类互联网金融违法犯罪活动，实现对互联网经济金融安全风险的提前处置和有效防控。

四、大数据与社会安全

稳定的社会环境，是一切改革发展的前提保障。大数据依托数据分析技术有力支撑和服务于社会安全，维护人口安全，打击贪污腐败，支持大众创业和万众创新，提高政府工作效率。利用大数据可对人口基础数据进行权威、合理、科学的统计分析，为各地域人口的发展趋势、教育资源的合理分配、社区服务的建设维护等提供决策辅助。依托大数据可推动各行各业的创新商业模式，实现与互联网的融合发展，促使大众创业者开发满足个性化、多样化的高质量产品，充分激发和释放新生消费潜力，推进中国经济增长。运用大数据可提高政府决策的科学性和有效性，提高社会资源配置的合理性。采用新思路和新工具解决交通、医疗、教育等公共问题，让各类统计信息更加快捷、透明，使政府的管理和服务更加高效。此外，通过公众和社会力量的介入，对政府决策和监督施加影响。

五、大数据与文化安全

文化安全是实现中华民族伟大复兴的精髓要素与灵魂支柱。西方国家通过互联网进行文化渗透和文化扩张，试图颠覆中国文化的社会主义价值观，以降低民众对国家的认同、信心和凝聚力，危及我国国家稳定和社会发展。大数据可以推动文化事业和文化产业的发展，助力我国文化安全，为国家安全提供保障。国家相关部门与文化传媒企业要利用大数据实时掌握民族的文化需求和爱好，增强中国社会主义核心价值观的文化自信，创作出更符合我国核心价值观、正能量的文化商品和网络文艺作品，提升网络空间传播的文化内容质量。运用大数据技术从技术层面揭露国外势力蓄意策划的文化渗透和侵蚀，通过净化网络空间，保护国家与民族文化的核心价值。

六、大数据与生态资源安全

生态资源安全是国家安全的绿色屏障，为我国的可持续发展提供长远保障。过去中国粗放型经济的发展模式忽视了生态环境与资源保护，可利用资源越发紧张，保护生态环境、保障资源的可持续发展已成为我国亟须解决的问题。要运用大数据可有效支撑我国产业发展的科学决策，推进构建高科技、低能耗、低污染的产业结构，提高社会经济向绿色化发展。运用大数据可实现环境数据实时传输、环境数据资源的及时共享，改进环境评估预警技术，提高风险预警的准确性，为环境管理提供实时有效的决策支持。运用大数据有利于推动海洋、能源、矿产、太空、网络空间等资源的发现、价值的挖掘和利用，推动资源价值与价格的联动，有助于我国积极抢占全球资源竞争的制高点。此外，大数据有助于我国核能科学研究、推进核能工程中核能数据库的建设与核能安全可靠性数据的分析，保障我国的核安全。

第五节　强化大数据人才保障

大数据人才是大数据发展的重要保障，大数据的发展离不开大数据专业人才。要创新大数据人才培养模式，加快大数据学科建设步伐，构建大数据人才引进机制，为大数据发展提供智力支撑。

一、创新大数据人才培养模式

实现产学研的良好结合，学生可以从中受益，提升自己的大数据分析水平，企业也可以通过学生的实践获取有用信息，对整个社会而言，可以获得优秀的大数据人才。高等教育学府应该制定方案，有意识地主动培养大数据人才，相关科研机构同样要优化大数据人才培养机制，企业作为数据的拥有者及受益者，要与政府部门开展合作，更好地构建大数据平台，政府部门作为权威机构，要在资金方面给予相关技术研究必要的支持。产学研三方共同努力，创新模式，从而有效降低大数据发展成本，取得显著效益。深化高等学府、科研机构以及企业和政府合作的同时，要强化产业之间的联盟建设。高等院校作为输送人才的主要聚集地，应该增设大数据方向的相关课程，包括数据分析、数据挖掘、数据应用等，此外也可以开设大数据相关的公共课，开辟在校学生以及在职人员的职业技能培训通道。

二、加快大数据学科建设步伐

资源条件平台是高校教学科研的重要物质基础，高校教学科研平台的建设可以培养优秀人才。在高校教学平台的基础上，增加大数据专业，促进大数据的发展，从培养大数据产业所需人才入手。高校是输出人才的地方，要想从根本上解决人才不足的问题，就需要建设高校科研的资源条件平台，进行大数据专业的学科建设，培养大数据专业型人才，才能加快大数据产业发展，促进数字经济发展。同时高校学生的文化课扎实，基本素养较高，开设大数据专业课程培养大数据人才会起到事半功倍的效果。高校对学生的培养大多仅限于书本理论基础知识，很少有机会将理论基础用于实践中。由于存在着理论与实践不平衡的问题，高校为学生搭建了人才供需桥梁。高校与大数据企业签订大数据专业人才培养方案协议，务必让大数据专业的高校学生在学习大数据相关课程理论的基础上进行实践，在企业的实践过程中将理论与实际相结合，更加深入地了解大数据产业、大数据企业与大数据资源平台。培养出一批理论与实践相结合，真正了解认识大数据战略体系，将所学用于社会中，在大数据产业中发挥出自我价值，培养出一代代有能力有干劲有目标的大数据产业人才。因此，打造高校科研的资源条件平台，进行大数据专业学科建设是抓住当今社会发展的趋势，为数字经济时代培养大数据人才。

三、加强大数据人才培训

大数据的发展离不开良好的人才培养机制，要加强大数据人才培训形成大数据人才链。政府部门带头转变思维，以大数据的视角和眼光引领发展。大数据思维的提高，要靠地方政府将其纳入制度体系，深入讲解有关培训课程以及开展典型大数据案例分析研讨会等。大数据治理的文化氛围要从数据的挖掘、数据处理以及数据分析多方面入手，不断优化和更新，并且纳入相关的培训体系，增强政府部门人员的大数据治理思维及理念，力争形成用数据来治理的政府文化氛围。企业大数据人才培训方面应采取以下两个措施：一是在职培训，它不仅是获取复合型人才的主要途径，而且较为便捷且效果也较为显著，方法就是从企业内部挑选各部门的业务骨干进行培训；二是脱产培训，通过争取较多的到知名企业和高等院校学习、实践的机会，让大多数员工都可以得到进步和提升的机会。要加快推进行业协会的建立，在大数据人才培训方面，要进一步发挥政府、服务业行业协会和企业技术联盟等民间组织的中介作用，形成大数据人才链。

四、构建大数据人才引进机制

引进人才对进行大数据国家战略体系构建至关重要。创新方式方法，留住优秀的关键技术人才，除丰厚的报酬外，还可以考虑商定协作方式、约定工作年限等其他有效且合理的方法。报酬作为各类人员找工作时的重要考虑因素，过高会增加企业成本，过低会缺乏对员工的激励作用，为此可以设置工资与业绩挂钩的制度体系，对待员工要做到公平公正，对员工薪资要保持适当的透明度，同时对员工的自我发展和提升需求予以必要的关注，让每位员工发挥自己的最大智慧与力量，让大数据人才在大数据背景下不断成长，不断丰富理论知识且在实践中积累更多的阅历和经验，同时也不能忽视低端技术的基础性人才的培养和建设。加强人才流动的宏观调控，建立起全国大数据人才库，一方面，对各地区各行业的人才分布和需求有较为清晰的把握；另一方面，可以满足重点行业和重要课题的人才配置，提高组织效率。政府对人才流动的宏观调控，要以尊重市场规律为前提，可以通过合理的规范制度以及法律来调控人才流动，但不能有较多的行政干预。此外，为促进不发达地区的大数据良好发展，及时引进优秀大数据人才，政府应该适当给予政策倾斜和制度优惠，通过一些优势条件吸引有才华的大数据人才到这些地区，带动当地大数据的发展。同时，要建立规范的大数据人才评估体系，要扩展大数据人才的选拔渠道，可以与人才市场中介机构开展合作，让其代理企业寻找合适的人才，同时向各大高等院校、各种研究机构传达企业对大数据人才的需求。

本章小结

本章围绕国家大数据战略体系构建从大数据政策法规、大数据产业发展、数据资源开放共享和大数据人才保障等方面提出了政策建议。政策法规方面包括充分发挥政府引导作用、构建促进大数据发展的法规制度体系、创新数据资源监管模式、建立大数据统计指标体系、寻找多元化的大数据投资主体的内容。产业发展方面包括提升大数据支柱性产业竞争力、推动大数据实体经济深度融合、推进数据资源价值化。数据开放共享发展包括建设统一的数据门户网站、梳理和编制数据资源目录、政府建立数据共享机制。大数据人才保障包括创新大数据人才培养模式、加快大数据学科建设步伐、加强大数据人才培训等内容。

参考文献

［1］ Pompeu C，Louis D K，Danuta M，et al. Regulation of Big Data：Perspectives on Strategy，Policy，Law and Privacy ［J］．Health and Technology，2017，7（4）：335-349.

［2］ Clemens G，Özcan M. Obfuscation and Shrouding with Network Effects：Big Data Strategies and the Limits of Competition ［J］．Social Science Electronic Publishing，2017（10）：2139-2151.

［3］ Mike L，Alan S. IEEE International Conference on Big Data（Big Data）－Saving Costs with a Big Data Strategy Framework ［M］．Boston，MA，USA，2017：2340-2347.

［4］ Tabesh P，Mousavidin E，Hasani S. Implementing Big Data Strategies：A Managerial Perspective ［J］．Business Horizons，2019，62（3）：347-358.

［5］ Alaoui I E，Gahi Y. Network Security Strategies in Big Data Context ［J］．Procedia Computer Science，2020（175）：730-736.

［6］ Lee J W. Big Data Strategies for Government，Society and Policy－Making ［J］．Journal of Asian Finance Economics and Business，2020，7（7）：475-487.

［7］ Hamilton R H，Sodeman W A. The Questions We Ask：Opportunities and Challenges for Using Big Data Analytics to Strategically Manage Human Capital Resources ［J］．Business Horizons，2020，63（1）：85-95.

[8] Gnizy I. Applying Big Data to Guide Firms' Future Industrial Marketing Strategies [J] . Journal of Business & Industrial Marketing, 2020, 35 (7): 1221-1235.

[9] Sajjad M, Zahir S, Ullah A, et al. Human Behavior Understanding in Big Multimedia Data Using CNN Based Facial Expression Recognition [J] . Mobile Networks and Applications, 2019 (25): 1611-1621.

[10] Taylor L, Meissner F. A Crisis of Opportunity: Market-Making, Big Data, and the Consolidation of Migration as Risk [J] . Antipode, 2019, 52 (1): 270-290.

[11] Johns B T, Dye M. Gender Bias at Scale: Evidence from the Usage of Personal Names [J] . Behavior Research Methods, 2019, 51 (4): 1601-1618.

[12] Balti H, Ben A A, Mellouli N, et al. A Review of Drought Monitoring with Big Data: Issues, Methods, Challenges and Research Directions [J] . Ecological Informatics, 2020 (60): 101-136.

[13] Shukla P S, Mathur M. Conceptualizing the Role of Data Analytics and Technology in E-Governance: An Insight [J] . International Journal of Business Analytics (IJBAN), 2020, 7 (2): 1-12.

[14] Aho B, Duffield R. Beyond Surveillance Capitalism: Privacy, Regulation and Big Data in Europe and China [J] . Economy and Society, 2020, 49 (2): 1-26.

[15] Nicolaescu S S, Florea A, Kifor C V, et al. Human Capital Evaluation in Knowledge-based Organizations Based on Big Data Analytics [J] . Future Generation Computer Systems, 2019 (111): 654-667.

[16] Hamilton R H, Sodeman W A. The Questions We Ask: Opportunities and Challenges for Using Big Data Analytics to Strategically Manage Human Capital Resources [J] . Business Horizons, 2020, 63 (1): 85-95.

[17] Jaemin K, Clay D, Ellen K, et al. Data Analytics and Performance: The Moderating Role of Intuition-based HR Management in Major League Baseball [J] . Journal of Business Research, 2020 (122): 204-216.

[18] Abdul-Nasser E K, Sanjay K S. Green Innovation and Organizational Performance: The Influence of Big Data and the Moderating Role of Management Commitment and HR Practices [J] . Technological Forecasting & Social Change, 2019 (144): 483-498.

[19] Calza F, Parmentola A, Tutore I. Big Data and Natural Environment. How does Different Data Support Different Green Strategies? [J] . Sustainable Futures, 2020 (2): 1012-1020.

[20] Sestino A, Prete M I, Piper L, et al. Internet of Things and Big Data as Enablers for Business Digitalization Strategies [J] . Technovation, 2020 (98): 102-173.

[21] Moreno J, Serrano M A, Fernandez E B, et al. Improving Incident Response in Big Data Ecosystems by Using Blockchain Technologies [J] . Applied Sciences, 2020, 10 (2): 724.

[22] Ashish K J, Maher A A, Eric W N. A Note on Big Data Analytics Capability Development in Supply Chain [J] . Decision Support Systems, 2020 (138): 129-145.

[23] Carbone F, Montecucco F. Big Data and Data Sharing: Opportunities for the Urgent Challenges in Cardiovascular Disease [J] . European Journal of Clinical Investigation, 2020, 50 (1): 13188.

[24] Rennie S, Buchbinder M, Juengst E, et al. Scraping the Web for Public Health Gains: Ethical Considerations from a "Big Data" Research Project on HIV and Incarceration [J] . Public Health Ethics, 2020, 13 (1): 111-121.

[25] Han A, Isaacson A, Muennig P. The Promise of Big Data for Precision

Population Health Management in the US [J]. Public Health, 2020 (185): 110-116.

[26] Dritsakis G, Trenkova L, liwińska K M, et al. Public Health Policy-making for Hearing Loss: Stakeholders' Evaluation of a Novel Health Tool [J]. Health Research Policy and Systems, 2020, 18 (1): 121-135.

[27] Lucas S, Mauricio R V, Eniuce M D S, et al. Respiratory Diseases, Malaria and Leishmaniasis: Temporal and Spatial Association with Fire Occurrences from Knowledge Discovery and Data Mining [J]. International Journal of Environmental Research and Public Health, 2020, 17 (10): 19-37.

[28] Annette S, Robert D. Aerospace Environmental Health: Considerations and Countermeasures to Sustain Crew Health Through Vastly Reduced Transit Time to/from Mars [J]. Frontiers in Public Health, 2020 (8): 327-342.

[29] Lee H Y. Big Challenge in Big Data Research: Continual Dispute on Big Data Analysis [J]. Korean Circulation Journal, 2020, 50 (1): 69-71.

[30] Pal S, Mondal S, Das G, et al. Big Data in Biology: The Hope and Present-day Challenges in It [J]. Gene Reports, 2020 (21): 108-119.

[31] Shilo S, Rossman H, Segal E. Axes of a Revolution: Challenges and Promises of Big Data in Healthcare [J]. Nature Medicine, 2020, 26 (1): 29-38.

[32] Kinkorová J, Topolan O. Biobanks in the Era of Big Data: Objectives, Challenges, Perspectives, and Innovations for Predictive, Preventive, and Personalised Medicine [J]. EPMA Journal, 2020 (11): 1-9.

[33] Saunders G H, Christensen J H, Gutenberg J, et al. Application of Big Data to Support Evidence-Based Public Health Policy Decision-Making for Hearing [J]. Ear & Hearing, 2020, 41 (5): 1057-1063.

[34] Bennie M, Malcolm W, McTaggart Stuart, et al. Improving Prescribing through Big Data Approaches-Ten Years of the Scottish Prescribing Information System

［J］．British Journal of Clinical Pharmacology，2020，86（2）：250-257.

［35］Maddalena F，David S，Eva D C，et al. Big Data and Digitalization in Dentistry：A Systematic Review of the Ethical Issues［J］．International Journal of Environmental Research and Public Health，2020，17（7）：241-259.

［36］Alouneh S，Feras A H，Hababeh I，et al. An Effective Classification Approach for Big Data Security Based on GMPLS/MPLS Networks［J］．Security and Communication Networks，2018（10）：1-10.

［37］Alloghani M，Alani M M，Dhiya A J，et al. A Systematic Review on the Status and Progress of Homomorphic Encryption Technologies［J］．Journal of Information Security and Applications，2019（48）：23-35.

［38］Poltavtseva M A，Kalinin M O. Modeling Big Data Management Systems in Information Security［J］．Automatic Control and Computer Sciences，2019，53（8）：895-902.

［39］Shanmugapriya E，Kavitha R. Efficient and Secure Privacy Analysis for Medical Big Data Using TDES and MKSVM with Access Control in Cloud［J］．Journal of Medical Systems，2019，43（8）：265.

［40］Suwansrikham P，Kun S，Hayat S，et al. Dew Computing and Asymmetric Security Framework for Big Data File Sharing［J］．Information，2020，11（6）：303.

［41］Subramanian E K，Tamilselvan L. Elliptic Curve Diffie-Hellman Cryptosystem in Big Data Cloud Security［J］．Cluster Computing，2020（23）：3057-3067.

［42］Chauhan R，Kaur H，Chang V. An Optimized Integrated Framework of Big Data Analytics Managing Security and Privacy in Healthcare Data［J］．Wireless Personal Communications，2020（2）：1-22.

［43］Florea D，Florea S. Big Data and the Ethical Implications of Data Privacy in Higher Education Research［J］．Sustainability，2020，12（20）：81-101.

［44］陈潭．大数据战略实施的实践逻辑与行动框架［J］．中共中央党校学

报，2017，21（2）：19-26.

［45］朱卫东，张超，吴勇．大数据与"五位一体"的国家战略应用布局［J］．毛泽东邓小平理论研究，2017（3）：8-14+108.

［46］杜欣．落实国家大数据战略的河北选择［J］．经济论坛，2018（12）：21-23+153.

［47］郭华东．科学大数据——国家大数据战略的基石［J］．中国科学院院刊，2018，33（8）：768-773.

［48］贺晓丽．美国联邦大数据研发战略计划述评［J］．行政管理改革，2019（2）：85-92.

［49］李后卿，樊津妍，印翠群．中国大数据战略发展状况探析［J］．图书馆，2019（12）：30-35.

［50］陈潭，庞凯．大数据战略实施的支撑系统与保障体系［J］．治理现代化研究，2019（4）：82-90.

［51］廉凯．以数字山东建设为统领　加快实施国家大数据战略［J］．软件和集成电路，2019（8）：74-75.

［52］文艺，蔡定昆．国家大数据战略助推云南少数民族文化传承与发展路径研究——以云南省昆明市民族村为例［J］．中国市场，2020（30）：4-5+25.

［53］杨晶，康琪，李哲．美国《联邦数据战略与2020年行动计划》的分析及启示［J］．情报杂志，2020，39（9）：94+150-156.

［54］刘宇晨，张心灵．大数据技术支持下草原资源资产负债表构建研究［J］．科学管理研究，2018，36（2）：76-79.

［55］宋伟，吴限．大数据助推智慧农业发展［J］．人民论坛，2019（12）：100-101.

［56］肖丽平，胡春，王学东．基于大数据的农业品牌信息数据集模型研究［J］．情报科学，2019，37（5）：13-18.

［57］董志勇，王德显．科技创新、生产模式变革与农业现代化［J］．新视

野，2019（6）：34-40.

［58］周月书，笪钰婕，于莹．"互联网+农业产业链"金融创新模式运行分析——以大北农生猪产业链为例［J］．农业经济问题，2020（1）：94-103.

［59］陈欢欢．"互联网+农业"发展的瓶颈及创新路径［J］．人民论坛·学术前沿，2020（18）：124-127.

［60］殷浩栋，霍鹏，汪三贵．农业农村数字化转型：现实表征、影响机理与推进策略［J］．改革，2020（12）：48-56.

［61］李文，王邦兆．大数据时代工业企业统计工作变革的思考［J］．统计与决策，2018，34（2）：2+189.

［62］辛璐，唐方成．构建大数据驱动制造业创新发展的治理机制［J］．管理现代化，2019，39（6）：27-31.

［63］刘祎，王玮．工业大数据资源转化为竞争优势的内在机理——基于资源编排理论的案例研究［J］．华东经济管理，2019，33（12）：163-170.

［64］邢飞，彭国超，梁甜．基于工业大数据的制造企业变革管理模型研究［J］．科技管理研究，2019，39（16）：230-237.

［65］王伟玲．基于价值链的工业数据治理：模型构建与实践指向［J］．科技管理研究，2020，40（21）：233-239.

［66］孙学辉，赵冰，骆震，等．离散傅立叶变换用于非连续工业数据分析［J］．分析化学，2020，48（10）：1422-1427.

［67］吕明元，苗效东．大数据能促进中国制造业结构优化吗？［J］．云南财经大学学报，2020，36（3）：31-42.

［68］马丽梅，史丹，高志远，等．大数据技术及其行业应用：基于铁路领域的概念框架研究［J］．北京交通大学学报（社会科学版），2019，18（3）：58-67.

［69］易嘉伟，王楠，千家乐，等．基于大数据的极端暴雨事件下城市道路交通及人群活动时空响应［J］．地理学报，2020，75（3）：497-508.

［70］张伟，田金方，曹灿．基于混频大数据的宏观经济总量实时预测研究［J］．宏观经济研究，2020（2）：15-29.

［71］顾文涛，王儒，郑肃豪，等．金融市场收益率方向预测模型研究——基于文本大数据方法［J］．统计研究，2020，37（11）：68-79.

［72］常宴会．论思想政治教育应用大数据技术的理论基础和前景［J］．马克思主义理论学科研究，2020，6（6）：131-138.

［73］申曙光，吴庆艳．健康治理视角下的数字健康：内涵、价值及应用［J］．改革，2020（12）：132-144.

［74］左惠．文化产业数字化发展趋势论析［J］．南开学报（哲学社会科学版），2020（6）：47-58.

［75］王梓茜，武凤文，程宸，等．城市规划领域气象大数据分析技术研究［J］．城市发展研究，2020，27（11）：16-21.

［76］黄其松，刘强强．大数据与政府治理革命［J］．行政论坛，2019，26（1）：56-64.

［77］张爱军，梁赛．大数据的政治媒介功能及其伦理边控［J］．学术界，2019（12）：27-36.

［78］沈费伟，叶温馨．基层政府数字治理的运作逻辑、现实困境与优化策略——基于"农事通""社区通""龙游通"数字治理平台的考察［J］．管理学刊，2020，33（6）：26-35.

［79］秦国民，任田婧格．智能化时代政府数据治理与制度执行力的提升［J］．郑州大学学报（哲学社会科学版），2020，53（6）：12-16+122.

［80］王长征，彭小兵，彭洋．地方政府大数据治理政策的注意力变迁——基于政策文本的扎根理论与社会网络分析［J］．情报杂志，2020，39（12）：1-8.

［81］刘友华，朱蕾．大数据时代庭审网络直播的安全风险及其防范［J］．法学杂志，2020，41（12）：18-31.

［82］陆岷峰，王婷婷．数字技术与小微金融：担保与风险转移模式创新研究——基于数字技术在商业银行小微金融风险管理中的应用［J］．当代经济管理，2021（3）：1-17.

［83］肖冬梅，孙蕾．云环境中科学数据的安全风险及其治理对策［J］．图书馆论坛，2021（2）：1-10.

［84］刘春航．大数据、监管科技与银行监管［J］．金融监管研究，2020（9）：1-14.

［85］张锋．基于大数据的重大突发公共卫生事件风险治理研究［J］．理论视野，2020（9）：67-73.

［86］姬颜丽，王文清．大数据背景下税收风险识别精准度存量研究——基于机器学习的视角［J］．财政研究，2020（9）：119-129.

［87］金波，杨鹏．大数据时代档案数据安全治理策略探析［J］．情报科学，2020，38（9）：30-35.

［88］张梦茜，王超．大数据驱动的重大公共安全风险治理：内在逻辑与模式构建［J］．甘肃行政学院学报，2020（4）：37-45+125.

［89］刘晓洁．央行数字货币面临的风险挑战及应对策略［J］．人民论坛，2020（23）：98-99.

［90］詹馥静，王先林．反垄断视角的大数据问题初探［J］．价格理论与实践，2018（9）：37-42.

［91］曾彩霞，朱雪忠．必要设施原则在大数据垄断规制中的适用［J］．中国软科学，2019（11）：55-63+73.

［92］任超．大数据反垄断法干预的理论证成与路径选择［J］．现代经济探讨，2020（4）：123-132.

［93］王珏．农业大数据反垄断的挑战与法律规制［J］．河南师范大学学报（哲学社会科学版），2020，47（5）：56-64.

［94］詹馥静．大数据领域滥用市场支配地位的反垄断规制——基于路径检

视的逻辑展开〔J〕．上海财经大学学报，2020，22（4）：138-152.

〔95〕刘家贵，叶中华，苏毅清．农业大数据技术的伦理问题〔J〕．自然辩证法通讯，2019，41（12）：84-89.

〔96〕丁波涛．疫情防控中的大数据应用伦理问题研究〔J〕．情报理论与实践，2021（3）：1-9.

〔97〕高莉．基于利益平衡的数据隐私与商业创新协同保护研究〔J〕．江苏社会科学，2020（6）：1-8.

〔98〕梁宇，郑易平．大数据时代信息伦理问题与治理研究〔J〕．图书馆，2020（5）：64-68+80.

〔99〕郭建．健康医疗大数据应用中的伦理问题及其治理思考〔J〕．自然辩证法研究，2020，36（3）：85-90.

〔100〕陈加友．国家大数据（贵州）综合试验区发展研究〔J〕．贵州社会科学，2017（12）：149-155.

〔101〕邱艳娟，曹英．国家大数据综合试验区建设态势分析与发展建议〔J〕．通信管理与技术，2017（3）：20-23.

〔102〕杨娟，王桦，杨东春．新疆建设国家大数据综合试验区的对策建议〔J〕．物流科技，2017，40（12）：108-111.

〔103〕法爱美．首个基础设施统筹发展类国家大数据综合试验区〔J〕．实践（党的教育版），2017（10）：47.

〔104〕贾一苇．全国一体化国家大数据中心体系研究〔J〕．电子政务，2017（6）：31-36.

〔105〕薛卫双．国家大数据中心战略构建研究〔J〕．图书馆，2019（5）：73-79.

〔106〕徐延军，王真真．河南省大数据综合试验区发展调研报告〔J〕．市场研究，2019（2）：14-15.

〔107〕袁超，邹喆．河南省国家大数据综合试验区发展研究〔J〕．汽车实

用技术, 2020（4）：234-236.

［108］雷玄. 打造大数据产融生态圈——郑东新区智慧岛国家大数据综合试验区侧记［J］. 中国质量万里行, 2020（9）：15-16.

［109］赵滨元. 以天津之为助力京津冀大数据综合试验区建设研究［J］. 北方经济, 2020（10）：10-13.

［110］郁明星, 孙冰, 康霖. 国家大数据中心一体化治理研究［J］. 情报杂志, 2020, 39（12）：102-110.

［111］Toffler A, Alvin T. The Third Wave［M］. New York：Bantam Books, 1980.

［112］Cox M, EllSWORTH D. Application-controlled Demand Paging for Out-of-core Visualization［Z］//Proceedings. Visualization' 97（Cat-No-97CB36155）, 1997, IEEE：pp. 235-244.

［113］Mashey J R. Big Data and the Next Wave of infrastress［C］//Computer Science Division Seminar, University of California, Berkeley, 1997.

［114］Jim Gray J, Szalay A. eScience-A Transformed Scientific Method［J］. Presentation to the Computer Science and Technology Board of the National Research Council, Mountain View, CA, 2007（11）：139-155.

［115］Frankel F, Reid R. Big Data：Distilling Meaning from Data［J］. Nature, 2008, 455（7209）：30.

［116］Bryant R E, Katz R H, Lazowska E D. Big-data Computing：Creating Revolutionary Breakthroughs in Commerce, Science and Society［R/OL］.［2015. 3. 27］. http：//www. cra. org/ccc/files/docs/in it/Big_Data. pdf.

［117］第27次中国互联网络发展状况统计报告［EB/OL］. http：//www. cnnic. net. cn/hlwfzyj/hlwxzbg/index_3. htm.

［118］大数据：下一个创新、竞争和生产力的前沿［EB/OL］. https：//wenku. baidu. com/view/2e494d6d9b6648d7c1c746a7. html.

［119］物联网"十二五"发展规划［EB/OL］. http：//www. gov. cn/zwgk/2012-02/14/content_2065999. htm.

［120］"十二五"国家战略性新兴产业发展规划［EB/OL］. http：//www. gov. cn/zwgk/2012-07/20/content_2187770. ht.

［121］2014 年政府工作报告［EB/OL］. http：//www. gov. cn/zhuanti/2014gzbg. htm.

［122］促进大数据发展行动纲要［EB/OL］. http：//www. gov. cn/zhengce/content/2015-09/05/content_10137. htm.

［123］大数据产业生态联盟：2022 中国大数据产业发展白皮书［EB/OL］. 先导研报-专业实时研报分享，行业研究报告下载，券商研报（xdyanbao. com）

［124］中国政务数据治理发展报告（2021 年）［EB/OL］. https：//baijiahao. baidu. com/s？id=1686005679381301979&wfr=spider&for=pc.

［125］中央全面深化改革委员会第十七次会议并发表重要讲话［EB/OL］. http：//www. gov. cn/xinwen/2020-12/30/content_5575462. htm.

［126］Manyika J. Big Data：The Next Frontier for Innovation，Competition，and Productivity［EB/OL］. http：//www. mckinsey. com/Insights/MGI/Research/Technology_and_Innovation/Big_data_The_next_frontier_for_innovation，2011.

［127］周京艳，张惠娜，黄裕荣，等. 政策工具视角下我国大数据政策的文本量化分析［J］. 情报探索，2016（12）：7-10+16.

［128］Jian Li，Rui Liu. The Revelation of US Government Big Data Research and Development Initiative for China's Scientific Platform Resource Share［C］//China-Japan-Korea Joint Symposium on Optimization of Structural and Mechanical Systems.

［129］Guerard J B，Rachev S T，Shao B P. Efficient Global Portfolios：Big Data and Investment Universes［J］. IBM Journal of Research and Development，2013，57（5）：1-11.

［130］Yiu C. The Big Data Opportunity：Making Government Faster，Smarter and More Personal ［R/OL］. ［2015-02-13］. https：//www. gov. uk/big-data-in-government-the-challages-and-opportunities.

［131］ Great Britain. Department for Business，Innovation and Skills（BIS）. Seizing the Data Opportunity：A Strategy for UK Data Capability ［J］. Information 1999（8）：160-168.

［132］ Maisonneuve C. Le Comité Interministériel du Handicap Fixe Lafeuille de Route Gouvernementale ［J］. Retour Au Numéro，2013（11）：23-32.

［133］ French Government Support for Big Data ［EB/OL］. ［2013-10-09］. http：//www. invest-in-france. org/us/news/french-government-support-for-big-data. html.

［134］陈晓怡，裴瑞敏.《法国—欧洲 2020》科研战略解析及其启示 ［J］. 全球科技经济瞭望，2015，30（6）：34-41.

［135］ Authors U. Executive Office of the President President's Council of Advisors on Science and Technology ［J］. Professional Geographer，2000，15（6）：30-31.

［136］ Mayer-Schonberger V，Cukier K. Big Data：A Revolution That Will Transform How We Live，Work ［M］. John Murray Publishers，2013：134-138.

［137］江婷婷，李兰松. 大数据与大健康产业深度融合的贵州实践 ［J］. 当代贵州，2020（41）：34-35.

［138］邱胜. 大数据让贵州乡村更美丽 ［J］. 当代贵州，2020（22）：24-25.

［139］刘希磊. 推进大数据贫困治理的策略分析——以贵州为例 ［J］. 中国集体经济，2020（26）：153-155.

［140］段艳，吴大华. 改革开放以来贵州创新性发展实践及经验 ［J］. 贵州商学院学报，2020，33（3）：13-22.

［141］肖婷等. 基于物联网的茶场生态环境监测系统设计 ［J］. 物联网技术，2020，10（3）：31-32.

[142] 李薛霏,曾书慧,陶光灿.大数据让食品更安全更放心[J].当代贵州,2020(1):36-37.

[143] 陈雪,郑勇华,宋依霖.多彩宝大数据服务平台的创新路径[J].传媒论坛,2020,3(7):42+44.

[144] 何玲."云端"信用大数据赋能贵州高质量发展——访贵州省发改委副主任张应伟[J].中国信用,2020(6):13-15.

[145] 江婷婷,李兰松.充分挖掘基于大数据融合的新产业、新业态和新模式——访贵州大学机械工程学院院长、现代制造技术教育部重点实验室常务副主任李少波[J].当代贵州,2020(34):30-31.

[146] 陈胜,杨灵运,王飞飞.贵州工业互联网发展及实践概述[J].现代工业经济和信息化,2020,10(5):3-4.

[147] 李波.基于大数据的贵州农村就业渠道探索与研究[J].计算机产品与流通,2020(6):281.

[148] 贵州省住房和城乡建设厅,贵州省人力资源和社会保障厅.贵州:运用大数据护航全省工程项目复工复产[J].城建档案,2020(2):9.

[149] 王谦,李天云.贵州大数据产业的高质量发展:基于新结构经济学视角[J].决策咨询,2020(4):62-66.

[150] 徐爽.贵州大数据产业现状及发展趋势分析[J].科技经济导刊,2020,28(5):198-199.

[151] 李子寒等.生态大数据赋能绿色发展机制研究——以贵州威宁民族自治县为例[J].现代营销(经营版),2020(11):68-69.

[152] 李枫等.贵州:拥抱5G时代[J].当代贵州,2020(13):42-43.

[153] 覃琳.贵州:建立大数据平台破解治理欠薪难题[N].贵州日报,2020-05-26.